高等院校"十三五"通用教材

档案事业管理学

DANG'AN SHIYE GUANLIXUE

黄 静 编 著

图书在版编目(CIP)数据

档案事业管理学/黄静编著. —合肥:安徽大学出版社,2017.8(2020.6重印)
ISBN 978-7-5664-1442-7

Ⅰ.①档… Ⅱ.①黄… Ⅲ.①档案管理学-高等学校-教材 Ⅳ.①G270

中国版本图书馆 CIP 数据核字(2017)第 190032 号

档案事业管理学

黄 静 编著

出版发行:	北京师范大学出版集团 安 徽 大 学 出 版 社 (安徽省合肥市肥西路3号 邮编230039) www.bnupg.com.cn www.ahupress.com.cn
印　　刷:	合肥华苑印刷包装有限公司
经　　销:	全国新华书店
开　　本:	184mm×260mm
印　　张:	15
字　　数:	285千字
版　　次:	2017年8月第1版
印　　次:	2020年6月第2次印刷
定　　价:	39.00元

ISBN 978-7-5664-1442-7

策划编辑:邱　昱　　　　　　　　　　装帧设计:李　军
责任编辑:邱　昱　　　　　　　　　　美术编辑:李　军
责任印制:陈　如

版权所有　侵权必究

反盗版、侵权举报电话:0551-65106311
外埠邮购电话:0551-65107716
本书如有印装质量问题,请与印制管理部联系调换。
印制管理部电话:0551-65106311

前 言

档案学是多层次的学科体系。档案事业管理学是档案学的一门分支学科，主要研究档案事业管理活动的理论、原则和方法，其具体的研究对象包括：各级档案行政机关和行政人员、档案行政实践、档案事业管理的客观规律。档案事业管理学主要探讨与研究档案行政机关如何依法行使权力，组织与协调全国和地方各级档案工作行政组织，从而实现对档案事业的行政管理，促进档案事业整体水平的提高，它是整个国家管理系统的重要组成部分，也是档案事业系统中的主要环节。研究档案事业管理的目的是提高档案事业管理的科学水平，促进档案事业的建设和发展。

档案事业管理的实践始于18世纪的法国大革命。1789年法国大革命摧毁了封建国家机器，也使世界档案史进入了一个新的时期，此时的档案馆事业成为国家的一项独立事业，提出了集中管理档案，并对外开放的原则。法国1790年成立的国家档案馆和地方档案馆，构成了法国档案资源的分级管理系统，这标志着世界范围内档案馆事业的开始，法国开始研究档案事业管理特别是档案馆工作中的重大问题。苏联在十月革命后创立了社会主义的档案事业，1918年《列宁档案法令》确立的集中统一管理原则，为社会主义档案事业管理奠定了理论基础。

中华人民共和国成立后建立了全国档案事业，1954年成立的国家档案局，开始研究制定一系列档案工作规章制度。20世纪的80年代以来，我国档案事业管理获得了进一步的发展。首先，国家先后颁发了一系列法规政策促进档案事业的发展，1987年9月5日第六届全国人民代表大学常务委员会第22次会议通过了《中华人民共和国档案法》，从此对档案事业的管理走上了依法治档的道路；其次，各级各类档案事业机构不断涌现，从中央到地方全国各级综合档案馆普遍建立，一些专业档案馆、部门档案馆和企业事业档案馆也陆续建立，形成了国家档案馆网；最后，我国档案教育、档案宣传和档案科学研究不断蓬勃发展。

对档案事业管理的学术研究开始于20世纪40年代。在苏联，1940年出版的《苏联档案工作的历史和组织》和1980年出版的《苏联档案工作理论与实践》

都包含了档案事业管理的研究成果。德国A·布伦内克所著的《档案学》(1953)、美国T·R·谢伦伯格所著《现代档案——原则与技术》(1956)等都研究了档案机构的行政管理职能问题。在中国,1938年出版的何鲁成编著的《档案管理与整理》和1949年出版的殷钟麒编著的《中国档案管理新论》都把档案行政管理作为一个篇章进行阐述。建国后,随着档案事业的建立和发展,档案事业管理的研究也有所发展。到80年代,中国把档案事业管理学作为档案学的一门分支学科进行创建,并有了初步的研究成果。1985年档案事业管理学作为档案学理论的重要课题被列入《档案科学技术研究工作"七五"规划》。冯子直著文《关于研究和发展档案事业管理学的几个问题》(1987),明确提出建立档案事业管理学,阐述了档案事业管理学的性质、对象、内容和研究方法。陈兆祦、和宝荣主编的《档案管理学基础》(1986)、吴宝康主编的《档案学概论》(1988)、任遵圣主编的《档案学概论》(1989)等著作,都把档案事业管理及档案工作的科学组织作为重要篇章进行了理论阐述。

本书第一章宏观介绍了档案事业管理的概念、作用、历史发展以及档案事业管理学研究概况。接着以十一章的篇幅全面论述档案事业管理学的研究内容,包括:档案事业管理体制的基本内容和改革情况;档案事业管理的法律规范和相关制度;档案事业管理政策及其制定和执行;档案行政领导与档案行政人员;档案事业管理战略及其制定和发展计划;档案事业管理组织协调及其原则、方法、程序;档案事业管理行政监督及其内容和监督体系;档案工作业务指导及其原则和方法;档案事业管理中的调查研究及其原则、任务、方法和程序;档案机构管理;档案事业国际合作的基本形式以及外国档案事业管理。

由于作者学识水平有限,本书难免有疏漏不妥之处,关于档案事业管理的体系结构和书中涉及的许多问题还有待继续探讨,诚恳欢迎读者批评指正。编写本书时,作者参考了国内外许多专家学者的大量研究成果,特此致谢!

黄　静

2017年7月

目 录

第一章 档案事业管理的基础理论 …………………………………… 1
- 第一节 档案事业管理的概念和作用 ………………………… 1
- 第二节 档案事业管理的历史发展 …………………………… 4
- 第三节 档案事业管理学研究 ………………………………… 14

第二章 档案事业管理体制 …………………………………………… 22
- 第一节 档案事业管理体制概述 ……………………………… 22
- 第二节 档案事业管理体制的基本内容 ……………………… 25
- 第三节 我国档案事业管理体制的改革 ……………………… 34

第三章 档案事业管理法律规范 ……………………………………… 37
- 第一节 档案事业管理法律规范概述 ………………………… 37
- 第二节 《中华人民共和国档案法》 …………………………… 50
- 第三节 档案事业管理制度 …………………………………… 58

第四章 档案事业管理政策 …………………………………………… 62
- 第一节 档案事业管理政策概述 ……………………………… 62
- 第二节 档案事业管理政策的制定 …………………………… 65
- 第三节 档案事业管理政策的执行 …………………………… 70

第五章 档案行政领导与档案行政人员 ……………………………… 81
- 第一节 档案行政领导 ………………………………………… 81
- 第二节 档案事业管理人 ……………………………………… 90
- 第三节 档案事业管理人的法律地位 ………………………… 95

第六章　档案事业管理战略 ……103

第一节　档案事业管理战略概述 ……103
第二节　档案事业管理战略的制定 ……110
第三节　档案事业发展计划 ……111
第四节　档案工作目标管理 ……114

第七章　档案事业管理组织协调 ……117

第一节　档案事业管理组织协调概述 ……117
第二节　档案事业管理组织协调的原则 ……124
第三节　档案事业管理组织协调的方法 ……127
第四节　档案事业管理组织协调的程序 ……132

第八章　档案事业管理行政监督 ……135

第一节　档案事业管理行政监督概述 ……135
第二节　档案行政监督的具体内容 ……142
第三节　档案行政监督体系 ……147
第四节　档案执法监督 ……150

第九章　档案工作业务指导 ……154

第一节　档案工作业务指导概述 ……154
第二节　档案工作业务指导的一般原则 ……160
第三节　档案工作业务指导的方法 ……163

第十章　档案事业管理调查研究 ……169

第一节　档案事业管理调查研究概述 ……169
第二节　档案事业管理调查研究的任务 ……171
第三节　档案工作调查研究的原则 ……173
第四节　档案工作调查研究的方法和程序 ……176

第十一章　档案机构管理 …… 188

第一节　档案机构管理概述 …… 188
第二节　档案馆管理 …… 191
第三节　档案室管理 …… 198
第四节　新型档案机构管理 …… 203

第十二章　国际档案事业 …… 208

第一节　档案事业国际合作的基本形式 …… 208
第二节　外国档案事业管理 …… 213

参考文献 …… 231

第一章
档案事业管理的基础理论

档案学是揭示档案和档案工作的性质、功能和发展规律,研究档案信息资源的管理、开发和利用的理论、原则与方法的学科。档案学是多层次的学科体系,档案事业管理学是其中一门正在建设中的新的档案学分支学科,是档案学和公共管理学的交叉学科。随着档案开放利用工作的不断开展,档案资源作为社会公共资源的重要组成部分,是档案职能组织向社会提供的重要公共产品,档案事业管理自然被档案学和公共管理学所关注。

第一节 档案事业管理的概念和作用

一、档案事业管理的概念

管理是人类一种有目的的创造性活动,它是社会中的组织或个人,为达到预期的目的,依据一定的理论和规范,运用科学的方法和手段,对所从事工作的对象进行决策、计划、组织、指挥和控制等一系列活动的总称。管理的内容是很丰富的,涉及政治、经济、文化、社会生活等领域和层面。档案事业的管理当然也包括其中。

档案事业管理是指对国家或地区档案事业实行有组织有计划的领导或监督、指导,并协调其内部关系和外部关系的工作,它是整个国家管理系统的重要组成部分,也是档案事业系统中的主要环节。[①]

《中华人民共和国档案法》(以下简称《档案法》)第二章第六条对档案事业管理作了高度科学概括,可归纳为四句话:统筹规划,组织协调,统一制度,监督和指导。

(一)统筹规划

档案事业管理部门为了正确地实现目标,必须有周密的计划。档案事业的领导机关或领导者应对本系统、本地区或本单位的档案事业发展前景作出规划。档案事业是

---

① 黄品鑫.档案事业的含义及其管理规定[J].上海档案,2000(3).

一项全国性的事业,要发展档案事业,必须加强统筹规划,实现宏观管理。不论全国或者某一个地区,都应该从总体上规划档案事业的发展,对档案业务的各个方面进行合理的布局,并把档案事业列入国民经济和社会发展计划。对档案事业的统筹规划,必须以社会发展总目标与根本任务为基本出发点,以我国国情为基础,以适应社会对档案信息资源的需要为依据。

(二)组织协调

档案事业管理目标的实现,在很大程度上依赖于有效的组织协调。由于档案事业管理活动是一个复杂的系统工程,因此,对它进行组织协调不仅是十分必要的,也是有益的。组织协调分为内部协调与外部协调两个方面。内部协调是指档案部门内部互通情报,改善管理与被管理的关系,使整个档案工作部门形成一个团结高效、充满生机活力的有机体。外部协调是协调档案事业与国民经济和社会发展的关系,通过互相了解,谋求思想上统一、行动上合作,为档案事业的发展创造良好条件和环境。

(三)统一制度

《档案法》规定我国"档案工作实行统一领导,分级管理的原则",统一制度是执行这个原则的一个方面。统一制度的含义主要包括以下三个方面:

1. 要按照国家的宪法、档案法以及有关的法律,遵循党和政府的方针政策,依据档案工作的实际情况,制定出符合我国国情的科学的权威的法规、章程、制度。全国或各级档案工作必须统一在这些法规、章程、制度下运行。

2. 要防止政出多门,各自为政。否则,不仅不利于档案工作的开展和档案事业的发展,甚至会制造矛盾,造成不应有的损失。

3. 在制度面前,人人平等。在建设法治国家的今天,最现实的就是执行好现行的法规、制度。不论身处何种职位,从事何种职业,都要自觉地执行法规制度,以法规、制度来规范自己的行为。

(四)监督和指导

监督和指导是两种不同性质又有着联系的工作。监督是保证工作任务完成、工作目标实现,严肃执法、依法行政的一项重要工作,它主要有两个方面:一是行政监督,即对党和政府以及档案行政管理部门召开会议、制发文件或用其他方式部署的工作执行情况进行监察督促,使政令畅通,有效执行,保障工作目标任务的完成;二是执法监督。档案行政管理部门就是档案法的执行部门。各级档案行政管理部门既要认真履行法律给予的权力,又要监察督促有关部门和个人履行职责,维护法律的权威和严肃性,促进法律的施行。

指导工作一般也有两个方面:一是行政管理工作指导,即对档案法规制定与执行、档案工作谋划与部署、其他档案行政事务的处理等工作过程中的指导;二是档案业务指导,即针对档案管理工作中诸如档案的收集、整理、保管、统计、鉴定和提供利用等业务训练班,召开小型业务研讨会,培养和推广先进典型经验等。

监督和指导的任务不同,对象也不完全一样,但监督中有指导,指导中有监督,两者互相渗透、互相作用。

二、档案事业管理的作用

档案事业管理从宏观上、整体上管理国家档案事务,不断调节档案事业系统的内外部关系,促进档案事业的发展,为国民经济和社会发展服务。

(一)档案事业管理是实现档案工作总目标的重要手段

为社会主义现代化建设服务是档案工作的总目标。加强档案事业管理工作,可以促使档案管理部门更加坚定为社会主义现代化服务的方向,做好档案提供利用服务工作。江泽民同志在1987年视察上海市档案局工作时就已经明确指出:档案工作的服务方向和工作总目标和我党的方针政策是一致的,档案工作的重心应该转移到为四个现代化建设服务的轨道上来,为政治服务、为经济服务、为文化服务、为科技服务、为各行各业服务。档案事业管理部门可以充分发挥职能作用,坚持档案工作的党性原则与政治原则,坚持为四个现代化服务的大方向,促使档案管理部门在做好档案基础工作的前提下,努力做好档案利用服务工作。档案事业管理部门在指导档案馆(室)工作中,时刻都要把档案提供利用服务工作放在突出位置,只有这样才能有助于档案工作总目标的实现。

(二)档案事业管理是建立依法治档新秩序的组织保证

《档案法》的颁布实行,是我国档案事业发展的里程碑,为我国建立依法治档的新秩序提供了基本依据,也提出了新的任务和要求。档案事业管理部门是档案工作的组织领导者,在建立依法治档新秩序的过程中有十分重要的责任。过去,有些档案行政主管部门在指导档案工作时,只凭经验办事,缺乏法律规范与科学性,就会致使少数单位的档案工作至今仍处于各行其是、自由发展的阶段,对档案事业的协调、全面发展就会产生严重影响。档案事业管理部门应该依法对档案工作进行指导,在一些基本问题上,坚持用法律进行规范,用法规来统一思想、统一行动。

(三)档案事业管理是协调档案事业与社会其他各项事业关系的纽带

档案事业不是孤立的事物,它与社会的政治、经济、科技、文化等事业有极为密切的联系,它们相互依存、相互制约、相互作用。社会的政治、经济、科技、文化等活动是档案事业赖以存在和发展的前提和基础,档案事业又为这些活动提供条件和依据。我国档案事业虽然有了长足的发展,但毕竟是新中国成立以后才逐步发展起来的,还面临诸多的困难和问题。例如:社会档案意识还很薄弱,社会各界还未充分认识档案和档案工作的重要性;档案事业还没有完全被纳入国民经济和社会发展规划之中;档案事业的发展与其他各项建设事业的关系还未充分协调;发展档案事业所必需的人力、物力、财力得不到充分的保障;缺乏开展档案工作的后劲。要解决这一系列问题,档案事业管理部门就必须努力把档案事业的建设列入国民经济和社会发展计划。

(四)档案事业管理是促进档案事业不断发展的有力措施

目前,与我国的政治、经济、科学、技术、文化等各项事业紧密结合并为之服务、协调发展的具有中国特色的国家规模的档案事业已经初步形成,它是一个联系广泛、规模宏大、内容丰富、上下结合、纵横交错的复杂的大系统。要把这一个大系统有序地组织起来,既使其内部结构合理,各项工作能够均衡发展,又使其与国民经济和社会发展同步,就必须提高档案事业的科学管理水平,认真地研究和把握档案事业管理的现象和规律,完成档案事业管理工作,实现档案工作的总体目标。加强档案事业管理工作,能够适应档案工作改革开放的需要,提高工作效率,保证工作质量;能够促进档案工作由经验管理向科学管理转变;还能够加速解决档案事业发展过程中的各种矛盾和问题。因此,必须加强对档案事业的科学管理。

第二节　档案事业管理的历史发展

一、国外档案事业管理的理论与实践

(一)法国档案事业管理的理论与实践

法国是现代意义的档案事业的开创者,也是档案事业历史比较悠久的国家之一。14世纪以前,法国就出现了各种等级的封建庄园档案馆、教会档案馆、城市档案馆、行会档案馆、公证所档案馆、大学档案馆以及形形色色的私人档案馆。当时的档案大部分是用羊皮纸和羔皮纸写成的,数量也不多。15世纪末到16世纪,法国发展成中央集权国家,纸张的普遍使用使档案数量迅速增多,档案工作得到进一步发展。17世纪到18世纪末,随着资本主义经济不断发展,国家事务日益增多,国王的各种办事机构逐渐发展为独立的国家机关,出现了主管机关档案馆,如1659年成立的海军部档案馆、1671年成立的外交部档案馆。此时由于法国没有统一的档案立法和规章制度,这些档案馆彼此独立,各行其是,依档案拥有者的意愿成立,属于不对外开放的封闭性机构。

1789年,法国大革命摧毁了封建国家机器,也使世界档案史进入了一个新的时期,此时的档案馆事业不仅成为国家的一项独立事业，还提出了集中管理档案，并对外开放的原则。法国1790年成立的国家档案馆和地方档案馆，构成了法国档案资源的分级管理系统或层次结构系统，这标志着世界范围内档案馆事业的开始，受法国档案改革的影响，档案学作为一个学科概念，被档案学家所提出。

1821年，法国创办了近代史上第一所档案学校——法国国立文献学院，开始了比较正规的高等档案教育。1841年4月24日，法国颁布了《各省和各地区档案整理和分类基本条例》，首次提出了尊重全宗原则，该理论的提出及确立，表明档案学的核心理论已经形成，解决了法国及欧洲各国档案改革中所没能解决的一个关键性问题。

1884年，法国设立了档案事业管理机关——法国档案局，统一管理全国的档案工作。至此，法国建立起一个比较完整的档案机构体系。法国档案机构分公共、非公共和档案学术与教育机构三种类型。

法国是国际档案活动的积极组织者和参加者，也是国际档案理事会的发起国和筹备国之一。国际档案理事会自1950年成立起，总部一直设在巴黎。1951年，法国档案局受国际档案理事会的委托，开办了国际档案讲习班，为各国培训档案管理人才，促进了国际档案界的业务交流与合作。

（二）德国档案事业管理的理论与实践

公元919年，萨克森王朝的建立标志着德意志国家历史的开端，在整个神圣罗马帝国时期，德意志基本上处于诸侯割据或松散联合的局面，没有统一的档案库房。自霍亨施芬王朝(1138~1254)起，各诸侯国实行公文登记，逐步成立了各自的国家档案馆，分别保管王朝档案、国家档案（主要是外交档案）和内政档案，其中前两类档案较受重视，按事由原则分类整理并编有目录。

19世纪上半叶，由于资本主义的发展和受法国档案改革影响，以普鲁士、巴伐利亚和萨克森为代表的诸侯国的档案工作有了较大发展。普鲁士建立了省档案馆体系，1831年设立档案管理局领导档案馆工作，并从1887年起出版多卷集《普鲁士国家档案馆文件》，1900年起出版定期刊物《普鲁士档案管理局公报》。此时，普鲁士还拥有两个中央级档案馆——普鲁士国家机密档案馆和普鲁士和勃兰登堡王朝档案馆。普鲁士国家机密档案馆自1881年始正式依照登记室原则整理档案。萨克森于1832年在德累斯顿成立了国家档案馆，还形成了与国家档案馆相联系的省档案馆网。其他较大诸侯国如符滕堡、巴登、黑森等也都在国家档案馆集中了遗留下来的大部分档案。

20世纪初，德国首先出现经济档案馆，这是为垄断企业提供管理情报而产生的。其中有克房伯经济档案馆(1905)、莱茵－威斯特伐利亚经济档案馆(1906)、西南经济档案馆(1906)、西门子经济档案馆(1907)、汉堡世界经济档案馆(1908)等。

第一次世界大战后，德国为收集保管全德意志的档案，尤其为保管和整理大战期间形成的大量军事文件，于1920年在波茨坦成立全国性的帝国档案馆。德国档案专业教育的水平与其他西方国家相比较高的,1894年成立的马尔堡档案学院在欧洲占有重要地位,培养了许多档案专业人才。

1933年,法西斯窃取政权后,于1936年建立了隶属总参谋部的军事档案管理局,领导军事档案馆网,包括中央军事档案馆和设在波茨坦、慕尼黑、斯图加特和德累斯顿的四个军事档案馆。

联邦德国是在美、英的扶持下建立的,其档案事业管理体制也仿效美、英,没有建立全国统一的档案行政管理机构,中央和地方档案馆亦无隶属关系,各自为政。

民主德国的档案机构体系是由中央和各级地方档案行政管理机关和档案馆组成的。国家档案管理局直接领导中央国家档案馆和档案学校,直接指导中央机关和全国性企业的档案馆(室),通过各专区政府的档案管理处领导专区的国家档案馆,指导专区机关、企业的档案馆(室)和市、县档案馆。机关刊物为双月刊《档案通报》,于1951年创刊。

德国的档案学家对档案学理论的创建和发展作出了突出贡献。从16世纪中期开始,德国档案学者就开始了档案学理论研究。1571年,德国的档案学家亚克伯·冯·拉明根的《综合报告——怎样才算一个完美的登记室》和《登记室及其机构和管理》两部专著是迄今各国档案史料中所记录的最早的两部档案学专著;1804年,德国档案学家约瑟夫·奥格写了一本论述文书的分类方法的著作——《一种档案学理论思想》;1806年,一些档案学者创办了《档案馆学和登记室学》杂志,第一次在刊物的名称上使用了"档案馆学"的概念;1834年,《档案学、古文书学、历史》杂志使用了"档案学"概念,德国档案人员认为档案学已从法国档案改革中诞生,改革中确立的基本理论和原则都是档案学或档案学的基本理论;1874年,德国档案学家冯·西伯尔任普鲁士国家机密档案馆馆长后,正式提出了"来源原则","来源原则"的正式提出赋予法国的尊重"全宗原则"以理论根据,很快显示出旺盛的生命力,并迅速传播到其他国家;1953年,德国出版了著名档案学家布伦内克的遗著《档案学——欧洲档案工作的理论与历史》,书中对"来源原则"进行全面的论证和发展,具有重大的意义和价值;1984年出版的由民主德国档案学家布拉赫曼主编的《民主的德国档案工作的理论与实践》一书,分别论述了民主德国档案工作的发展历史、档案学科的建设、档案的鉴定和补充、档案的安全保管和利用、档案的开发,反映了民主德国档案学发展的特点。

(三)美国档案事业管理的理论与实践

美国联邦政府的档案工作起步晚但发展较快,地方档案工作早在建国前的殖民时代就已存在,十三个殖民地各拥有自己的文件、档案机构。1787年,美利坚合众国成立,实行中央与地方分权治理的联邦制。联邦政府各机关的档案、各州政府的档案、公私企事业的档案均由其拥有者自行管理,没有统一的档案业务指导中心,也没有联邦政府的档案机构。

欧洲的档案学理论和"来源原则"于20世纪初传入美洲。1909年,在美国公共档案委员会上召开一次档案会议,会上有人指出,在美国档案管理上没有比把图书分类理论应用于档案实体的灾难更大了。1929年,美国档案学者列兰德进一步介绍了欧洲的"来源原则",1934年,美国国家档案馆成立之后,正式把"来源原则"作为公共档案管理的基础,决定档案馆的档案以文件组合的形式管理,从而代替了与图书管理相同的单个处理方式。欧洲的档案学理论传入美国,改变了美国档案管理的面貌,促进了北美地区档案学理论的发展。

美国文件中心的数量和类型比档案机构还要多,这与20世纪40年代出现的文件管理理论有关。美国把在承办机关和文件中心保存的各种文件材料统称为"文件",只有送档案部门永久保存的文件,才称"档案"。20世纪60年代末,美国联邦档案机构开始研究和试用计算机管理档案。20世纪80年代末,美国较普遍地实现了计算机的存储和检索,其中以联邦人事文件中心的现代化管理水平最高。这里保存着曾任职于联邦政府各部门及军队和军事部门的人员的人事档案一亿多卷,并全部实现了电子计算机自动化检索。

美国至今没有专门的正规档案专业教育,只在大学相关系科开设季度性档案课程,供图书馆学、历史学等专业的硕士研究生选修,随意性很大。档案学术研究由美国档案工作者协会负责协调和组织,主要学术园地是《美国档案工作者》,于20世纪70年代开始组织编写和出版了一套档案专著和系列丛书。此外,一些美国档案学者还出版了个人的研究成果。联邦的和非联邦的档案机构、档案学术团体、档案工作者个人都可参加国际档案活动。联邦政府档案部门是国际档案理事会的甲类会员,代表美国参加国际交往。各州县市及公私企事业的档案机构、个人等也可申请参加国际档案理事会,从事国际档案活动或出国考察,这些都体现了美国档案事业发展的特点。

(四)英国档案事业管理的理论与实践

1640年资产阶级革命后,英国确立了君主立宪制的资本主义制度,但未进行资产阶级性质的档案改革。1789年开始的法国档案改革波及英国,经英国议会多次建议,才于1836年成立了档案委员会,负责研究档案改革和提出关于建立总档案馆的方案。1838年8月14日,议会通过第一个《公共档案法》,确定成立英国公共档案馆,由管卷大臣掌管。这是英国至今唯一的中央级综合性档案馆。1858年,英国设印度事务部,代替东印度公司,随后将该公司档案馆改为印度事务部图书档案馆,专管英国的殖民史料。1958年,英国颁布了新的《公共档案法》,规定公共档案专指应移交公共档案馆保存的政府各部和其他机关的档案及英格兰和威尔士法院的档案,不包括苏格兰及地方政府的档案,从而进一步强化了英国中央和地方、公共和非公共档案分散管理的档案体制。

英国从19世纪开始设专门机构负责编辑出版关于英国中世纪编年史的系列文献资料:1800~1837年,编辑出版了80卷《英国法律汇编》;1830~1852年,编辑出版了11卷亨利八世时期的重要文献。从1852年起,编辑工作主要由英国公共档案馆承担。

经过一个半世纪的档案建设,英国设立了各种类型的档案机构,但没有设置全国性的档案行政管理机关。档案机构大体可划分为公共的、非公共的、学术的、咨询性的四种。1977年,英国公共档案馆和英国档案工作者协会共同创建了计算机系统,之后又有一些较小的档案馆加入了这个系统。在档案保护方面,英国将传统修复技术与现代技术相结合,采用了托裱法、纸浆补洞法、丝网膜加固法、去酸法、加封套密封法等方法。档案教育体制与档案管理分散体制相一致,没有专门档案学府,多在大学开设一年制档案专业班。

英国档案部门在第二次世界大战后积极参加了国际档案理事会的活动,档案学家詹金森于1950~1953年任国际档案理事会副主席。1974年,英国与该理事会合作在伦敦召开了档案工作自动化会议,介绍了档案工作现代化建设的情况,对促进各国档案工作现代化建设起了良好作用。1980年,英国作为东道国在伦敦组织召开了第九届国际档案大会。

(五)国际档案理事会档案事业管理理论与实践

国际档案理事会成立于1950年,是非政府间的国际档案专业组织,其宗旨是促进档案事业和档案学的发展,保护人类的档案遗产不受损害,促使档案得到更加合理利用。国际档案理事会成立初期,每三年召开一次国际档案大会,后于1956年的第三届国际档案大会上决定改为每四年召开一次。大会关于档案专业问题的决议或建议具有权威性,但对成员国无约束力。总观国际档案理事会活动发展的全过程,取得了令人可喜的成就:

1. 定期召开国际档案大会和各种专门会议以及出版档案刊物,促进了各国档案机构和档案工作者之间建立业务联系,进行经验交流和情报交换。

2. 促进了档案和文件管理理论及技术的发展。

3. 促进了国际档案专业教育和培训的发展。

4. 促进了档案的利用和开放,改善了查找工具。

国际档案理事会的历届会议都涉及档案在行政管理和学术研究中的作用问题,促进对档案更经常的利用和更有效更全面的研究是国际档案理事会的基本任务之一。

二、我国档案事业管理的历史沿革

我国是世界四大文明古国之一,有着三千多年的文字记载历史。在漫长的历史发展过程中,我国劳动人民以勤劳和智慧创造了光辉灿烂的物质文明和精神文明,为文明的进步与人类历史的发展作出了卓越的贡献。档案工作作为其中一个重要的组成部分,更是源远流长、举世无双。在长期的档案工作实践中,我国历代档案工作者积累了丰富的档案管理工作经验,为现代档案事业管理提供了宝贵的思想财富①。

(一)我国档案事业管理的发端

现代意义上的档案事业管理是近代以来逐步发展起来的,从孕育它的社会形态和社会基础来看,应是在半封建半殖民地时期发端的。其主要有以下几个发展的标志:

1. 政府把档案工作作为一项事业来看待。1864年(同治三年),因清政府"立约又增数国,各处税务、教务、章程益密、案牍因之愈繁,加以修理清档一事,并入日行事件办理,事务亦因之愈剧"。首任总理大臣恭亲王奕䜣奏请同治皇帝,增设文书档案机构,增派文书档案人员。在总理衙门设置了司务厅和清档房两个文书档案机构,分别主掌"印钥、递折、收掌"和"修辑、校对"。司务厅下设文案科房,清档房下设清档科房,负责具体工作。同时总理衙门也增派了文书档案人员,由原来的二十四人增加到三十六人。由外国侵略者直接控制的总税务司署也设置了文书档案机构,一些近代企业也设有文书档案工作机构。

1901年,慈禧太后被迫宣布"变法",进行了一系列改革,文书档案机构也相应变化。内阁设承宣厅掌管文书档案工作。内阁下属各部的文书档案机构也有变更。

辛亥革命时期,中国近代史上第一个资产阶级团体同盟会也有管理档案的部门——执行部下的书记科。1912年1月1日,南京临时政府成立,总统府下设秘书处,处长胡汉民负责南京临时政府中央的文书档案工作。

特别应该提到的是,1933年,国民政府在国家机关开展"行政效率运动",视文书档案为推行政令的重要工具,把"文书档案改革运动"作为行政效率运动的重要组成部分,并由国民党内政部次长甘乃光主持。

2. 政府筹建国史馆和国立档案库。国史馆最早由是孙中山先生批准筹建的,但未能实施。1934年1月,国民党中央四届四次会议通过了重建国史馆的决议,决定在行政院下设档案整理处,为设立国立档案库作准备。同年5月,国民政府颁布了《整理国史及档案方法》,规定了档案库房建筑以及中央、地方机关移交档案的有关事项,但未见实际行动。1939年1月,在国民党五届五次会议上,一些代表提出的筹建档案总库和国史馆的提案得到通过。同年11月,国民政府在重庆设立了国史馆筹备处,但档案总库筹建工作由于各种原因未能实施,接收档案的任务落到了国史馆筹备处。1941年10月,国民政府公布了《各机关保存档案暂行办法》,规定各机关在六个月内将全部档案登记造目送交国史馆,以后每半年造一次;机关无须保存的档案,送国史馆保存。自1942年到1946年,国史馆筹备处共接收各机关档案四千多捆、一百二十箱,并进行了分类整理,编纂了《中华民国史料长编》《民国大事日历稿》和《中华民国政记》等史料。1947年1月,国史馆正式成立,下设征集、档案、实录等科室机构,并制定了一些工作规章,如《国史馆档案

---

① 李财富:中国档案学史论[M].安徽大学出版社,2005:5.

管理办法》等。

3. 兴办档案教育。档案专业教育是档案工作发展到档案事业阶段的一个重要标志。中国档案专业教育从民国时期开始。国民政府教育部于1939年在湖北私立武昌文化图书馆专科学校附设一个档案管理专科,学制两年,招生对象为高中毕业生。1942年,国民政府教育部还制订该校开办档案管理职业训练班,招收现职档案人员,训练时间为四个月。

1946年3月,殷钟麒在重庆办了一所私立档案学校——崇实档案学校,设文书处理科与档案管理科,各分高级、初级两个班。此外,在上海设有私立中国档案函授学校,在四川设有职业教育档案所。江苏学院的行政管理系以及其他一些职业学校和讲习班等,也开设了档案方面的课程。

为了统一县级档案人员的训练课程,国民党中央训练委员会与内政部还制定了《县管理档案管理人员训练班业务训练课程讲授要点及时数分配标准》。

4. 形成近代档案学。20世纪的30年代到40年代,国民党中央档案整理处曾派人到美、英、苏、法等国考察档案工作,傅振伦就是其中之一。他当时在国史馆筹备委员会工作,从国外参观学习回来以后,写了一本《公文档案管理法》,并附录"欧美档案馆学论文译丛提要"(三册),介绍这些国家的档案工作情况及其法规和学术观点。

近代档案学形成的主要标志是档案学术著作的问世。20世纪30年代到40年代,一大批档案学著作出版了(1958年在中国人民大学历史档案系翻印出版的就有十三本),这不仅是我国有史以来出版的第一批档案学著作,而且档案学著作内容较为全面,有叙述档案工作具体方法或公文处理的,有偏重档案管理方面的,还有讲述中央、省一级档案管理或县以及档案管理的。这说明档案学研究已经涉及诸多领域,达到了相当高的水平。

(二)新中国档案事业体系的形成

自中华人民共和国成立至20世纪90年代,构成档案事业体系的基本成分已经形成,主要表现在以下几个方面:

1. 国家把档案工作视为"维护党和国家历史真实面貌的重要事业,是党和国家各项建设事业必不可少的环节",并切实加强领导,采取措施,发展档案事业,建设国家档案事业体系。

首先是接收、收集档案资料。1949年1月,北平和平解放,文管会接管了故宫博物院,将文献馆于1951年3月改称为"档案馆"。1949年10月25日,中央人民政府政务院第二次会议决定组成以陈云副总理为主任的政务院指导接收委员会,负责指导与处理有关国民党政府中央各机关人员、档案、图书、财产、物资等接收事宜,开展了接收和管理全国各地国民党政府机关的档案。1949年12月,中央军委发布了关于收集革命历史文件及其史料的通令。1956年7月,中共中央发出《关于收集党史资料的通知》。全国性的革命历史文件和党史资料收集工作全面展开。

其次,召开会议,发布有关规定,加强文书、档案管理。1951年上半年,中共中央办公厅和中央人民政府政务院先后召开了各省市党委秘书长会议和政府秘书长会议,讨论了文书处理工作和档案工作。党委秘书长会议作出了《关于加强文书处理工作和档案工作决定》。政府秘书长会议制订了《保守国家机密暂行条例》和《公文处理暂行办法》、中央人民政府政务院分别于1951年6月8日和9月29日发布了这两个文件。1956年4月16日,国务院发布了《关于加强国家档案工作的决定》,提出了档案工作的基本原则,部署推行文书处理部门立卷制度,统一归档制度,整理寄存文件档案,加强档案机构建设以及培训干部等工作。1959年1月7日,中共中央发布《关于统一管理党政档案工作的通知》。

再次,设立国家档案局,"掌管国家档案事务"。这是我国历史上第一次设立这种规格的机构。1954年11月8日,第一届全国人民代表大会常务委员会第二次会议根据国务院总理周恩来的提议,批准设立国家档案局。国务院批准的《国家档案局组织简则》规定"国家档案局是国务院直接领导下,掌管国家档案事务"的机构,同时明确了其具体任务。从这以后,中共中央和国务院根据国家建设事业的形势和发展趋势,对档案事业的发展制订恶化调整了大政方略、原则以及其他措施。

2. 颁布档案法律,依法治档。1987年9月5日第六届全国人民代表大学常务委员会第22次会议通过《中华人民共和国档案法》。《中华人民共和国档案法》的颁布意味着档案工作、档案事业不仅仅是档案部门、档案工作人员的事,而且同各项事业以及社会各方面都有着密切的联系,需要全社会来参与管理和监督。

3. 健全档案事业机构,充实完善档案事业体系。继机关单位档案室和国家档案局建立之后,1958~1959年,从中央到地方的各级综合档案馆普遍建立。从这以后,一些专业档案馆、部门档案馆和企业事业档案馆也陆续建立,形成了国家档案的收集、保管和提供利用的各级各类档案馆网。

4. 档案教育、档案宣传和档案科学研究不断蓬勃发展。继中国人民大学历史档案系建立之后,20世纪80年代,国家档案局设立了教育处,继而成立了国家档案局档案干部教育中心。一些省市档案局也建立了教育机构。全国各地的一些高等学校建有档案系或档案专业,一些地区开办了档案中专或档案职业中学,档案教育成了一项事业。与此同时,继《档案工作》杂志社成立之后,先后成立了国家档案局档案出版社、《中国档案报》社。全国各省、市、自治区都办有自己的档案专业刊物,《中国档案报》于1995年1月1日正式出版,档案宣传出版红红火火开展起来。"文革"前开始筹建的国家档案局科研所于20世纪80年代中期成立。随着办公自动化、档案管理现代化进程的加快,档案科研正向新的广度和深度发展。20世纪80年代初,中国档案学会成立,各省、市、自治区的档案学会也在这前后成立,群众性的档案学术研究在全国普遍开展。1994年,国家档案局外事处改为国家档案局外事办公室,扩大了权限,外事工作成为档案事业体系的重要组成部分。

至此,国家档案事业体系的基本框架——档案行政管理(包括管理机构、法规等)、各级各类档案馆、档案科研、档案教育、档案宣传出版、档案理论研究、档案外事已经形成。

这一体系具有中国特点。一是全面系统。国家档案事业发展需要的诸因素都有,而且构成了体系。到目前为止,世界上尚没有一个国家形成如此完整系统的国家档案事业体系。我国有世界上唯一的一份档案报和一家档案出版社。二是结构合理。组成体系的基本框架既相对独立、各有职能,又协调一致。各地区、各行业的档案事业是国家档案事业体系不可缺少的组成部分,这同国家的现行体制相一致,形成了各自的优势和特色。

国家档案事业体系已经逐步形成,但从整体上讲,还需要在不断的改革和调整中提高和发展。提高主要是指提高档案事业体系的整体素质、现代化管理水平和人的专业化程度,使其更加完善;发展主要是指围绕国家经济建设这个中心,档案工作向深层次,向企业,向农村以及其他薄弱环节延伸,使全国档案事业进入一个新的阶层,提高到一个新的水平,逐步做到管理机制强而有力,基本职能工作井然有序,并逐步法制化、规范化、高效率,服务质量和水平达到世界一流,在国际档案界占有更加显著的地位,对社会发展、人类进步作出应有的贡献。①

三、新时期档案事业管理的发展趋势

新时期的档案事业管理,应该以与时俱进、开拓创新的思想观念来指导,以强有力的法规制度来保障,运用系统理论和集约化理论来组织,采用先进且可靠有效的科技手段来管理档案和档案事业。

(一)社会化是世界档案事业发展的共同趋势

档案工作与社会是统一的,虽然由于社会分工而被单列成一项事业,但绝不应该同社会相对立。从历史上看,档案的产生和管理最初确实是单纯为统治阶级服务的,无论是中国还是外国,在漫长的专制社会里,档案一直被当作维护皇权的工具。但是从世界范围来看,社会总是伴随着民主程度的提高、科技的进步而发展的。在西方发达国家,档案管理和利用服务的社会化程度已经相当高。我国自从改革开放以来,社会发生了很大变化,档案的开放程度逐渐提高。档案工作社会化包括三方面含义:

1. 档案馆要走向社会,要为社会各方面、各阶层服务。

档案馆是档案事业的主体,档案事业的社会化要求档案馆在为党政领导机关提供优质服务的同时,将服务面扩大到全社会。为广大的平民百姓服务,为社会服务,是档案工作得以生存和发展的生命线。

---

① 刘国能:中国档案事业体系的形成阶段[J]. 中国档案,2004(8).

(1)档案事业应为各种职业、各领域各阶层的社会公众提供公平公正的服务。

(2)目前世界上档案馆通行的服务方式包括以下几种:把档案馆办成社会课堂和教育基地;营造氛围,陈列展览;吸引社会力量共同开发馆藏档案资源,形成具有一定影响力的档案编研成果;推出非涉密现行文件向社会公开提供利用的服务和开辟社会档案寄存服务等。

(3)"以人为本"已成为档案馆建设的共同宗旨。世界各国都在努力使档案馆真正成为社会公众喜爱的文化设施。一切社会活动都是人的所作所为,一切社会需求实质上都是人的需求,"以人为本"反映了现代社会档案利用主体的变化和档案工作服务对象扩展的必然性,是政治民主、社会进步的重要表现。

2. 档案工作要进入社会各领域、各层面。

档案馆作为档案事业的主体,绝不可囿于档案馆的小圈子里,自说自话,孤芳自赏。我们要利用这块基地,把档案工作的管理制度、管理方法辐射到全社会,使档案工作进入社会各领域、各层面,尤其是新领域的管理。因此,档案工作者必须与时俱进,以职业敏锐性和工作责任心、创新精神和科学态度来要求自己,并在主动适应各领域发展需要、积极强化各领域档案管理中,提高自身专业水平,从而服务社会。

3. 积极运用社会力量为档案工作的开展服务,把档案工作中一些重要业务项目交由社会组织完成。

(1)档案工作人员与社会广泛接触,宣传、鼓励社会各界和公众向档案馆移交档案。

(2)档案馆正式工作人员较少,可聘请临时工、义工、实习生,或委托公司管理协助工作。

(3)档案馆可将技术含量较高的工作交由社会外包公司做,甚至鼓励成立服务档案事业的专业公司。

(4)档案馆可组织档案信息资源的共享活动。

国内外档案事业发展历程说明:档案工作是社会有机体的组成部分,必须努力为社会服务;做好档案工作要善于调动和运用社会的力量;不失时机地把档案工作延伸到社会各领域、各层次,形成社会与档案事业协调发展的良性互动关系。

(二)信息化是当代档案管理现代化的主要技术标志

当今,一个国家和地区档案管理现代化的水平主要以档案信息化的程度来体现,数字化、网络化是实现档案管理信息化的必由之路,而正在悄然兴起的数字档案馆的开发研究和建设,涉及信息技术的方方面面,因此可以说数字档案馆是档案信息化管理的集中表现。

目前,国际上档案信息化工作进展很快,有些档案馆虽然没有被称为"数字档案馆",但其部分功能与数字档案馆已非常接近,如英国的联合王国数字档案馆计划、美国的电子文件档案馆、加拿大的魁北克档案馆等。此外,各国还充分利用了因特网资源,纷纷建立各种专门性数字档案馆,如日本的关西数字档案馆、美国的加利福尼亚大学历史数字档案馆和杰弗逊专题数字档案馆以及"911"数字档案馆等。

从1996年4月,国家档案局把电子文件研究项目列入科技计划起,我国就揭开了对电子文件管理问题有计划有组织研究的序幕,并陆续出台了相关标准、规范。1999年10月,上海市档案馆与有关电脑公司合作成功开发了一套"档案多媒体全文数据库管理系统",通过了上海市科委组织的鉴定。2001年1月,由浙江省档案局馆、浙江大学快感科技有限公司承担的我国首家《电子文件归档与电子档案管理》实际运行系统成功面世。在这些理论和实践经验基础上,由深圳市档案局承担的全国第一个数字档案馆建设项目,经过两年的研究开发,已经取得令人振奋的阶段性成果,并于2002年12月8日在国家档案局主持的全国"档案信息化建设现场演示会"上,成功地演示了数字档案馆应用系统。

(三)法制化是当代各国规范档案行为、维护档案工作正常秩序的重要保障

一个文明进步的社会必定是一个法制健全的社会,代表21世纪发展方向的档案事业必定是社会化、信息化、法制化相统一的事业。2002年12月在澳门召开的国际档案理事会东亚地区分会研讨会的主题是《档案法律事务和本地区档案馆所面临的挑战》,由此可以看出国际档案界对档案法制的重视程度。

档案事业法制化是指通过法律、法规、制度和业务规范、标准的建设与执行,维护和保障档案事业的行政管理、业务技术、社会利用等社会行为的正常秩序,将档案事业引入有利于社会进步和自身发展的轨道。档案工作的正常秩序是指档案工作在社会关系、业务关系、技术关系三个方面实现有序化。为正确处理方方面面的关系问题,档案法制建设的任务必须包含两方面内容:一是建立、健全档案法律规范,以确保档案工作社会关系的有序化;二是建立、健全档案业务规范和技术标准,以确保档案工作的业务关系和技术关系的有序化。[①]

第三节 档案事业管理学研究

一、档案事业管理学的研究对象及主要内容

(一)档案事业管理学的研究对象

档案事业管理学主要探讨与研究档案行政机关如何依法行使权力,组织与协调全

---

① 冯子直. 我国档案学研究的现状与发展趋势. 档案学研究,1991(1).

国和地方各级档案工作行政组织,从而实现对档案事业的行政管理,促进档案事业整体水平的提高。档案事业管理学的研究对象主要是指以下三个:

1. 各级档案行政机关和行政人员。

《档案法》明确规定,档案行政部门隶属于各级人民政府。健全档案行政组织机构,必须依法任免和奖惩行政机关工作人员,用法律手段控制机构设置和人员编制,使机构设置、人员定额、人员层次结构以及审批程序和手续等方面实现制度化与规范化。如何健全档案行政机构,如何选用档案行政领导人员,如何培养档案行政工作人员,既有实际问题,又有理论问题。所以,档案行政的组织机构与行政人员是档案事业管理学的研究主体。

2. 档案行政实践。

我国社会主义档案事业的建立与发展已有几十年的历史。档案事业管理从中央到地方已积累了许多经验和教训,为档案事业管理的理论研究与发展提供了很好的实践基础。档案事业管理的复杂实践,需要进行系统的理论概括和不断地补充完善,使档案事业管理的理论研究,提高到一个新的层次。档案事业管理实践的内容是很丰富的,主要归纳为:执行档案工作法律、法规、条例、规章、标准;制定档案工作长远规划与短期计划;进行档案工作的监督、检查与业务指导;开展档案工作的组织与协调活动,档案工作的财务、物资和技术管理。

3. 档案事业管理的客观规律。

档案事业管理属于专业行政管理,它是公共事业管理学中的一个特殊领域。它同许多专业行政管理一样,也具有本身的客观规律性。档案事业管理同其他公共事务管理一样,也是一个复杂的系统,在档案工作长期实践中,许多工作具有内在联系,具有客观必然性与共性,也具有偶然性与个性。因此,研究者需要进行深入研究和分析探索,以便指导档案事业管理的实践,并在实践中进一步修正与完善档案事业管理的理论。

档案事业管理的学术研究始于20世纪40年代。德国的布伦内克所著的《档案学》(1953)、美国T·R·谢伦伯格所著的《现代档案——原则与技术》(1956)等都研究了档案机构的行政管理职能问题。

在中国,1938年出版的何鲁成编著的《档案管理与整理》和1949年出版的殷钟麒编著的《中国档案管理新论》都把档案行政管理作为一个篇章进行阐述。中华人民共和国成立后,随着档案事业的建立和发展,档案事业管理的研究也有所发展。到20世纪80年代,档案事业管理学已作为档案学的一门分支学科创建,并有了初步的研究成果。1985年,档案事业管理学作为档案学理论的重要课题被列入《档案科学技术研究工作"七五"规划》。冯子直在《关于研究和发展档案事业管理学的几个问题》(1987)中阐述了档案事业管理学的性质、对象、内容和研究方法。陈兆祦、和宝荣主编的《档案管理学基础》(1986)、吴宝康主编的《档案学概论》(1988)、任遵圣主编的《档案学概论》(1989)等著作都把档案事业管理及档案工作的科学组织作为重要篇章进行了理论阐述。

(二)档案事业管理学研究的主要内容

国家档案事业是一个整体,是一个系统。档案事业管理是其中一个子系统,它属于专业行政,即按国家档案事业管理的纵向系统,分别研究国家和地方档案事业的行政管理,具体包括如下内容:

档案行政体制与组织机构;档案行政人员;档案工作法律规范、档案行政法规;档案工作战略、统筹规划;档案工作组织协调;档案行政监督;档案工作业务指导;档案工作调查方法;档案事业的公共关系。

二、档案事业管理学的学科地位

档案学是多层次的体系结构。根据目前档案学发展状况,档案学可分为理论档案学和应用档案学两大部类。理论档案学包括档案学的基础理论研究和档案专业史研究两个部分;应用档案学包括档案工作的应用理论和应用技术研究两方面。档案事业管理学属于档案工作应用理论研究的学科。

```
                        ┌ 档案学(基础)理论
                        │              ┌ 中国档案学史
                        │ 档案学史     ┤
                        │              └ 外国档案学史
                        │              ┌ 中国档案事业史
                        │ 档案事业史   ┤
              理论档案学┤              └ 外国档案事业史
                        │              ┌ 中国档案法规
                        │ 档案(法)学   ┤
                        │              └ 外国档案法
                        │ 档案术语学
                        │              ┌ 普通档案史
                        └ 档案史       ┤
                                       └ 科技档案史
                        ┌ 档案管理学——普通档案管理学
                        │ 科技档案管理学
  档案学 ┤   应用档案学┤ 特殊载体的档案管理学
                        │ 档案事业管理学
                        └ 档案馆管理学
              档案文献学┬ 档案文献编纂学
                        └ 档案史料学
                              ┌ 档案保护技术学
                              │ 档案缩微复制技术
              档案技术应用学 ┤
                              │ 现代通讯技术应用
                              └ 最新技术应用与研究
```

20世纪,我国档案学经历了三个发展阶段,垒起了三座丰碑,现在进入了第四个阶段,正处在第四座丰碑的形成时期。

(一)档案学发展的四个阶段

从20世纪30年代初到20世纪40年代中期,作为"行政效率运动"一部分的文书档案工作获得空前发展。档案学同图书馆学相分离,成为独立的学科,树起了我国档案学的第一座丰碑。到了20世纪50年代、60年代,中国人民大学档案学专业建立以后,历史档案专业的教师们从当时中国的实际情况出发,开创性地建设档案学,从学科上把档案学与文书学区别开来,并推出一批优秀成果,如《档案管理学》《技术档案管理学》《文书学》等,树起了第二座丰碑。党的十一届三中全会以后,在档案学术研究上形成了百花齐放、百家争鸣的繁荣景象,有力地促进档案学地丰富和发展,一批档案论文和专著问世。值得一提的是有关档案事业管理、专门档案管理的著作,如《档案行政管理概论》《中国档案事业概述》《档案馆学》《人事档案学》等,虽然不十分完善和成熟,但说明档案学在不断发展,这是该时期档案学发展的一个明显标志,树起了第三座丰碑。

1993年11月,党的十四届三中全会召开,随着多种经济结构、各种所有制成分、多重分配方式形成,促进了档案管理现代化。面对这样一种大发展的趋势和错综复杂的局面,档案事业管理需要更加科学、合理、有效,档案工作各个环节需要先进技术和理论指导。档案学应朝着丰富内容、纵深发展和更高水平前进,树起第四座丰碑。第四个阶段的标志,从发展趋势上看,其重要的表现就是档案事业管理学科的形成和分解。

树起第四座丰碑的可能性:

第一,科学的发展必然经历由浅入深、由粗到精、由低级到高级的过程。档案学正在沿着这个轨迹前进,这是符合客观规律的发展趋势的。

第二,我国目前已有较为扎实的档案学术理论基础和科学技术基础。

第三,档案人员队伍知识结构发生了明显的变化。无论是档案专业学校、科研单位还是档案局、馆、室的干部,除了由档案专业的人担任以外,还有不少由自然科学、法律、管理学等专业的人士担任。

三、档案事业管理学的研究方法

(一)马克思主义哲学在档案事业管理学研究中的指导意义

1. 我国社会主义档案学的理论基础是马克思主义哲学。

我国档案学科学体系建立是以马克思主义哲学为指导的。马克思主义的哲学是人类所有科学知识的最高概括,它是科学的世界观和科学的方法论的辩证统一。马克思主义的哲学不仅能真实而正确地反映客观世界的存在状况和内在规律,还能有效地指导人们能动地认识世界和改造世界。在档案工作的长期实践过程中,人们首先通过对档案管理方法进行总结,并在此基础上建立了各门应用理论,对这些应用理论的再度升华,从而形成了具有自身特点的系统理论。新中国成立之后,在批判继承我国档案学历史遗产,借鉴外国档案学经验和总结我党与我国档案工作实践的基础上,逐步建立起了以马列主义、毛泽东思想作为指导的档案学科学体系。

马克思主义哲学是指导我国档案工作实践和开展档案学各学科领域研究的科学方法论。由于我们以马列主义为指导思想,掌握并坚持运用了马克思主义哲学这一科学的方法论,所以才能够在档案学研究的各个领域里不断取得进展。

2. 以马列主义理论为指导的档案学是我国社会主义档案学体系的重要特征。

马克思主义的哲学作为科学世界观,是全人类文明的伟大成果,是社会主义事业和党的领导的理论基础,也是社会主义意识形态的重要组成部分。社会主义的各项建设都离不开这一理论的指导。档案与档案工作作为上层建筑的一个重要组成部分,其政治属性是与国家的制度紧密结合在一起的。

综上所述,马克思主义的哲学是科学的世界观和方法论辩证统一的具体形式,是理论化、系统化、科学化的世界观,是认识世界、改造世界的科学方法论。因此,马克思主义哲学对于档案学学科建设与发展起到了很好的促进和推动作用。档案学是一门独立的学科,档案与档案工作也是一个由多种因素构成的复杂职务,是一个系统的工程,它具有自己相对独立的一面,这就要求研究者把马克思主义的哲学思想灵活运用到档案学各个领域具体研究之中去。

首先,在档案事业管理学研究中运用马克思主义的哲学思想,首先应坚持历史唯物主义的态度、辩证唯物主义的观点,一切从实际出发。

其次,在档案学研究中运用马克思主义的哲学思想,就必须坚持理论与实践相结合的方法。

之所以主张坚持以理论与实践相结合的方法来进行档案事业管理学研究,是因为档案事业管理学是一门实践性很强的科学,任何科学都是在实践的基础上产生的,离开实践,科学就不会产生,就不可能存在,也不可能发展。

(二)系统论、信息论和控制论在档案事业管理学研究中的指导意义

系统论、信息论和控制论是当代三大横断科学,是关于自然界及人类社会普遍规律的科学,是唯物辩证法的具体发展,对各门科学的研究工作都有着指导意义。"三论"所研究的主要对象——系统、信息及控制行为普遍存在。近年来,档案学者逐渐认识并注意吸收"三论"的思想方法,开始把它们应用到档案学的研究之中去,我们也可将其用于指导档案事业管理学的研究。

1. 系统思想方法对档案事业管理学的指导。

系统是普遍存在的。从全国来看,国家档案馆网是一个系统,档案馆的档案工作是一个由多项业务构成的系统,而在档案馆的档案工作中又有许多子系统。可见,由于档

案事业管理学的研究对象中有各种层次与规模的系统。上述的系统都是由客观存在的物质和人构成的,通常称"社会系统",它是物质系统的一种。档案事业管理学研究中不仅存在着物质系统,而且存在着观念系统。

2. 信息论思想方法对档案事业管理学的指导。

信息论对于研究档案信息传递、存贮及加工等工作整个程序的档案事业管理,有着直接的指导作用。信息论提供了研究档案信息传递、存贮与加工工作的一整套理论与方法。信息的方法要求我们利用现代化技术来实现认识世界和改造世界活动。

3. 控制论思想方法在档案事业管理学的指导。

控制论是研究系统的控制与调节的科学。由于在档案事业管理学的研究对象中有各式各样的系统,因此,控制的问题也普遍存在。控制论的思想普遍适用于存在可调节变量的各个具体业务工作系统。根据控制论的原理可建立基本的反馈机制,并在此基础上建立起完整的档案馆结构模型,对档案馆工作进行科学地认识与控制。因此,控制论是我们研究"档案馆学"的基本思想方法。

尽管目前在档案学及其分支学科中应用"三论"思想方法的工作才刚刚开始,但是可以相信,随着社会生产与科学的不断进步,系统论、信息论和控制论等科学理论在档案事业管理学的研究中必将会有相当广泛的应用领域。

(三)比较研究的方法在档案事业管理学研究中的指导意义

比较是一种基本的科学认识方法,是一种广泛应用的进行思想和认识的方法。在档案学的研究和发展过程中,应重视对比较方法的研究与运用,并逐步形成分支学科——比较档案学。这对于深入全面开展档案学研究提供新方法、开辟广阔天地、丰富和充实档案学理论体系、促进档案学的迅速发展将起到重大作用。比较研究的方法也适用于指导档案事业管理学。

在档案事业管理学研究中,通过对研究对象进行空间与时间、定性与定量的比较,确定出研究对象之间的差异点与共同点,并按照这些研究对象的本质属性或重要特征进行分类,以便从中找出研究对象之间的规律性的联系。一般说来,比较是进行分类的前提和基础,分类则是比较的发展和结果。

档案事业管理学比较研究应以辩证唯物主义和历史唯物主义所揭示的事物的普遍规律为方法论基础。特别要注意事物之间相互联系的观点、发展的观点,从内在本质来分析问题,防止孤立的、静止的观点,防止从表面现象作出分析判断。

(四)历史与逻辑相统一的方法在档案事业管理学研究中的指导意义

历史与逻辑相统一的方法长久以来一直被用于指导档案学,同样我们可将其用于档案事业管理学。根据历史与逻辑统一的原则,形成了两种思维方法——历史的方法与逻辑的方法。历史的方法是从各种现象和事件的全部具体性上把它们的发展进程再现出来,即在对象发展的历史基础上再现对象的历史。运用历史方法系统地考察档案事业发展的历史,认真总结其在发展过程中的历史经验,探求摸索档案事业管理学发展的规律,促进档案事业管理学的进一步发展。

逻辑学研究人类思维形式及其规律,所谓逻辑方法,就是根据事实材料,遵循逻辑思想规律和规则形成概念,作出判断和进行推理的方法。具体说,逻辑方法有分析、判断、综合、抽象、概括、演绎、归纳、类比等。逻辑方法不同于历史方法,它从对象的最纯粹的、概括的形态上研究对象,即在对象逻辑的基础上研究对象的发展。

作为一门科学的理论,它的发展要表现为一种系统的逻辑体系;作为一个事物,它的发展也必然要反映由低级向高级演进的内在逻辑过程;而作为一事物本身,它的客观发展过程,乃是这一事物发展的历史过程。我们所要注意的,就是这种事物发展中的历史与逻辑的统一。可见,逻辑的方法和历史的方法在研究中是互为前提、互相补充和互相渗透的。在档案事业管理学研究中,既要避免那种只限于记录和描述事实而不揭示事物本质和规律的行为,又要以静态地研究档案学的"横断面"的逻辑分析态度,避免轻视具体事实、只进行纯粹逻辑演推的倾向。档案事业管理学研究主张动态地、历史地去研究档案事业管理学,做到既从历史上进行考察,又从理论上进行分析与概括。只有把两种方法有机地结合起来,才能更有效地揭示事物的本质和规律。

(五)其他方法在档案事业管理学研究中的指导意义

1. 数学方法对档案事业管理学具有指导作用。

数学主要研究客观世界空间形式和数量关系,它既有质的规定性也有量的规定性,是质和量的统一体。所以,数学及其思维方法普遍适用于任何一门科学,档案学也不例外。数学方法可以把定性分析和定量分析紧密结合起来,从而为档案事业管理工作中各种量的关系的分析提供数学依据。

数学方法为档案学研究提供了数量分析和计算方法。客观存在的一切事物都具有质和量的规定性。运用数学方法就是通过认识事物的量来认识事物的规律性。因此,档案事业管理学研究不仅要进行定性的分析,更重要的在于定量的研究,只有对发现的档案学原理和规律作出定量的描述,才算达到了精确的程度,并用来指导科学试验和工作实践。

2. 移植方法对档案事业管理学具有指导作用。

移植方法就是将一个或几个学科领域中的概念、原理、技术和方法移用到其他学科领域中去,为解决其他学科领域中所存在的疑难问题提供启发和帮助,促使科学研究得到新的进展,或为其他学科领域的研究提供新的说明、研究方法和手段,从而导致新的科学学科的产生。在档案事业管理学研究中,由于其综合性和多结构性等特点,需要采取移植的方法,这样才能较好地解决档案事业管理学发展过程中的种种问题。

运用移植的方法进行档案事业管理学研究,首先应及时了解科学技术的各项发展情况，注意发现其他领域的新成就和它们与档案事业管理学的各种联系。一般说来，只要某学科研究对象的某一方面是档案事业管理学的专门研究对象，就可以将那门学科的原理和办法移植到档案事业管理学的研究领域中。在运用移植方法时必须注意可行性，切忌强行移植和机械地生搬硬套。①

---

① 冯子直.论档案事业的基本矛盾、基本性质、基本规律和档案工作者的思维方式[J].档案学通讯.1999(4).

第二章
档案事业管理体制

档案事业管理体制是国家公共事业管理体制的一个有机组成部分,它是对档案行政管理机构的设立、行政职权的划分及其运行等各种相关制度的总称。档案事业管理体制的确立和有效运行,在整个国家档案事业管理活动中占据着较为重要的位置。明确档案事业管理体制的含义,揭示影响它的各种因素,指出其发展变化方向,对于建设和进一步完善我国社会主义特色的档案事业管理体制,实现档案事业管理的科学化、制度化和现代化,具有突出的意义。

第一节 档案事业管理体制概述

一、档案事业管理体制的概念和类型

(一)档案事业管理体制的含义

"体制"一词,通常指国家机关、企业、事业单位的组织制度。档案事业管理体制作为整个国家行政体制的一个有机组成部分,是对管理国家的档案行政事务的机关的设置、职能分工及运行等各种制度的统称。对于这一概念的理解应把握以下两点:

1. 档案事业管理体制的核心是从组织制度方面解决各级各类档案机构之间的职权分配问题。

一个国家的档案事务采取何种形式的管理体制,如何设计、建设和完善相关的档案机构,如何保证各档案机构的正常运作,都在一定程度上取决于有关档案机构之间职权划分的科学合理性。因此,档案行政部门需要科学合理地解决各有关档案机构之间及它们同相关机构(如各级人民政府、专业主管机关、党组织等)之间的关系问题,明确各类档案机构之间的职责界限和职权分配,在档案事业管理体制研究中,占有重要的地位。

2. 档案事业管理的载体是各种档案事业管理机构。

一般而言,档案行政职能的正常发挥有赖于一定数量的档案行政机构的设置。就此而言,档案事业管理机构的存在为档案事业管理体制提供了客观的组织载体。档案

事业管理机构的科学设置,是实现各级各类档案事业管理机构的制度化统一管理的关键,也是合理的档案事业管理体制的客观体现。

(二)档案事业管理体制的类型

世界各国的档案事业管理体制因国家的历史背景和国家制度的不同而有很大差异。国际档案理事会成立以后便把研究和论证各国档案管理体制列为主要任务之一。在1960年召开的第四届国际档案大会上,比利时国家档案局局长萨比就这一问题作了报告,对各国档案机构的形成和发展进行了理论性阐述。萨比指出,自法国18世纪末的档案改革以后,各国逐渐形成的档案机构系统可以划分为集中式和分散式两种管理体制。

集中式是指一个国家在首都设有一个统一的管理政府档案的中心。这个中心可以是专门的档案业务管理机关,也可以是兼管业务指导的国家档案馆、中央档案馆或总档案馆,各地方档案馆都是它的隶属机构或分馆。这种管理体制构成了网络型的国家档案事业管理系统。采用集中式管理体制的国家,在欧洲以法国、意大利历史最悠久,这些国家均设国家档案事业管理机构——档案局,指导、监督中央的和地方的档案馆;北欧的瑞典、挪威、丹麦、芬兰等国不设档案局,而是由中央级国家档案馆行使档案事业管理权,对档案馆实行集中统一管理。菲律宾、越南、阿尔及利亚、塞内加尔、巴西、墨西哥等国也都实行集中式管理体制。

分散式是指一个国家在首都不设统一的管理政府档案的中心,也就是说该国不仅没有专门的档案业务指导机构,在国家档案馆、中央档案馆或总档案馆与各地方档案馆之间也没有相隶属的关系,是一种非网络型的档案管理体制。采用分散式管理体制的多为联邦国家,以美国、德国和英国为代表,中央级的档案机构对地方档案馆均无指导关系,但彼此有义务相互协调工作。日本、印度、巴基斯坦、马来西亚、哥伦比亚等国也都实行分散式管理体制。

1969年,在布加勒斯特召开的第十一次国际档案圆桌会议上,与会者根据对欧洲各国地方档案馆的调查,进一步分析了集中式和分散式各具有的几种模式。

集中式档案管理体制有三种模式:

1.法国型。由国家档案局对各级档案馆履行检查和监督的职能,但也尊重地方档案馆的自主权。

2.苏联型。档案管理权高度集中,从中央到地方不仅建立了一套档案业务领导机关系统,而且建立了一套档案保管机构——档案馆网。各级各类档案馆分别隶属于相应级别的档案业务领导机关,从而构成了一个独立的实行集中统一管理原则的多层次的国家档案工作系统。

3.斯堪的那维亚型。由国家档案馆、中央档案馆或总档案馆兼管档案业务指导和协调工作,各地方档案馆或是它的隶属机构,或是它的分馆,按各自管辖范围分级集中管理档案。

分散式的档案管理体制可划分为两种模式:

1. 美国型。法律赋予各地区档案馆具有同等权限,不接受联邦公共档案馆的任何一般性指导。

2. 南斯拉夫型。全国所有的档案馆都是相互协调活动的档案机构。

南斯拉夫的档案学者在1984年召开的第十届国际档案大会上指出,国家干预不应是保护档案的唯一方式。他们认为将档案集中起来管理是理想的,但应在地区档案馆范围内进行。南斯拉夫档案学者的这种观点,可以说是他们建立自治性档案机构的理论依据。

总的来说,集中制比分散制优越,因为实行集中制可以在全国范围内组成统一的档案机构体系,制定统一的发展规划和规章条例,使用统一规格的设备。但是,情况是复杂的,仅就中央政府的档案管理来说,采用分散制的美国反而是高度集中的,联邦政府产生的档案全部集中在国家档案馆内;采用集中制的法国却做不到这一点,法国政府的国防部和外交部都不向国家档案馆移交档案。

需要注意的是,集中制和档案集中统一管理是既有密切联系又有区别的两个概念,不能把二者等同起来。档案集中统一管理是一个管理原则,集中制则是档案机构的一种组织原则。档案集中统一管理的程度与社会制度有关,而集中制的实施则取决于一个国家的国家结构形式。社会主义社会由于废除了档案私有制,无论采用集中制或分散制,实质上都是集中统一管理的。当然,社会主义社会只是废除了生产资料的私人占有制,废除了与生产资料有关的那部分档案的私人占有制,并没有废除社会团体和个人的档案所有权。

二、档案事业管理体制的地位与功能

(一)档案事业管理体制的地位

档案事业管理体制是档案管理机构设置及其管理权限划分的一种制度。现代档案事业是一个复杂的系统工程,是国民经济和社会发展整个大的社会工程系统的一个组成部分。因此,要运用系统工程的理论与方法管理国家档案事务,档案事业的管理思想、管理体制、管理手段都应当是先进的、科学的,必须适应现代档案事业建设发展的需要。

任何一个国家的档案事业管理体制都应与本国现行政体和历史文化传统以及档案学理论体系相关联。档案事业管理体制即档案事业的体系与制度,它包括档案机构的设置、隶属关系、管理权限的划分以及档案工作的原则和制度等。一个国家采用什么样的档案事业管理体制恰恰反映了这个国家的历史、国家结构形式和国家管理体制,其中国家管理体制起着决定性的作用。

(二)档案事业管理体制的功能

档案事业管理体制的职能,归纳起来有下列几项:

1. 根据国家授权或自己的职权范围起草、制定档案法规,建立健全档案法规体系,运用法律手段管理国家档案事务;与各方面协商、研究和制定档案工作标准和规范,推行档案工作标准化管理。

2. 根据党和国家总的路线、方针和政策,研究和提出档案工作方针政策,对全国档案工作实行方针指导和政策管理。

3. 研究和制定档案事业发展总体规划和专门规划,包括长期规划和年度计划,实行计划管理。

4. 对各级各类档案馆工作和各级机关、团体、企事业单位的档案工作进行指导、检查和监督。

5. 组织和指导档案专业干部培训工作、档案科学技术研究工作、档案宣传出版工作以及加强档案界国际交流与合作。

6. 加强与社会各个部门的联系,充分发挥协调作用,争取社会有关部门对档案工作给予重视和支持,为档案事业的发展创造条件。

第二节 档案事业管理体制的基本内容

一、我国档案事业管理体制的发展历程

我国档案事业管理体制,经历了一个很长时间的发展演变过程,特别是中华人民共和国成立以后,经过三次较大的改革,国家档案事业管理体制不断完善发展,目前已经形成了具有中国特色的完整的档案事业管理体制。

(一)20世纪50年代档案事业管理体制的第一次改革

新中国成立初期,面临着创建社会主义档案事业的繁重任务,为了接收和集中管理旧中国遗留下来的档案资料,国家先后成立和改组了南京史料整理处、东北档案馆和故宫博物院博物馆三个国家规模的档案馆。与此同时,机关档案工作机构也迅速建立起来。中央人民政府政务院在秘书厅下设立档案科,政务院所属各主要部、委也都设立了档案工作机构。党中央组织部、宣传部和秘书处设置了档案室(科)。一些大区、省、直辖市的党和政府的秘书部门设置了档案工作机构,配备了兼职或专职的档案人员,负责管理档案。

但是,就全国而言,档案事业还没有形成一个统一的管理体制。中国共产党各级领

导机关、国家行政机关和军队系统以及企业事业单位的档案工作基本上处于各自分散管理状态。党、政、军各方面虽然在总的管理思想和原则方面一致，但在管理体制上却是分别管理，各自制定规章制度、各自进行业务指导和监督。1954年，国家档案局成立，加强了档案工作的统一管理。

1954年11月，我国成立了国家档案事业最高行政领导机关国家档案局。国家档案局在国务院直接领导下，掌管国家档案事务。它的任务是在统一管理国家档案工作的原则下，建立国家档案制度，指导和监督各级国家机关和人民团体的档案工作；负责全国国家档案馆网的规划，并筹建和领导国家档案馆；研究和审查国家档案文件材料的保存价值，保管期限标准，并监督和审议有关国家档案文件材料的销毁问题；制定有关国家档案工作的法规性文件，办理国务院交办的国家档案事务。

国家档案局的成立，标志着我国档案事业由分散管理发展到集中统一领导的新时期。为了进一步加强国家档案事业管理体制的建设，充分发挥档案在社会主义建设事业中的作用，1956年4月，国务院发布具有重要历史意义的《关于加强档案工作的决定》。该文件首次明确提出档案事业管理体制的要求，指出："加强各级档案工作机构，国务院各部、各委员会和各直属机构应该在办公厅（室）之下设立和加强档案室，负责管理本机关的档案；有的部门为了指导和监督本机关档案室的工作和所属系统的档案工作，可以设立档案管理处（或局）。各省、自治区、直辖市人民委员会应该在办公厅下迅速设立档案管理处，负责指导和监督各厅、局和省、自治区、直辖市以下各级国家机关的档案工作；各厅、局应该设立档案室，负责管理本机关的档案，专、县级机关和各级企业单位，事业单位和人民团体也应该设立档案室，或配备专职干部管理档案。国家档案局应该全面规划，逐步地在首都和各省区建立中央和地方地国家档案馆。各级档案工作机构，都应该按照工作需要和精简原则，由各级编制委员会迅速确定编制，由人事部门配备工作人员；凡是缺少领导骨干地的，必须配备或充实骨干力量。"《关于加强档案工作的决定》是新中国成立后我国首次发布的最重要的指导性行政法规，它确立了档案事业的管理体制，为建设和发展国家档案事业提供了可靠保证。

1958年11月，中共中央办公厅秘书局和国家档案局根据周恩来的指示，在与各省市交换意见之后，向中央提出了党、政档案工作统一管理的报告。1959年1月，中共中央批准了这个报告，并正式发布了《关于统一管理党、政档案工作的通知》。该文件明确指出："把党的档案工作和政府的档案工作统一起来是完全必要的。在档案工作统一管理之后，各级档案管理机构既是党的机构，又是政府机构；为加强党对档案工作的领导，应规定各级档案管理机构在中央由中央办公厅主任直接领导，在地方由几个党委秘书长直接领导（不设秘书长的县委由办公室主任直接领导）。"从此，我国实行党、政档案工作统一管理，加强了党对档案工作的领导，确立了各级党委直接领导档案工作的体制，有力地促进了我国档案事业的发展。

"文化大革命"期间，档案事业管理体制遭到严重破坏，各级档案机构被撤销，档案专业人员被迫调离,全国档案工作处于极端混乱状态。

(二)20世纪80年代档案事业管理体制的第二次改革

党的十一届三中全会以后,随着国家实行改革开放政策,档案工作开创了新的局面。尤其是经济体制改革的深入,档案事业管理体制也必须进行改革。我国自20世纪50年代以后实行的党政档案工作集中统一管理,由党委直接领导档案工作。这是适应当时档案工作情况的,在当时历史条件下是比较合理的,推动了档案工作的开展。经过二十多年的发展,全国档案工作情况发生了很大变化,我国档案工作已大大超出了党政机关档案工作的范围,开始形成了以机关、团体、企事业单位档案工作为基础,以各级各类档案馆工作为主体的具有国家规模的档案事业。在新的形势下,档案业务工作大量地需要由政府组织实施,档案工作中的一些实际问题,如经费、编制、人员培训、库房建设、外事活动等,都要与政府的许多部门协商解决。如果各级档案机构仍然作为设在党委下的一个工作部门,就与当前形势发展的要求不相适应。特别是有些地方的档案管理机关,长期作为办公厅(室)的一个内部机构,难于行使档案机构的职能,影响了档案事业的发展。因此,对原来档案事业管理体制进行改革势在必行。1985年2月,中共中央、国务院批准了中共中央办公厅和国务院办公厅提出的《关于调整我国档案工作领导体制的请示》,对我国档案工作体制做了如下调整:第一,实行党政档案工作统一管理的原则,适合我国的情况,各级档案管理机构性质上既是党的机构,又是政府机构,列入政府编制序列。第二,国家档案局由中共中央办公厅领导改归国务院领导,作为国务院直属局,统一掌管全国档案事务;中国第一历史档案馆、中国第二历史档案馆,归口国家档案局管理;中央档案馆仍是中共中央和国务院直属的事业机构,日常工作仍由中共中央办公厅直接领导,在业务上受国家档案局指导。第三,地方各级档案局作为各级人民政府直属局,其领导关系是否作相应调整,由省、自治区、直辖市党委和人民政府根据实际情况确定;地方各级档案馆归口各级档案局管理。

中共中央、国务院在批转《关于调整我国档案工作领导体制的请示的通知》中强调指出:"档案工作是维护党和国家历史真实面貌的重要事业,是党和国家各项建设事业必不可少的环节。目前全国档案工作还不能适应社会主义各项事业发展的需要,希望各级党委和人民政府进一步加强对档案工作的领导,把档案工作作为一项事业列入国民经济和社会发展规划,解决档案部门存在的一些实际问题,逐步实现档案管理的现代化,大力开放档案信息资源,使档案工作更好地为党的总任务、总目标服务,为建设社会主义物质文明和精神文明服务。"1987年9月,我国第一部《档案法》颁布施行。《档案法》明确规定:"各级人民政府应当加强对档案工作的领导,把档案事业的建设列入国民经济和社会发展计划。"《档案法实施办法》进一步规定:"县级以上各级人民政府应当加强对档案工作的领导,把档案事业的建设列入国民经济和社会发展计划,建立健全档案机构,确定必要的人员编制,统筹安排发展档案事业所需的经费。其他机关、团体、企业事业单位和组织也应当加强对档案工作的领导,保障档案工作的开展。"《档案法》还对档案机构设置及其职责作了法律规定,确立了档案机构的法律地位,不仅反映了国家机构改革的要求,总结了新中国成立以来档案工作实践成功的经验,而且对今后加强档案机构的建设,不断完善强化档案机构的职能,促进档案事业健康发展,提供了法律保障。

(三)20世纪90年代档案事业管理体制的第三次改革

新中国成立后的档案工作实践证明,档案事业管理体制不是孤立存在的,它只有同党和国家的领导体制以及经济体制相适应,才能促进和确保档案事业各项任务的完成。党的十四大确定以转变职能、理顺关系、精兵简政、提高效率为全国机构改革的目标。实行机构改革,既是政治体制改革的紧迫任务,也是深化经济体制改革,建立市场经济体制和加快现代化建设的重要条件。

1993年10月,中共中央办公厅和国务院办公厅发布《关于印发中央档案馆、国家档案局职能配置,内设机构、人员编制方案的通知》,经党中央、国务院领导同志批准,确定中央档案馆与国家档案局合并,即一个机构挂中央档案馆与国家档案局两块牌子,履行档案保管、利用和全国档案事业行政管理两种职能,为党中央和国务院直属机构,副部级单位,由中央办公厅管理。

各个地区档案机构改革怎样进行、档案机构如何设置,由各级党委和政府根据本地区的实际情况来确定,但构改革之后的档案机构设置要更加精干、合理,运转要更加灵活,档案工作更加适应深化改革;参照中央批准的中央一级档案机构改革的模式,根据中央关于加强档案机构设置的精神,做好档案机构改革工作,是各省、自治区、直辖市档案机构改革的重要任务。

局馆合并,一个机构挂两块牌子,履行两种职能,这不是对原来两个机构的简单相加,也不是把原来一个机构的职能转归给另一个机构,而是一次具有深刻意义的改革。转变职能是这次机构改革的核心。改革把原来档案局只管事业、档案馆只管实体,转变到既管事业、又管实体,两者有机地统一起来,从而形成一个统一、科学、高效的管理体制和运行机制。这是现阶段我国档案事业管理体制的一次重大改革,它以加强档案事业宏观调控、注重档案实体管理为中心,必将把档案事业建设推向一个新的阶段。①

二、我国档案事业管理体制的主要内容

我国实行"统一领导、分级管理"的集中式管理体制,从中央到地方都建立了档案事业管理机关,在各级人民政府领导下,统一、分级和分专业地掌管全国、本地区、本系统的档案事务。

国家档案局是中华人民共和国国务院直属的统管全国档案事务的职能机构,是全

---

① 潘玉民、李运波. 我国档案事业管理体制的三次改革[J]. 山西档案. 1996(6).

国档案事业的组织指挥中心。1954年11月8日,经第一届全国人民代表大学常务委员会第二次会议批准成立。

我国在各省(市、自治区)、地区(市、自治州、盟)、县(市、旗)设有地方档案局。它们是地方各级人民政府的直属局,负责掌管本地区档案事务。在业务上受上级档案局指导。

中央和地方专业主管机关以及军队系统,设有档案处、科。它们负责对本系统各单位档案工作进行指导、监督和检查,在业务上受国家档案局或地方档案局指导。

档案事业管理体制是档案管理机构设置及其管理权限划分的一种制度。我国档案事业管理体制的突出特点是统一领导下的"条块"结合。1991年5月30日,国家档案局发布的《关于中央、国家机关档案机构主要职责范围和业务管理权限的意见》规定,"中央、国家机关的档案机构,在国家档案行政管理部门统筹规划,组织协调,统一制度,监督和指导下,可根据本系统、本行业、本专业的管理体制和档案管理要求,对本系统、本行业、本专业的档案工作进行必要的监督和指导工作",并"应注意与各级人民政府的档案行政管理部门配合,协调一致"。

(一)集中统一

全国档案事业、档案工作,无论是党的、政府的、军队的还是企事业单位或其他组织的,都须在党中央、国务院及其档案行政管理部门统一领导下进行。分级管理、"条块"结合都是以这一制度为前提的。这对于我们这样一个大国,避免政出多门和档案的分散流失不仅是十分必要的,也有利于维护国家档案的完整和安全,便于社会各方面的利用。当然,这种集中统一是宏观的统一,也是方针、政策、法规上的集中统一,而不是将权力统一到一个人手中,不是把档案集中到一间房子里。

(二)分级管理

《档案法》规定:"县级以上地方各级人民政府的档案行政管理部门主管本行政区域内的档案事业,并对本行政区域内机关、团体、企业事业单位和其他组织的档案工作实行监督和指导。"分级管理是党中央、国务院指导下的分权分责制度在全国档案事业管理上的具体化。

(三)"条块"结合

分级可以比喻为"切块",即横向的从上到下划分行政区域和领导关系。每个行政区域就是一块。每个划定的行政区域内的档案工作由该区域的档案行政管理部门管理。所谓"条",即纵向的分权分责,是分级的另一种方式。"条块"结合就是将"条"与"块"分别管理的制度和方式有机地结合起来,形成档案工作管理优势,形成中国特色。

（四）企业自主

在计划经济时期,各个国有企业都在中央或地方专业主管机关领导之下。实行市场经济体制之后,企业实行独立经营、自负盈亏,并确立了独立法人地位。企业档案工作如何建立,其规模、体制、管理方式等应由企业来决定。

集中统一、分级管理、"条块"结合、企业自主基本上概括了我国档案工作管理制度的现状。

三、我国档案事业管理组织及其职能

机构是管理工作的组织形式。我国的档案工作机构几经变革,不断发展和完善。现在从中央到地方,以至每个国家机关、企事业都建有自己的档案机构,各机构的规格、规模自然有所不同,即使暂时没有建立档案工作机构的,也配有人员负责档案工作。

（一）中央档案机构

中央一级的档案机构有国家档案局、中央档案馆以及中国第一历史档案馆、中国第二历史档案馆和中国照片档案馆等。

1. 国家档案局、中央档案馆。按照《档案法》的规定："国家档案行政管理部门主管全国档案事业,对全国的档案事业实行统筹规划,组织协调,统一制度,监督和指导""中央和县级以上地方各级各类档案馆,是集中管理档案的文化事业机构,负责接收、收集、整理、保管和提供利用各分管范围内的档案。"1993年,中央国家机构改革,9月17日,经中央批准,中共中央办公厅、国务院办公厅印发关于《中央档案馆、国家档案局职能配置、内设机构、人员编制的通知》。通知指出,中央档案馆与国家档案局合并,一个机构挂中央档案馆与国家档案局两块牌子,履行档案保管、利用和全国档案事业行政管理两种职能,为党中央和国务院直属机构、副部级单位,由中央办公厅管理。其主要职责如下：

(1)对全国档案工作实行统筹规划、宏观管理。依据党和国家的政策、法规,拟定档案工作的方针、政策、法规和规章制度;组织、指导、检查、监督、协调中央、国家机关、军队、群众团体和省、自治区、直辖市的档案业务工作。

(2)集中统一管理国家中央机关的重要档案资料,保守党和国家机密,维护档案的完整,确保档案资料的安全。

(3)负责接收、征集、整理、保管党和国家中央机关的重要档案资料,推进档案工作的科学化管理和现代化建设,做好档案编研出版工作,为社会提供利用。收集散失在国外的档案材料以及与中国有关的档案和史料。

(4)制定档案工作人员队伍建设规划,组织档案专业教育和档案专业干部培训工作。负责档案专业职务评聘的有关工作。

(5)统一组织领导全国性档案工作外事活动和国际交流。

(6)完成党中央、国务院交办的有关事宜。

(7)外事审批权和经费问题,按《国务院关于部委管理的国家局设置及有关问题的通知》(国发[1993]26号)和《国务院办公厅关于部委管理的国家局与主管部委关系问题的补充通知》(国办发[1993]39号)的有关规定执行。

根据上述职责,内设八个司级机构和机关党委。内设机构为办公室、档案馆(室)业务指导司、经济科技档案业务指导司、政策法规研究司、档案资料保管部、档案资料利用部、技术部、行政财务司、机关党委。其中馆(局)长一名,副馆(局)长四名;正副司长二十五名(含机关党委专职副书记一名)。

2. 国家档案局管理的事业单位。

中央文件规定,由国家档案局管理的中国第一历史档案馆、中国第二历史档案馆、档案科学技术研究所、中国档案出版社、《中国档案》杂志社、《中国档案报》社、档案干部教育中心、招待所、幼儿园九个事业单位和挂靠单位中国档案学会、中国照片档案馆的管理体制不变。

(二)地方档案机构

现行的地方档案机构,按行政区划和地方政权设置分为省(自治区、直辖市)、地(州、市)、县(市、区)和乡镇四级。

1. 省、地、县档案机构。

省(自治区、直辖市)、地(州、市)、县(市、区)的档案机构,一般都为档案局和档案馆。档案局系档案行政管理机构,管理本行政区域内的档案工作。档案馆系文化事业机构,按规定接收档案,管理、保护本馆收藏的档案、资料,并向机关单位及社会各方面提供利用。在1993年的机构改革中,大多数档案局与档案馆合并,履行行政区域内档案行政管理与馆内档案管理两种职能,属于当地党委和政府的直属机构,在同级党委或政府的直接领导下,在上级档案行政管理部门的监督、指导下进行工作。贯彻党和国家有关档案工作的方针、政策和原则,执行和完成上级布置的工作任务,对本行政区域内的机关、团体、企业事业单位和其他组织的档案工作实行指导、检查和监督。其中一项重要职责是根据党中央和国务院有关档案工作的方针、政策和原则,结合本地区的实际情况,制定本地区的档案工作发展计划,作出工作部署,适时指导和监督,及时向本级政府、党委和上级档案行政管理部门报告工作。

2. 乡镇档案机构。

《档案法》规定:"乡、民族乡、镇人民政府应当制定人员负责本级机关的档案,并对所属单位的档案工作实行监督和指导。"

新中国成立以来,乡镇档案工作不断发展,但发展不平衡、不稳定。其发展大致可以分为三种情况:一是建立起乡镇一级的档案工作机构,建立起三合一的档案工作机构档案馆或综合档案室,负责起全乡镇档案工作行政管理,指导、监督全乡镇的档案工作;承担乡镇机关文书处理和档案室的职能,收发文件,立卷归档,收集、整理、保管本级机关的档案,开展档案的利用工作;执行档案馆的职能,接收保管乡镇直属机构、村及部分企事业单位需要长期保管的档案,提供档案资料利用,形成乡镇档案资料信息中心。二是机构不健全,人员不专职,领导不固定,除了立卷归档和一般的档案管理,很少开展其他工作。三是档案工作基本上没有开展起来,档案室没有档案,历史上的文件资料严重散失。

(三)机关单位档案工作机构

中央和地方各级党政机关、群众团体、企业事业单位和其他组织(简称机关单位)一般都设立有档案机构。《档案法》第七条规定:"机关、团体、企事业单位和其他组织的档案机构或者档案工作人员,负责保管本单位的档案,并对所属机构的档案工作实行监督和指导。"由于各机关单位的职责权限等具体情况不同,档案机构的设置和职责不完全一样。一般有以下几种情况:

中央级机关单位,尤其是专业主管机关,分别设有档案行政管理机构局或处、科和档案管理机构馆或室,或者两块牌子一套人马。

省级机关单位,少数单位分别设立档案行政管理和档案管理机构,或挂处、科和馆室两块牌子,大多数单位为一个机构(档案馆或室),履行档案行政管理和档案管理两种职能。

地(市)、县(市)级机关单位,一般只设档案室,履行档案行政管理和档案管理两种职能。

大型企业单位一般设有单独的档案工作机构馆或室,负责本企业的档案行政管理工作和档案管理工作,也有与图书资料或信息工作联合设立工作机构的。

大型事业单位和高等学校,一般设立有档案馆或档案室,负责本单位的档案行政管理和档案管理工作。

四、我国档案事业管理机构的组织关系

档案事业管理机构,如各级档案局、处等,是党和国家指导和管理档案工作的部门。由于我国的党、政档案工作实行统一管理,因而各级档案事业管理机构,既是党的机构,又是国家的机构。

档案事业管理机构的基本任务是:在统一管理党、政档案工作的原则下,分层负责地掌管全国档案事务,对全国档案工作进行指导、检查与监督。其具体任务主要有以下几方面:

一是拟定档案工作规章、办法,建立国家档案工作制度。

二是指导和监督各机关、部队、团体、企业、事业单位的档案工作,规划和筹建档案馆,在业务上指导档案馆工作。

三是研究和审查有关档案保存价值、保管期限的原则和标准,监督和审议有关档案

的销毁问题。

四是组织和指导档案工作业务经验的交流、档案工作人员和干部的专业教育以及档案科学的研究。

各级各类档案机构之间的相互关系是：上级档案事业管理机构对下级档案事业管理机构具有业务指导和监督的关系；档案事业管理机构对档案馆和档案室等档案业务机构具有业务指导和监督关系；机关档案室和档案馆之间具有档案交接关系；各级各类档案馆（室）之间均无隶属关系，但有一定的协作关系。

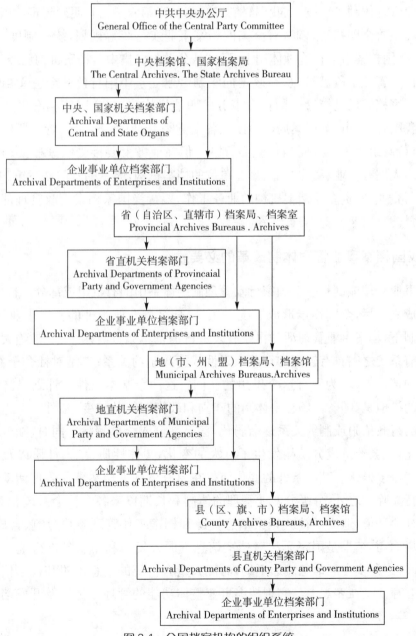

图 2-1　全国档案机构的组织系统

第三节 我国档案事业管理体制的改革

一、我国档案事业管理体制的现状

20世纪50年来,随着新中国档案事业的发展,我国建立起了"统一领导,分级管理"的档案事业管理体制,这一点在我国《档案法》第二章第六条已有明确规定:"国家档案行政管理部门主管全国档案事业,对全国的档案事业实行统筹规划,统一制度,监督和指导。"目前,我国档案事业在管理体制上已经"从分散走向集中",档案机构已经"从单一走向系统",档案管理手段已经"从行政走向法制",建立了中国特色社会主义档案事业体系。我国国家档案局是统管全国档案事务的职能机构,是整个国家档案事业的组织指挥中心。我国各省、市、县档案局(馆)设在各级党委、政府之下,负责管理所辖区域内的档案事业,行政隶属关系虽属当地党委、政府,但在业务上要接受国家档案局的监督指导。我国广大国有企业、集体企业、事业单位的档案机构,大量的专门档案馆和专业档案馆以及私营企业、三资企业档案机构的业务工作,要接受国家档案行政管理部门的业务指导和监督。[①]

二、我国档案事业管理体制改革的必要性

档案事业管理体制是一个国家行政管理制度体系中的有机组成部分。自1954年国家档案局成立以后,全国逐步形成了统一领导、分级分专业管理的档案事业管理体制。在这种体制下,档案事业管理活动得以有效进行的基本条件有两个:一是绝大多数社会组织与政府系统之间具有较强的行政依附性或行政制约关系;二是对社会全部档案(除个人形成的档案外)均为国有这个思想的认同。这两个基本条件在计划经济体制下是完全具备的。但是,随着市场经济体制的建立和政府职能的转变,各种社会组织与政府系统之间的行政依附或制约关系逐渐弱化,甚至部分或全部解除。同时,随着经济体制改革的深化,社会经济成分结构发生了巨大的变化,集体性质、私人性质以及其他所有制形式也变得多样化。基本条件的变化使得在原有体制下档案事业管理活动难以真正有效地进行。除此之外,分级分专业管理的体制和长期以来各个社会系统相对封闭、自行运转的社会环境,造成了社会档案信息资源和档案工作管理条块分割、自成体系、缺乏交流的局面,其结果是国家无法对档案信息资源开发与利用服务进行统一规划和有效协调,同时因条块之间信息流通不畅,而使大量有价值的信息闲置和社会信息资源的缺乏同时并存。这在客观上与实现档案事业整体功能的管理目标以及开发档案信息资

---

① 邹吉辉.新中国档案事业管理体制改革历史回顾与启示[J].攀枝花大学学报.2002(6).

源为社会主义现代化建设提供服务的最终目的相背离。

目前,我国的"半现行文件"分散在两处保管,一部分"半现行文件"保管在数量众多的档案室之中,另一部分(主要指长期卷档案)"半现行文件"则保存在各级各类档案馆之中。随着档案文件的日益膨胀,长期卷已成为我国档案馆一个巨大沉重的包袱。文件中心在我国目前仍处于试点阶段,数量很少,也没有在全国范围内推广。美国基本上将"半现行文件"全部移交文件中心保管,只有永久保存的文件才交给档案馆保管,因此美国设立有大量的文件中心,仅联邦级的文件中心全美就有十五个。

我国档案学理论传统上以研究档案管理为主,对文件管理研究不够。实践中文书工作与档案工作各成体系,也没有一个能统管文书工作和档案工作的行政管理机构。文书工作和档案工作的分离给档案工作带来了许多不便和困难,如文件格式的参差不齐影响档案整理,文件材料质量不高影响档案寿命,文件运转过程中的流失影响归档完整等。美国以文件生命周期理论为指导,档案机构可以对文件的整个生命过程进行有效的控制,从而确保了文件管理的质量,为档案管理奠定了良好基础。我国因文书、档案分离带来了种种不便,从20世纪80年代开始的文档一体化实践也是五花八门,这一问题如果不从体制上加以解决,对我国档案事业必将带来极大影响。

三、我国档案事业管理体制改革的方向

(一)明确档案事业管理机关的职能,改革管理方法

根据我国政府职能转变中遵循的"宏观管住,微观放开"的原则,档案事业管理体制改革的重点应当是明确和强化在市场经济条件下档案事业管理机关的职能。

(二)建立社会档案信息服务体系,完善档案事业管理体制

统一领导、分级分专业管理的档案事业管理体制对合理地规划档案机构布局和系统地集中档案信息资源发挥着重要的作用,但是由于宏观调控能力的薄弱,这种体制也造成了全国档案工作条块分割、缺乏交流的局面,从而极大地制约着社会档案信息资源的系统开发和广泛利用,因而必须予以完善。

对档案事业管理体制的完善,一方面,应该强化档案事业管理机关的宏观调控能力,通过制定相应的政策和法规,并正确地运用社会档案需求的导向功能,鼓励和促进地区与地区之间、行业与行业之间、地区与行业之间档案机构的业务协作和信息交流。另一方面,可由档案事业管理机关指导建立专门的档案信息服务机构。这种机构应具有两种功能:一是联系和协调一定范围内各类档案机构的档案信息开发活动;二是作为一定范围内各类档案机构保存档案情况的信息集散中心。档案信息服务机构体系的建立可分为两个阶段:第一个阶段是建立地区性或某一方面的档案信息服务机构,以尽快地发挥全地区或某一方面档案信息资源的整体功能;第二个阶段是在条件成熟以后实

现档案信息服务机构的联网,从而形成社会档案信息服务体系。近年来,我国全国性档案目录中心和一些地方性档案信息服务中心的建立,无疑是在这方面进行的有益尝试。

目前,我国档案事业形成了具有全国规模、层次清晰、结构严密的档案网络体系,我国档案集中管理的程度也是世界各国中最高的,这对于统一保管档案文化财富,开发利用档案信息资源,服务社会主义现代化建设提供了有力保障。但在承认我国档案事业管理体制优越性的同时,我们也要汲取西方发达国家档案管理中的一些先进理论经验和管理方法,进行档案事业管理体制改革,推动我国档案事业的发展。

首先,将"文件生命周期理论"广泛应用于我国文书工作和档案工作,对我国文件、档案一体化管理进行建设和对"半现行文件"进行鉴定处理,从而解决我国文书工作与档案工作脱节造成的弊端,解决档案部门"长期卷"问题。

其次,改革"局馆合一"、政事不分的管理模式。随着我国机构改革的全面启动,我国档案事业管理中的"局馆合一"模式将面临严峻挑战:档案局属于国家行政管理机关,档案馆则是国家文化事业单位,我国机构改革目标是将政府机关和事业单位分离及事业单位进一步企业化、市场化,因此档案局(馆)合一这种典型的政事不分的机构设置必须要改革。因此,我们设想将局、馆分设,政、事分离:在中央,改国家档案局为国家文件与档案局,作为国家文书工作和档案工作的行政管理部门,中央档案馆由中共中央办公厅直属代管,仍作为国家财政拨款的事业单位;地方各级档案局改组为文件与档案局,隶属于各级人民政府,履行地方文书工作、档案工作的行政管理职能,各级综合性档案馆仍作为事业单位,由地方财政拨款给养,从而建立起新的"统一领导,分级管理"档案事业管理体制。

再次,制定《党政机关公文处理条例》,强化文档法制建设。从世界范围来看,我国公文管理立法的进程比较慢,不少发达国家很早就制定颁布了文件管理法律。例如,美国早在1950年就颁布了《联邦文件管理法》,加拿大在1966年颁布了《加拿大公共文件管理法》,发展中国家也逐渐开始重视公文管理立法,如缅甸在1990年制定颁布了《缅甸国家文件和档案法》。文件、档案一体化立法也是当今世界档案法制建设的立法趋势之一。我国制定《公文法》,有助于公文管理的规范化、科学化,从而为档案管理奠定良好基础。《公文法》和《档案法》的出台必定会使我国文件管理、档案管理工作上新的台阶,在依法治国、依法行政、依法行文、依法治档方面迈出新步伐,从而为档案事业管理体制提供完备的法制保障。

第三章
档案事业管理法律规范

依法治国、建设社会主义法治国家是我国政治体制改革的基本目标之一。档案事业是建设中国特色社会主义的重要组成部分,因此,在建设法治国家的进程中,国家政策也要为实现档案事业管理的法制化指明方向,使我国的档案事业管理有法可依。

第一节 档案事业管理法律规范概述

一、档案事业管理法律规范的概念、特点

长期以来,我国对档案事业的管理基本上依靠行政手段来调节,随着社会主义市场经济的确立和档案事业的发展,档案工作的社会性日益增强,法律手段将是宏观管理档案事业的主要手段。1987年,《档案法》的颁布和实施,结束了档案工作无法可依的历史。1996年,国家对《档案法》进行了修订。档案工作作为一项事业逐渐被列入国民经济和社会发展计划,档案事业的环境与条件正在逐步改善,各级档案行政管理部门作为各级人民政府主管档案事业的职能部门,逐步增强了对档案法规的实施情况的监督,由单一的指导向全面监督、管理转变,档案事业开始走上法制建设的轨道。档案管理队伍无论是在数量上还是在质量上都有了质的变化。档案事业与社会各方面的工作也进一步协调起来,并不断寻求共同发展。随着档案的开放,档案工作的社会性逐步加强,档案的经济作用进一步发挥,社会地位也在逐渐提高。到目前为止,我国虽然已经出台了一些有关的法律规范,但总体来讲,立法体系不完善、执法主体不明、执法力度不够、法制意识不强等问题仍然存在。

(一)档案事业管理法制化环境

虽然档案事业管理法律现有的发展情况不尽如人意,但是目前我国已经具备了档案事业管理法制化的基本环境。

1. 市场经济呼唤法制经济。

任何社会、经济的运作都需要有一种力量支配。在计划经济体制下,经济活动主要依靠强大的国家权力的推动。在市场经济的环境下,政府已不再是万能的,国家也不再直接指挥经济活动。这使得行政权力逐渐弱化,因此必然带来法律手段的不断强化,因此,法治在建立社会主义市场经济过程中起着重要的作用。可以说,市场经济是法治经济,并由此产生法治社会,市场经济和法治社会所需要的法律不是来自"国家意志",而是来自市场主体、得益关系者的意志——人民的意志。它要求法律超乎一切权力,具有最高权威,受到社会尊重,真正实现从计划经济下的体制走向市场经济的体制,从传统中国的法治,走向现代文明社会的法治。

2. "双轨制"下的转轨变型。

市场经济下的法治经济是以公民人格独立和社会平等为基础,以保障公民财产、控制政府滥用权力为己任,维护社会的和谐和稳定发展。目前,我们需要推动社会结构、政治结构和法律观念转型,在法权关系上,实现从权力至上到法律至上的转变。计划经济下,国家权力无所不在地支配着社会的一切。现在人们更多地凭借法律来调节彼此的关系,在社会中,法律的权威和地位大大提高。在公民与国家的关系中,要实现从"国家本位"到"社会本位"的转变。国家本位表现在下级服从上级,小家服务于大家,下级的权力来自中央,公民的权利是国家给的,公民的一切都是党和国家的。因此,凡法律没有规定给公民和地方的权利和权力都是国家的。法治经济就是要打破"国家本位"的制度和观念。不管是制度、法律、国家还是政党等,一切都是为了保护公民和地方的权力、改善公民的生活。

在不如意的现状、严峻的形势和现有的法律建设环境下,我国必须对档案事业管理投入更多的关注,在审慎研究的基础上,借鉴其他立法领域的成功经验,有目标、有步骤、有层次地加强档案事业管理的法治建设。

(二)档案事业管理法律规范的基本概念

在对我国的档案事业管理法治现状进行深入了解之前,首先必须了解其基本概念。从狭义上来理解,档案事业管理法就是国家为管理和保护档案事业而制定的统一调整一定范围内档案事业关系的成文法律或法典,指的主要是档案事业管理基本法。从广义上来理解,档案事业管理法是国家为管理和保护档案事业而制定的调整因档案事业活动而发生的社会关系的法律规范的总称。因档案事业活动而发生的社会关系也被称为"档案事业管理关系",在各项档案事业活动中,包括档案的形成、收集、管理、利用、交换过程中,人与人之间发生的行政的、文化科学的、物质财产利益等诸多方面的关系,也就是国家机关、社会组织、企业事业单位以及公民个人为了实现各自的需要,相互之间在档案的形成、收集、管理、交换、利用过程中发生的各种关系。档案事业管理法的概念可以包括以下三层含义:

1. 档案事业管理法是由国家制定或认可的、要求强制执行的规范性文件,包括相关档案事业的法律、法规、规章和宪法中相关档案的规定。这一层含义说明档案事业管理法制定者地位及其身份,是具有立法权的国家权力机关,或者是由国家授权的政府机构,说明档案事业管理法不同于一般性文件,是具有法律效力的规范性文件。

2. 档案事业管理法调整的对象是档案工作活动中产生的法律关系,包括国家档案行政管理部门、其他国家机关、社会组织、企业事业单位以及公民个人相互之间,在一系列档案事业活动中形成的各种关系,如在档案的形成、收集、保管、利用等各项事务中出现的行政管理关系、所有权属关系、法律责任关系等。这类社会关系是由档案媒介直接引起的,是在各项档案管理活动中产生的,是档案事业管理法区别于其他法的显著标志之一。

3. 档案事业管理法是有阶级性的。档案事业管理法和其他法一样,体现统治阶级的意志,具有鲜明的阶级性。封建社会和资本主义社会的档案事业管理法都是建立在不同形式的生产资料私有制基础之上,体现封建统治阶级和资产阶级的意志,维护和巩固私有的档案制度,为有利于剥削阶级的档案事业法律关系作辩护。我国社会主义的档案事业管理法是建立在公有制经济基础之上的,体现了工人阶级领导的广大劳动人民的意志,是维护、巩固和发展社会主义档案事业的。

(三)档案事业管理法律规范的特点

档案事业管理法担负着调整档案事业管理活动过程中主要社会关系的重任,在我国社会主义法律中占有一席地位,是组成我国国家法律体系不可缺少的成分,其他法律包含和代替不了,它具有其他法律所没有或很少有的一些特征。档案事业管理法的特点主要有以下几点表现:

1. 政治性是档案事业管理法规的显著特点。在阶级社会,档案是进行阶级统治的重要工具。历代统治阶级都根据本阶级的利益制定、颁发相应的档案法规,进行阶级统治。我国社会主义档案事业管理法规体现了鲜明的阶级立场和观点,带有明显的无产阶级的政治色彩。我国档案事业管理法的政治性,首先表现在对档案所有权的规定上——全民所有的档案属于党和国家财富,任何个人不得据为己有。为了管理好档案,各机关、团体、企业事业单位都要建立档案机构,集中管理本单位所产生的全部档案。在档案管理的领导权上,厂矿、企业科技档案工作由主管业务负责人或总工程师领导,机关和事业单位的档案工作由一位行政负责人分管,把档案工作作为企业管理和行政管理的重要内容,实行按系统的"条条"和按地区的"块块"的双重领导,形成了统一领导、分级管理的领导体制。

在公布和开放档案方面,档案事业管理法的政治性表现尤为突出,国家档案的公布权归国家所有,只有由国家授权的档案馆和有关单位才可以公布,未经允许,其他任何单位和个人无权公布。历史档案虽向全社会开放,但规定了开放与控制使用的界限"涉及国家军事、外事机密的文件、材料""涉及我党和外国政党及其领导人的关系以及有关国际共运的机密的文件、材料""涉及我国与邻国领土和边界问题以及中外产权、债权方面的文件、材料""不利于党的统战工作,不利于国内民族团结的文件、材料",都属于控制使用范围,原则上不开放。开放和控制使用的界限以有利于党和国家、人民的利益为标准,在现阶段则以有利于四化建设和与四项基本原则相一致为界限。

2. 广泛性是档案事业管理法的又一个特点。广泛性首先表现为档案事业管理法规的数量众多,种类广泛。新中国成立至今,党和国家各级政府以及各类档案事业领导管理机构陆续制定、颁布了关于档案的收集、整理、鉴定、保管、利用等方面的业务性、法规性文件百余个,法规种类有法、规定、决定、条例、方案、通则、细则、办法等十多种,组成了完整的档案事业管理法规体系。

其次,档案事业管理法的广泛性表现为法规的内容涉及面广。一定的实践活动领域形成一定内容的档案,广泛的社会实践赋予档案以丰富的内容,社会经济、政治、军事、外交、科学、技术、文化、教育、医药、卫生等一切学科和领域都产生和形成档案。相应的档案管理法规相继被制定,用来管理各个方面的档案,如有《交通部科学技术档案管理办法》《水利部水利专业技术档案管理试行办法》《冶金工业部冶金工业科学技术档案工作办法》《航空工业部科学技术档案工作条例》《中国人民银行科学技术档案管理暂行办法》《轻工业部关于轻工业科学技术档案工作暂行办法》《教育部高等学校科学技术档案工作办法》《计量科学技术档案试行管理办法》《出版社书稿档案暂行规定》等。各部门都先后制定了档案管理办法,有多少种类档案,就有多少方面面的档案管理法规。

另外,档案事业管理法的广泛性还表现为档案管理法和其他法律部门交叉多的特点。有什么样的社会活动就会产生什么样的档案,广泛的社会活动产生门类众多的档案。在社会实践中,大概没有比档案更普遍更丰富的了,它存在于社会生活的所有方面与部门,和人类社会的各项工作都有着紧密的联系,是不可缺少的依据和条件,又是一项重要的财富。各法律部门在制定部门法规时,常常把档案作为财产,把档案的依据和凭证的作用提高到法律的高度,作为部门法的必要内容,以法律条文的形式载入一定的法律条款之中。

3. 档案事业管理法还具有公益性,体现全社会的意志、利益和要求。

在阶级社会里,虽然档案被掌握在剥削阶级手中,只为少数人服务,但是,历代统治阶级都重视对档案的收集和整理,制定一定内容的档案法规,对档案实行有效的管理和利用。这种管理和利用具有二重性:一方面属于统治性质,统治阶级把档案作为阶级压迫和剥削的工具,利用档案来巩固封建和资本秩序,运转国家机器;另一方面又属于全社会性质的公益事业,以保管档案供后代利用为目的,使社会的精神财富得到不断丰富和积累。如在我国历史上,历代封建王朝就利用保存的档案进行编史修志,进行各种档案文献编纂,如《二十四史》《十通》,数以千种的地方史志以及众多的档案文献汇编。大批成果得以发掘和整理,极大地丰富了祖国的文化遗产,为我们今天进行历史研究、思想研究和各项科学技术研究提供了第一手珍贵的资料。因此,档案不管来自哪个阶级,都属于人类社会的共同精神财富,它记录、反映了一定时期的政治、经济、文化和生活等领域的概貌,是我们回顾历史和进行各种工作时不可缺少的依据和条件。后代利用前代的档案进行编史修志,从事文化遗产的整理。档案事业管理法用法律、法规的形式管理和保护档案和档案事业,使档案的公益性得以实现,说明档案事业管理法本身也具有社会公益性的特点。

我国的档案事业管理法,自从新中国成立以来,其公益性更为鲜明,这是由于我国的社会性质起了根本性的变化。《中国共产党若干历史问题的决议》中指出:"在我国,在人民民主专政的国家政权建立以后,尤其是社会主义改造基本完成,剥削阶级作为阶级已经消灭。"从此,我国的全体公民,包括工人阶级、农民阶级、知识分子和其他各阶层人民,不存在剥削和被剥削现象,没有根本利益的冲突。档案事业管理法体现了这种平等的关系和共同的意志。这首先表现为档案机构尤其是各级各类档案馆逐渐从国家档案行政机关中分离独立出来,转变为科学文化事业机构、公共事业机构,成为国家和地方的史料基地和文献中心。档案机构的神秘性减弱,群众性和文化性日益增强。其次,档案事业管理法赋予全体公民广泛的权利,一般的档案自形成之日起满三十年,规定都要向全社会开放。公民和组织只要有合法的证明,均可以利用已经开放的档案。随着档案开放内容的不断扩大,民族文化素质的不断提高,广大公民到档案机构查阅、利用档案的人次在不断增加,用户的层次也在不断扩大。档案事业管理法的公益性不但在理论上得到阐述,而且在实践方面得到了证实。

二、档案事业管理法律规范的本质

(一)档案事业管理法律规范调整的对象

调整对象是区分法律部门的重要标准,任何法律部门都有一定的调整对象,反映一定的社会关系和法律关系。从整个国家的法律体系来看,档案事业管理法是行政法部门中的一个单行法。它和组织、军事、外事、民政、公安、司法、教育、科技、文体、卫生、体育等众多的行政管理法律、法规,共同组成行政法庞大的法律部门。因此,它必然反映行政法的基本特征。但是,档案事业管理法有其独特的法律内容,不能被其他法律所包含,在档案事业管理活动中产生与众不同的社会关系,存在特定内容的调整对象。档案事业管理法的调整对象主要表现在以下几个方面:

1. 调整国家档案事业管理过程中所发生的纵向社会关系。

所谓"纵向社会关系",主要是代表国家管理档案事业的国家档案行政管理部门与其他国家机关、团体、企业事业单位的档案机构之间在档案事业管理活动中所发生的社会关系。这种社会关系具有命令和服从的性质,体现了社会主义经济制度和政治制度的性质和统一领导、分级管理国家全部档案事业的组织原则和管理体制,是档案法调整对象的核心部分。档案事业管理法调整这种行政法律关系具体表现为我国管理档案的部门分为专门管理档案的各级国家档案馆和机关、团体、社会组织、企业事业单位的档案管理部门,国家档案行政管理部门与各级国家档案馆和各机关档案部门的关系处于隶属(上下级)关系。国家档案行政管理部门与各级国家档案馆的关系是行政隶属关系;而与机关、团体、企业事业单位和其他社会组织的关系,是业务上的隶属关系。前者是一种档案管理上的直接行政关系,是上下级之间的关系,后者往往通过国家的法规或上级机关的授权,使得同一级别的其他部门或单位,不是本部门领导的下级,而是业务上的隶属关系,如同家档案局和各地档案局的规定,其他同级或下级部门都要遵守,整个档案事业管理工作就是在这种关系中体现的。国家档案行政管理部门对档案事业进行规划、协调、监督、指导的目的就是通过密切配合,管理和保护档案,为社会主义现代化建设服务。规划、协调、监督和指导都应由相应的档案事业管理法来调整。

对这种因档案活动而发生的社会关系的法律调整的主要内容有以下几点:通过法律形式,确定中央和地方档案行政管理部门,专门管理档案的各级国家档案馆,机关、团体、企事业单位及其他组织的档案管理机构以及公民个人在档案方面的法律地位,确定它们在各种档案事业活动中的权利和义务关系,充分调动它们在管理、保护和开发利用档案,实现自己职责过程中的积极性;确定档案事业管理体制、原则和方法,规定档案事业管理法律关系主体违反档案事业管理法所必须承担的法律责任等。

2. 调整社会组织之间在档案事业管理活动中所发生的横向社会关系。

所谓"横向社会关系",是指档案机构和档案机构之间,档案机构和其他国家机关之间,档案机构和公民之间,在档案事业管理活动中所发生的社会关系。这种社会关系是平等、合作的关系。横向社会关系主要包括在档案机构之间进行档案事业管理信息交流和档案事业管理经验交流;在档案事业管理理论、方法、技术协作上的联系;在档案交换、买卖过程中形成的协作关系,技术成果产销转让联系;关于档案部门的人事任免、人员编制、财政拨款、档案教育、档案业务职称、档案安全保卫等与人事、财政、教育、职改、公安等部门的联系;关于档案事业管理的业务问题与专业主管部门的联系;档案管理机构与机关、组织、公民个人在档案开放利用、公布和机关、组织向档案馆移交档案、集体组织和公民接受档案部门管理的责权关系以及国家、集体、个人档案所有权和公布权等方面的权利义务关系,等等。在众多的横向档案关系中,有的体现着档案事业管理法主体在法律上的平等无偿关系;有的则体现着档案事业管理法主体在法律上的平等有偿关系;有的横向档案协作关系是直接在国家或地方档案工作计划下和档案行政部门指导下进行的。

调整横向档案事业管理关系的主要法律内容包括以下几点:确认各级档案机构、其他国家机关、企事业单位和社会组织以及公民个人在各种档案管理活动中所形成的档案关系的性质、方式以及彼此之间的权利、义务关系,使它们在纷繁复杂的档案事业管理活动中明确目标,懂得怎样享受应有的权利,怎样承担应尽的义务,使机关、组织和公民的档案事业管理活动有章可循、有法可依。

3. 调整各档案机构、机关、企业事业单位和其他社会组织内部的档案事业管理关系。

档案机构和其他机关、企事业单位、社会组织内部的档案事业管理关系是指一个机构内部上下、左右之间在对档案的形成、收集、保管、整理、鉴定和利用等档案事业活动以及其他各项事务活动中所发生的关系,即在这些档案事业管理法主体与其附属部门以及它们与职工个人相互之间形成的档案管理关系。这种关系具有两重性,既有内部上下级之间的纵向隶属关系,也有内部部门之间、职工之间的平等、横向联系。这种关系是档案事业管理法调整对象的一个重要方面。对这种档案事业管理关系法律调整的主要内容是规定机关、单位内部各部门应按国家或机关、单位的规定,将应立卷归档的文件材料,定期向本单位档案机构成档案人员移交;机关职工应把在工作活动中形成的文件材料交部门集中管理,不得视为私有财产,据为己有;档案机构内部应建立科学的档案事业管理制度,有确保档案安全和实现档案事业管理现代化的设施和技术手段;逐步推行岗位责任制,通过计划任务,明确职责分工,确定权利、义务等,以保证档案法律规范的实现。

必须指出,在研究档案事业管理法的调整对象时,运用纵向、横向档案事业管理关系进行分析,只是为了论述的方便。其实,档案事业管理关系是一个统一的整体,是不便于分割的。如在国家管理档案事业的过程中,除纵向关系外,还包括统筹、协调、协作关系。公民个人所有的档案委托国家档案馆代管,国家向公民个人或集体单位收购档案就是平等的、横向联系和协作关系,如此等等。档案事业管理法所调整的正是这样一种统一的档案活动中的社会关系。

(二)档案事业管理法律的本质

在了解了档案事业管理法规的基本概念、特点以及该法所调整的对象之后,还必须进一步分析档案事业管理法的本质、任务和作用,以掌握档案事业管理法规的实质和实施的意义。

法的本质,即法的根本属性,是指法这一事物内在的必然联系,它是由其本身所包含的特殊矛盾构成的。马克思和恩格斯在《共产党宣言》中剖析资产阶级意识形态时指出:"你们的观念本身是资产阶级的生产关系和所有制关系的产物,正像你们的法不过是被奉为法律的你们这个阶级的意志一样,而这种意志的内容是由你们这个阶级的物质生活条件来决定的。"马克思和恩格斯的这一论断虽然是针对资产阶级法律而言的,但对于我们了解各种类型和各种形式法律的本质具有普遍的指导意义,我们理解档案事业管理法的本质当然也不例外。

1. 档案事业管理法是统治阶级意志在档案事业管理领域中的体现。

列宁在回答法律是什么时说过:"法律是统治阶级意志的表现。"在阶级社会中,由于阶级利益的根本对立,法律不是也不可能是社会各阶级"共同意志"的表现,而只能是在经济、政治上处于支配地位的统治阶级的意志的表现,是整个统治阶级的根本利益和共同愿望的反映。因此,法律具有强烈的阶级性,阶级性是法律的基本属性。作为统治阶级的国家机构进行政治统治和管理军事、经济、科技、文化等活动的历史记录和统治工具的档案,其中许多内容就具有极其强烈的阶级性。掌握国家政权的阶级,只有把自己保护、管理和利用档案的意志上升为法,才能有效地维护本阶级在政治、经济、思想上的统治地位,才能从政治、经济、军事、科学、技术、文化、宗教等社会生活的各个方面来确认、保护并发展有利于自己的经济关系,把人们对待档案的各种行为都纳入有利于统治阶级的社会关系和社会秩序中去,从而达到对档案的有效保护、管理和利用的目的,以至达到对整个社会实行统治和管理的目的。同样,被统治阶级也有自己的意志,这种意志在档案问题上的表现就是要求及早公开反映统治阶级进行阶级统治的秘密的档案,或通过其他手段获得这些秘密档案,以推翻统治阶级的统治,但是由于手中没有政权,其阶级意志便不能通过国家形成法。因此,档案事业管理法只能是统治阶级意志在档案领域的反映和表现。

需要指出,在当今的资产阶级档案事业管理法中,除了一些明显的保密限制外,还包含着某些所谓开放档案、为人民利用档案提供方便等条款,并在一定程度上得到实施,但这并没有改变资产阶级档案事业管理法的本质。因为档案事业管理法和其他法一样,作为阶级统治的工具,总是要适应阶级斗争形势和阶级力量对比状况需要的。资产阶级为了保障其根本的阶级利益,在对一些失去机密性的档案的利用上,不得不在其档案事业管理法的某些条文中,一方面照顾一下同盟者或试图争取的同盟者的某些利益,企图以此来巩固其统治;另一方面不得不敷衍一下劳动人民,企图以此缓和反对的斗争。所以,从本质上看,这样的档案事业管理法仍然是资产阶级意志在档案事业管理领域上的表现。

人们在了解档案事业管理法的阶级属性时可能会存有这样的疑问:档案事业管理法中一些反映档案事业管理规律的方法技术规范是不是也具有法的本质属性呢?这是一个需要加以说明的问题。

在国家中占统治地位的阶级,为了保证其统治下的社会生产秩序和生活秩序的正常进行,除了加强某些现实的政治性和机密性极强的档案事业的管理之外,还需要对大量的具有全社会文化、科学和经济意义的档案进行管理。在档案管理的方法、技术上有许多共同的东西,反映了不同社会制度国家共同的客观要求。各国档案事业管理法中的一些内容,直接反映的是社会实践活动规律和档案形成、保护和利用规律,其中有部分规定是与科学技术相联系的方法、技术管理规范。实施这类性质的方法、技术规范,保护的是档案,受益的是整个社会。无论是资本主义国家还是社会主义国家,都要实施这类方法、技术管理规范,以保证社会实践活动的正常进行。这类和当代社会实践活动相适应的档案事业管理方法技术规范与政治经济制度并没有直接联系,在它上升为法律之前很难说有阶级性。但是保护档案、协调人们的社会实践活动和档案事业的关系总是要通过人与人的关系才能实现,管理方法技术总是要在一定社会关系中才能发挥作用,当它通过对统治阶级有利的社会关系发挥作用时,难免带有阶级的烙印。因此,这类方法技术规范上升为档案法律规范之后,不可能不受到社会经济制度和政治制度的制约,也不可能不带有一定的阶级倾向性。具体说来,统治阶级的国家权力机关,为把这类方法技术规范转化为法律规范,必须经过一番归纳、调控和制作的功夫,势必要掺进与其社会经济制度和政治制度相适应的内容,并使其能够与其他法律规范相匹配,协调一致地为经济基础服务。如我国档案事业管理法和有关法规关于档案事业管理的方法技术的规定,就与资本主义国家档案事业管理法规有很多不同之处。

2. 档案事业管理法是被上升为国家意志的统治阶级在档案事业管理领域上的意志。

档案事业管理法是统治阶级意志在档案事业管理领域上的体现,但统治阶级在档案事业管理领域上的意志并不都反映为法,还可通过思想、道德、科学、政策等方式来反映。档案事业管理法与这些不同之处,就在于它是被提升为国家意志的统治阶级在档案事业管理领域上的意志。也就是说,统治阶级通过它所掌握的国家政权,把自己在档案事业管理领域上的意志上升为国家意志,使它具有普遍的约束力,成为人人都必须遵守的行为规则。正如列宁所说:"意志如果是国家的,就应该表现为政权机关所制定的法律,否则'意志'这两个字只是毫无意义的空气震动而已。"档案事业管理法和其他法一样,经国家权力机关制定或认可,由国家强制力来保证其执行,是在档案事业管理领域中统治阶级意志的体现,是执政党的档案事业管理工作政策的具体化和定型化,对全社会具有普遍的约束力,无论是统治阶级还是被统治阶级都必须毫无例外地遵守,以维持整个统治阶级的利益。

3. 档案事业管理法和其他法律一样,其内容是由统治阶级的物质生活条件所决定的。

社会存在决定社会意识,一定阶级的意志是由它赖以生存的物质生活条件所决定的。以生产关系为核心的一定的经济关系是统治阶级利益的决定因素,也是这个阶级的利益所在。统治阶级制定档案事业管理法律规范的目的,就是要从社会生活的档案事业方面来确认、保护并发展有利于自己的经济关系,从而实现其意志和利益。

一定统治阶级的物质生活条件,即一定的社会经济基础以及通过经济基础所反映出来的社会生产力,决定了一定历史类型的档案事业管理法所体现的统治阶级意志的内容。正是封建社会的经济基础和生产力发展水平,决定了封建制档案法规所体现的封建地主意志的内容:法出自皇权,用残酷手段维护档案文件方面的封建特权。正是资产阶级的物质生活条件、资本主义的经济基础和生产力发展水平,决定了资本主义档案法所体现的资产阶级的意志的内容:在确认私有档案同其他私有财产一样不可侵犯的前提下,公共档案归资本主义国家所有,私有档案归私人所有,国家从维护资产阶级的根本利益出发进行登记和监督。在社会主义制度下,无产阶级和劳动人民的物质生活条件、社会主义公有制的经济基础,决定了社会主义档案事业管理法体现的是无产阶级和劳动人民的意志的内容。例如,在苏联的社会主义经济基础和政治制度之下,其档案法规的内容着重强调建立"全苏国家档案全宗"。

我国档案事业管理立法的内容则是按照我国的社会主义经济基础和人民政权管理模式,确立统一领导、分级管理的原则,从管理机构、管理方法等方面确保国有档案的完整与安全,方便社会主义现代化各项事业的利用;根据社会主义初级阶段多种经济成分并存的现实,在不违背无产阶级国家整体利益的前提下,承认集体和个人档案的所有权;还规定了社会主义制度下,人民负有保护档案的义务和享有利用档案等权利。这些不仅与封建社会档案立法的御用性和封闭性形成鲜明的对照,而且与以私有制为基础的资本主义档案立法有着本质的区别,人民利用档案的权利和保护档案的义务比资本主义社会要广泛得多。我国社会主义档案事业管理法是社会主义经济基础的产物,是社会主义档案事业管理规律的反映,是无产阶级和劳动人民意志的体现,是社会主义国家管理档案事业的手段。国家通过档案事业管理法规定机关、团体、企业事业单位和其他社会组织的档案事业管理和公民个人的档案活动,以促进社会主义档案事业的发展,不断满足国家和人民利用档案的各种需要。作为社会主义上层建筑的档案事业管理法,归根结底,对于巩固和发展社会主义的经济基础有着重要的作用。

三、档案事业管理法律规范体系

(一)档案事业管理法在法律体系中的地位

法律体系是指一国各个法律部门和法律制度的现行规范所组成的有机统一整体,也就是一个国家在一定时期,以所有现行法律为基础,分门别类地划分为若干个部门法,形成以宪法为根本大法组成的一个有机的统一法律整体。根据法律规范调整的对象和方法,我国社会主义法的体系大体上包括宪法、行政法、民法、经济法、婚姻法、刑法、诉讼法、劳动法、环保法等部门。

在许多国家的立法思想中,档案事业管理过程中所发生的社会关系一般被认为是一种行政关系,属于行政法部门中的一个单行法。因而目前多数国家的档案事业管理法尚未形成独立的法律部门。但是,从档案事业管理法调整社会关系的广泛性和特殊性以及健全法制的需要看,其作为一个独立的法律部门是可能的。因为行政法调整的是在行政管理活动中发生的社会关系,档案事业管理活动涉及政治、军事、经济、科技、文化、宗教等各个方面,虽然其中行政关系占有十分重要的位置,但尚有经济、军事、教科文、宗教等方面的关系,与行政关系既有联系又有一定的区别。

(二)档案事业管理法的体系结构

档案事业管理法体系是档案事业立法工作成果的总体现,是档案事业管理法基本理论的重要组成部分。对它进行研究,不仅影响档案法学理论的发展,而且直接影响档案事业立法和档案事业司法实践。例如,对档案事业管理法体系的结构、层次的不同看法，就会对档案立法过程发生影响。只有对档案事业管理法体系进行深入研究并在实践中逐步形成和建立起科学的法律体系，档案立法才有更加明确的方向，才能更好地发挥档案法对档案关系的调节作用，才能把档案立法与档案司法更紧密地结合起来，才更有利于档案事业管理法的运用。因此，建立符合我国档案事业工作实际的法律要求和体现档案事业发展客观规律的档案事业法体系，对档案事业管理法乃至整个社会主义法制的建设和依法治档的实现都具有重要意义。

1. 档案事业与档案工作活动的宪法原则。

世界各国在宪法中对档案问题的处理，一般都没有明确的专门规定，只是在"国家保护历史文化遗产"等条款中体现了保护和管理档案的精神。无论是法制历史较长的英、法、美等国，还是日本、德国、意大利等国，都是如此。我国宪法也都没有专门针对档案的条款，能不能就认为我国的宪法中没有关于档案方面的规范呢？这涉及对宪法规范的特点的认识问题。我们知道，宪法是国家的总章程，它所调整的社会关系的范围非常广泛，宪法规定了国家生活中的政治、经济、文化、教育、科学、技术、卫生、体育、国防、外交等方面的问题。但是宪法不是法律大全，不可能包罗万象，囊括法律的全部。宪法的任务是规定国家生活的根本问题。我们必须从相关的条款和宪法的原则中寻找对档案问题的规定，使档案事业的建设和档案活动的开展符合国家的总章程。

宪法中有关档案的原则规定，大体上有两类：一是与档案事业直接相关的条款。《中华人民共和国宪法》第二十二条规定："国家发展为人民服务、为社会主义服务的文学艺术事业、新闻广播电视事业、出版发行事业、图书馆博物馆文化馆和其他文化事业……""国家保护名胜古迹、珍贵文物和其他重要历史文化遗产"，其中就包括发展档案事业和保护历史档案，政府、领导人在涉及档案问题上的施政方针和言行都不得与宪法精神相违背。二是间接相关的条款，即不直接针对档案，但对档案关系比较大的一些宪法原则规定。如宪法总纲中针对政治、经济、科学、技术、文化、教育、卫生、体育、环境保护等规定，同样适用于档案事业领域，因为这些事业和社会活动中都有管理和利用档案的问题。必须强调指出，整个宪法的原则和精神都应当成为档案法的出发点。

2. 档案事业管理法规体系本身。

这是狭义理解的档案事业管理法体系，即直接以档案事业管理活动为其调整对象的法律规范，是广义理解的档案事业管理法体系的核心部分。这个体系的内部结构由纵向结构和横向结构所组成。

纵向结构指的是由不同等级层次的档案事业管理法规组成的有序的纵向关系。这种关系是由立法体系中不同法律规范的发布机关和不同的法规形式决定的。一般说来，一个法规的发布机关层次越高，这个法规的形式就越高，而制定法规所采用的法规形式越高，其适用范围和法律效力就越高，其在法规体系内部的等级层次也就越高。根据发布机关和法规形式，我国现行档案事业管理法规体系内部的纵向结构是在宪法指导下形成的如下四个基本层次：

(1)国家最高权力机关或其常设机构制定的专门针对档案事业的法律。作为国家正式法律的《中华人民共和国档案法》已于1987年9月5日由第六届全国人民代表大会常务委员会第二十二次会议通过,并由中华人民共和国主席发布命令公布。《档案法》在整个档案事业管理法体系中,是仅次于宪法的法律,位居档案事业管理法规体系内部的第一层次,或称"档案基本法",是制定其他档案事业管理法规的依据。

(2)国务院根据宪法和法律制定的专门针对档案的行政法规和法规性的个别文件。其内容比起档案法律来具体一些。有的是专指某一大门类档案的管理问题,如1980年经国务院批准的《科学技术档案工作条例》;有的带有综合的全面的性质,如《国务院关于加强国家档案工作的决定》等。国务院和党中央联合发布的关于档案的规范性规定和指示,既是党的指示,又是政府的法规,具有法律效力,如《中共中央、国务院关于确保机要文件和档案材料安全的几项规定》。这些法规和法规性文件其地位和效力低于法律,高于各级地方国家机关和国务院各部委局制定的规范性文件。

(3)国务院办公厅、国家档案局和国务院其他部、委、局依照法定的职权,制定、发布的档案事业行政规章。其形式与国务院颁布的档案行政法规基本相同,内容也差别不大,只是更加具体一些,或者牵涉面小一些,属于这些部门的职权范围之内。其中,国务院办公厅(或中共中央办公厅)和国家档案局发布的规范性文件带有全国统一遵行的性质,在档案上具有普遍的法律效力。如中共中央办公厅、国务院办公厅印发的《机关档案工作条例》、国务院办公厅发布的《国家行政机关公文处理暂行办法》、国家档案局颁发的《档案馆工作通则》《关于文书档案保管期限表的规定》等。以部委和国家档案局以外的国务院其他直属局发布的档案规范性文件,一般只在该部门所属单位和系统内生效。如冶金工业部《冶金工业科学技术档案工作办法》等。部门档案规章其地位低于档案行政法规,位居档案事业管理法规体系的第三层次。

(4)省、自治区、直辖市以及省、自治区人民政府所在地和经国务院批准的较大的市人民代表大会及其常委会制定、颁布的地方性档案事业管理法规。地方性档案事业管理法规一般只在其行政管辖区域内有效。如江苏省人大常委会制定的《江苏省城市建设档案管理规定》等。根据宪法规定,民族自治地方有权制定自治条例和单行条例,其中专门针对档案事业的规范性文件,与地方性法规具有同等的法律效力。一般市、县人大及其常委会,省级以下各级人民政府制定和颁布的针对档案事业的规章制度等规范性文件,严格地说并非宪法规定的立法性的法律形式,但从地方法规的广义来看,也可将其包括在内。

档案法规体系的横向结构指的是每一档案法规层次调整的横向覆盖面,主要由单个部门档案事业法规和综合性职能档案事业法规所构成,按照我国档案事业工作各门类的分工、地位和作用的不同制定各种特定的档案行政法规和地方法规。我们可称之为单个部门档案事业法规,该法规是同档案事业工作门类及其内部层次相对应的,也就是说,应当与我国现行档案工作的种类是一致的。法规调整的横向覆盖面必须保证调整范围的周密性,使之不出现空档,因而根据具体调整主体对象的不同,制定科研档案、企业档案、艺术档案、诉讼档案等二级部门档案事业法规。

根据国家对档案事业管理的各种职能部门的共同要求和整个档案事业发展的需要,就有必要制定综合性的职能档案事业法规。例如,关于各级各类档案馆编制的法规是档案事业管理机构法律地位和职责发挥的前提;关于档案事业经费的法规是档案工作发展的条件;关于档案专业干部职称的法规是培养和使用档案干部,调动其积极性和创造性的杠杆;关于档案专业教育的法规是提高档案人员业务素质,提高档案事业管理水平的根本途径;关于档案科学技术进步奖励的法规是促进运用现代科学技术改造传统的档案事业管理方法,实现档案事业管理现代化的主要手段等。随着档案事业的发展和档案管理体制的调整,综合性的职能档案事业管理法规也将逐步增加。

综合性的职能档案法规与单个部门档案法规,构成了我国档案事业管理法规横向结构的基本骨架。横向结构和纵向结构的有机结合就构成了我国档案事业管理法规体系内部的总体结构。这个总体结构,就是在宪法和行政基本法的指导下,以档案法为尖顶,由若干个平行的和综合的档案行政法规,若干个部门性的档案行政规章以及众多的地方性档案事业管理法规结合,组成的一个层次有序的金字塔式的法规体系。

3. 其他部门法和单行法中关于档案事业管理的规范。

行政法以外的其他部门法或单行法与档案事业有关的规范是多种多样的。比如,劳动法中关于科学、文化劳动,尤其是图书、资料、档案事业管理活动的规范,民法中的著作权、专利权、发明权、发现权和商标权等知识产权,从档案的属性来说,都可以作为档案保护的范畴。此外,经济法中也包含着档案事业管理关系,其中的基本建设法、工业企业法、农业经济法、交通运输法、商标法、财政法、金融法、会计法、审计法、计量法、标准化法、自然资源和能源法、对外经济关系法等部门经济法都与档案事业管理有着相应的关系,应当都有档案事业管理的条款和内容。一旦出现严重破坏档案,或者利用档案进行反社会活动,或者在档案事业管理活动中因过失而造成对社会严重危害的情况时,就需要使用刑法的有关规定了。《档案法》第二十四条就对七种违法行为的法律责任作了规定,其中构成犯罪的,依法追究刑事责任。

以上简单列举了几个主要的部门法与档案事业管理法之间的关系。其实各个工作部门都存在档案的管理问题,因而各个部门活动都要涉及档案问题。档案事业的发展要求对许多法律部门加以调整,档案事业管理法正是存在于这种交叉、渗透之中。

事实上,与档案事业管理法交叉重叠的各个法律部门,彼此之间也往往交叉重叠,如刑法与民法、环境法与劳动法等。随着我国法制的逐步健全和法律部门的增加,这种交叉与渗透也会越来越多。但无论如何,档案事业管理法作为行政法中的一个实体系统是毫无疑义的。这些新的法律部门中有关档案事业的部分规范,必然又会成为档案事业管理法体系中新的组成部分。

第二节 《档案法》

一、《档案法》的主要内容

我国于 1987 年公布了《档案法》,自 1988 年 1 月 1 日正式施行以来,一直被视为我国档案事业管理法规体系中的基本法,这部法律于 1996 年得到修正后继续实施。《档案法》总则规定此法的宗旨是加强档案的管理和收集、整理工作,有效地保护和利用档案,为社会主义现代化建设服务。

《档案法》中所称"档案",是指过去和现在的国家机构、社会组织以及个人从事政治、军事、经济、科学、技术、文化、宗教等活动直接形成的对国家和社会有保存价值的各种文字、图表、声像等不同形式的历史记录。

《档案法》规定,一切国家机关、武装力量、政党、社会团体、企业事业单位和公民都有保护档案的义务。各级人民政府应当加强对档案工作的领导,把档案事业的建设列入国民经济和社会发展计划。档案工作实行统一领导、分级管理的原则。

《档案法》的主要内容涉及档案机构及其职责、档案的管理、档案的利用和公布以及依法应承担的法律责任四个主要方面。

(一)档案机构及其职责

《档案法》规定,对国家和社会有保存价值的档案,属于国家所有的,由国家档案局会同国家有关部门确定具体范围;属于集体所有、个人所有以及其他不属于国家所有的,由省、自治区、直辖市人民政府档案行政管理部门征得国家档案局同意后确定具体范围。国家档案局依照《档案法》的规定,其职责为以下几点:根据有关法律、行政法规和国家有关方针政策,研究、制定档案工作规章制度和具体方针政策;组织协调全国档案事业的发展,制定发展档案事业的综合规划和专项计划,并组织实施;对有关法律、法规和国家有关方针政策的实施情况进行监督检查,依法查处档案违法行为;对中央和国家机关各部门、国务院直属企业事业单位以及依照国家有关规定不属于登记范围的全国性社会团体的档案工作,中央级国家档案馆的工作以及省、自治区、直辖市人民政府档案行政管理部门的工作,实施监督、指导;组织、指导档案理论与科学技术研究、档案宣传与档案教育、档案工作人员培训;组织、开展档案工作的国际交流活动。

县级以上地方各级人民政府档案行政管理部门依照《档案法》的规定,其职责为以下几点:贯彻执行有关法律、法规和国家有关方针政策;制定本行政区域内的档案事业发展计划和档案工作规章制度,并组织实施;监督、指导本行政区域内的档案工作,依法查处档案违法行为;组织、指导本行政区域内档案理论与科学技术研究、档案宣传与档案教育、档案工作人员培训。

机关、团体、企业事业单位和其他组织的档案机构依照《档案法》的规定,其职责为以下几点:贯彻执行有关法律法规和国家有关方针政策,建立、健全本单位的档案工作规章制度;指导本单位文件、资料的形成、积累和归档工作;统一管理本单位的档案,并按照规定向有关档案馆移交档案;监督、指导所属机构的档案工作。

(二)档案的管理

根据我国《档案法》的有关规定,应当立卷归档的材料由单位的文书或者业务机构收集齐全,并进行整理、立卷,定期交本单位档案机构或者档案工作人员集中管理,任何人都不得据为己有或者拒绝归档。

为了有效地保护国家秘密,应根据档案的不同等级,采取有效措施加以保护和管理。《档案法》所称"保密档案密级的变更和解密",依照《中华人民共和国保守国家秘密法》及其实施办法的规定办理。属于集体所有、个人所有以及其他不属于国家所有的对国家和社会具有保存价值的或者应当保密的档案,档案所有者可以向各级国家档案馆寄存、捐赠或者出卖。向各级国家档案馆以外的任何单位或者个人出卖、转让或者赠送的,必须报经县级以上人民政府档案行政管理部门批准;严禁向外国人和外国组织出卖或者赠送。属于国家所有的档案,任何组织和个人都不得出卖。国有企业事业单位因资产转让需要转让有关档案的,按照国家有关规定办理。

各级各类档案馆以及机关、团体、企业事业单位和其他组织为了收集、交换中国散失在国外的档案、进行国际文化交流,以及适应经济建设、科学研究和科技成果推广等的需要,经国家档案局或者省、自治区、直辖市人民政府档案行政管理部门依据职权审查批准,可以向国内外的单位或者个人赠送、交换、出卖档案的复制件。

各级国家档案馆馆藏的一级档案严禁出境。各级国家档案馆馆藏的二级档案需要出境的,必须经国家档案局审查批准。各级国家档案馆以及机关、团体、企业事业单位、其他组织和个人需要携带、运输或者邮寄出境的,必须经省、自治区、直辖市人民政府档案行政管理部门审查批准,海关凭批准文件查验放行。

(三)档案的利用与公布

《档案法》所称"档案的利用",是指对档案的阅览、复制和摘录。《档案法》规定,档案应分期分批地向社会开放,并同时公布开放档案的目录。中华人民共和国公民和组织,持有介绍信或者工作证、身份证等合法证明,可以利用已开放的档案。外国人或者外国组织利用中国已开放的档案,须经中国有关主管部门介绍以及保存该档案的档案馆同意。但是,档案中涉及国防、外交、公安、国家安全等国家重大利益的档案以及其他虽自形成之日起已满三十年但档案馆认为到期仍不宜开放的档案,经上一级档案行政管理部门批准,可以延期向社会开放。

机关、团体、企业事业单位和其他组织以及中国公民利用档案馆保存的未开放的档案,须经保存该档案的档案馆同意,必要时还须经有关的档案行政管理部门审查同意。机关、团体、企业事业单位和其他组织的档案机构保存的尚未向档案馆移交的档案,其他机关、团体、企业事业单位和组织以及中国公民需要利用的,须经档案保存单位同意。各级各类档案馆应当为社会利用档案创造便利条件,提供社会利用的档案,可以按照规定收取费用,收费标准由国家档案局会同国务院价格管理部门制定。

档案馆可以通过下列形式首次向社会公开档案的全部或者部分原文,或者公开档案记载的特定内容:通过报纸、刊物、图书、声像、电子等出版物发表;通过电台、电视台播放;通过公众计算机信息网络传播;在公开场合宣读、播放;出版发行档案史料、资料的全文或者摘录汇编;公开出售、散发或者张贴档案复制件;展览、公开陈列档案或者其复制件。

公布属于国家所有的档案,要按照规定办理,即:保存在档案馆的,由档案馆公布,必要时,应当征得档案形成单位同意或者报经档案形成单位的上级主管机关同意后公布;保存在各单位档案机构的,由各该单位公布,必要时应当报经其上级主管机关同意后公布;利用属于国家所有的档案的单位和个人,未经档案馆、档案保存单位同意或者前两项所列主管机关的授权或者批准,均无权公布档案;属于集体所有、个人所有以及其他不属于国家所有的对国家和社会具有保存价值的档案,其所有者向社会公布时,应当遵守国家有关保密的规定,不得损害国家的、社会的、集体的和其他公民的利益。各级国家档案馆对寄存档案的公布和利用,应当征得档案所有者同意。利用、公布档案,不得违反国家有关知识产权保护的法律规定。

(四)法律责任

《档案法》规定,有下列行为之一的,由县级以上人民政府档案行政管理部门、有关主管部门对直接负责的主管人员或者其他直接责任人员依法给予行政处分,构成犯罪的,依法追究刑事责任:损毁、丢失属于国家所有的档案的;擅自提供、抄录、公布、销毁属于国家所有的档案的;涂改、伪造档案的;违反《档案法》第十六条、卖或者转让档案的;倒卖档案牟利或者将档案卖给、赠送给外国人的;违反《档案法》第十条、第十一条规定,不按规定归档或者不按期移交档案的;明知所保存的档案面临危险而不采取措施,造成档案损失的;档案工作人员玩忽职守,造成档案损失的。

企事业组织或者个人有上述第一项、第二项、第三项违法行为的,由县级以上人民政府档案行政管理部门给予警告,可以并处罚款;造成损失的,责令赔偿损失。

企事业组织或者个人有以上第四项、第五项违法行为的,由县级以上人民政府档案行政管理部门给予警告,可以并处罚款;有违法所得的,没收违法所得;并可以依照《档案法》第十六条的规定征购所出卖或者赠送的档案。

此外,《档案法》还规定,携运禁止出境的档案或者其复制件出境的,由海关予以没收,可以并处罚款;并将没收的档案或者其复制件移交档案行政管理部门;构成犯罪的,依法追究刑事责任。

二、《档案法》的意义和作用

《档案法》是我国第一部关于档案工作的法律,它的颁布从法律上明确了档案与档案事业在国家和社会中的地位与作用,使档案的保护、管理、开发、利用以及档案事业的发展有了可靠的法律依据和保障,为发展我国的档案事业,保护和利用我国丰富的档案信息资源,起了极大的推动作用。

档案是国家机构、社会组织以及个人从事政治、军事、经济、科学、文化等社会实践活动直接形成的历史记录,是国家的宝贵财富。中华民族具有悠久的历史和光荣的革命传统,在长期的斗争实践中形成了大量丰富的档案文献。档案是中华民族光辉灿烂的文化宝库的重要组成部分,是继承中华民族优秀传统和不断繁荣和发展科学文化不可缺少的重要条件。为了保护和利用这些档案,我国已经建设起统一领导、分级管理的国家规模的档案事业,并在社会主义建设事业中发挥了积极的作用;但受"左"的思想的束缚和旧的习惯的影响,档案和档案工作到20世纪80年代还没有引起社会和人们的普遍关注,不重视档案和档案工作,任意毁坏、出卖、销毁档案,或者把国家档案据为己有等现象时有发生,丰富的档案信息资源也没有得到充分的开发和利用。《档案法》的颁布,对于加强档案的管理,维护档案的完整与安全,保护国家的历史文化遗产,大力开发档案信息资源,更好地为社会主义事业服务,具有十分重要的意义。

(一)《档案法》是社会主义法制建设的重要组成部分,是建设我国档案事业的法律依据

邓小平同志指出:"为了保障人民民主,必须加强法制。必须使民主制度化、法律化,使这种制度和法律不因领导人的改变而改变,不因领导人的看法和注意力的改变而改变""所以,应该集中力量制定刑法、民法、诉讼法和其他各种必要的法律……"他还指出,加强法制建设要做到"有法可依,有法必依,执法必严,违法必究"。党的十一届三中全会以来,在这一思想原则的指导下,我国社会主义法制建设进入了一个新的历史时期。通过立法来规定国家与公民社会活动的准则,保障人民民主和社会主义两个文明建设,已经成为我国政治生活中的一项重要内容。《档案法》的颁布既是我国社会主义法制建设的组成部分,也是社会主义法制不断深化与完善的重要体现。档案是党和国家的宝贵财富。档案工作是一项很重要的专门事业,是实现社会主义现代化建设,开展历史研究,进行各项工作的必要的条件。做好档案工作,不仅是当前工作的需要,也是维护党和国家历史真实面貌的重要事业。因此,国家制定《档案法》具有重要的现实意义与深远的历史意义。《档案法》规定了我国档案的范围,档案工作的管理原则,档案机构及其职责,档案的管理,档案的利用和公布,国家机关、集体单位和公民在档案方面的权利与义务以及法律责任等。这就使我国国家机关、集体单位和公民积累、使用、保护和处理档案的行为以及调整三者之间在档案方面的关系有了法律依据。

(二)《档案法》是增强全社会的档案意识、有效保护档案财富的可靠保障

有效地保护档案是国家制定《档案法》的根本宗旨之一。我国是一个具有几千年历史的文明古国,在漫长的历史发展过程中,形成和积累了数量浩繁、内容极为丰富的档案材料。这些材料真实记录了中华民族悠久的历史和光荣的革命传统,是我们发展民族文化,开展爱国主义教育,进行社会主义物质文明和精神文明建设不可缺少的珍贵文化财富,重视和加强对档案财富的积累和保护,是继承和发扬中华民族文化的必要前提。《档案法》为维护档案的完整和安全,作出了相应规定:第一,《档案法》把保护档案作为全社会应尽的一项义务。这对增强全社会的档案意识,提高全体公民保护档案的责任心,具有十分重要的意义。第二,把档案事业的建设列入国民经济和社会发展计划,为积累和保护档案提供了必要的经济和社会保障。第三,明确规定了档案机构的职责,使我国各级各类档案机构的确立得到国家法律的承认,从而为保护档案的完整与安全提供了可靠的法律保障。第四,明确规定了档案机构应当建立科学的制度,配备必要的设施,严禁倒卖档案,禁止私自携带档案出境等,从根本上为维护我国档案财富的完整与安全提供了可靠的法律保障。

(三)《档案法》是有效地开发利用档案资源、为社会主义现代化建设服务的保障

档案是人类知识与智慧的结晶,是从事各项工作与研究的第一手珍贵材料,是社会主义物质文明与精神文明建设的必要条件。但是,长期以来,由于受"左"的思想的影响,片面强调档案和档案工作的机密性,从而致使档案的管理和利用基本上处于封闭或半封闭状态,处在主要为机关工作服务的范围内。这种状况影响了档案的社会效益和经济效益的充分发挥。《档案法》中对各级各类档案馆严格执行开放档案的规定,有利于提高我国档案事业现代化管理水平。

(四)《档案法》是完善我国档案事业法规体系、强化档案事业管理工作的依据

《档案法》是我国机关、团体、企业事业单位和公民从事档案事务的行为准则,是建设和发展档案事业的法律依据。

档案立法是国家保障档案事业发展的重要战略手段。因此,依法加强对档案事业的管理,已不是以领导者个人意志为转移的或者可有可无的事,而是必须遵循与照办的法律行为规范。以法治档必须强化国家对档案事业的管理。为此,《档案法》明确规定,各级人民政府应当加强对档案工作的领导,把档案事业的建设列入国民经济和社会发展计划。这一规定具有十分重要的意义,它既是我国档案工作的经验总结,也是今后发展档案事业的关键所在。各级人民政府加强对档案工作的领导,一方面体现在监督档案部门和有关部门切实执行国家有关法律。另一方面体现在切实采取有效措施,解决档案事业发展中存在的主要问题,以保障档案事业的发展适应社会主义现代化建设事业发展的需要。

(五)《档案法》是改革和发展档案事业的保障

《档案法》包含着丰富的内容,它既为保护和开发利用我国档案财富提供了法律依据,也为我国档案事业的改革和发展指明了方向。认真贯彻执行《档案法》,必将深化档案事业的改革,促进档案事业的全面发展。

三、《档案法》与相关法律的关系

根据《中华人民共和国档案法》的规定,可以看出档案工作涉及社会生活的方方面面,档案的管理与保护不仅需要专门的档案立法,即《档案法》,也需要有其他相关法的配合与协调,如《中华人民共和国刑法》《中华人民共和国会计法》《中华人民共和国统计法》《中华人民共和国保守国家秘密法》等。

《档案法》与相关法的功能协调,直观上表现为法律适用中的正确选择。一方面,相关法各有其特定的调整对象、立法宗旨、调整机制及由此而确定的基本功能。对各相关法立法本意、基本精神的正确把握,领悟其特定的适用对象及条件,进而将该特定法合乎逻辑地适用于某一具体事实,此乃所谓正确选择适用法律。另一方面,因为各相关法调整机制的互补性及偶合性,或者由于立法上的时间差及立法技术的疏漏,相关法之间又不可避免地会发生竞合。竞合直接影响相关法各自功能的发挥及其相互关系的协调,由竞合所引起的法律选择问题,构成相关法功能协调的关键和核心。

(一)《档案法》与《保密法》《刑法》的相互关系和功能协调

根据我国《保密法》的规定,国家秘密是关系国家的安全与利益,依照法定程序确定,在一定时间内只限一定范围的人员知悉的事项。国家秘密既可以是有形的,也可能是无形的,其中,有相当一部分有形国家秘密是以国家档案形式表现出来的,这就需要由《档案法》和《保密法》共同进行调整。如《档案法》第十四条规定:"保密档案的管理和利用,密级的变更和解密,必须按照国家有关保密的法律和行政法规的规定办理。"而《保密法》第十五条、第十五条规定:"国家秘密事项的密级和保密期限应当根据情况变化及时变更""国家秘密事项的保密期限届满的自行解密""国家秘密事项在保密期限内不需要继续保密的,原确定密级和保密期限的机关、单位或者上级机关应当及时解密"。这些规定为档案的密级确定、变更和解密工作的顺利开展提供了法律依据,同时促进了我国档案开放工作的开展。

如果有《档案法》第二十四条规定的行为之一,并且造成国家秘密泄露的,那么该行为既违反了《档案法》的规定,也违反了《保密法》的规定,这就形成了想象竞合。所谓"想象竞合",是指同一违法行为侵犯了数个法律所保护的客体,符合多个违法构成的情况。如果该行为已经构成犯罪,则需依照《刑法》追究行为人的刑事责任;如果该行为未构成犯罪的,则可以根据《档案法》或《保密法》,按照"从一重处断"的原则对行为人进行处罚。所谓"从一重处断",就是按违法行为触犯的数个违法构成中处罚最重的来处理。需要注意的是,《保密法》并未授予保密工作部门处罚权,保密工作部门和其他有关的保密工作机构只能要求有关机关、单位对泄密责任者给予行政处分或处罚,而根据《档案法》,县级以上人民政府档案行政管理部门、有关主管部门可以对行为人依法给予行政处分或处罚。

严重违反《档案法》及《保密法》的行为,如果已经构成犯罪的,则应当根据我国《刑法》的规定追究行为人的刑事责任。如《档案法》第二十四条规定:有违反本法行为构成犯罪的,依法追究刑事责任。《保密法》第三十条、第三十二条也都有类似的规定。《刑法》中的相关罪名主要有以下几条:第三百二十九条规定的抢夺、窃取国有档案罪和擅自出卖、转让国有档案罪,第三百九十八条规定的泄露国家秘密罪和第一百一十一条规定的为境外窃取、刺探、收买、非法提供国家秘密、情报罪等。还需强调的是,行为人刑事责任的承担,并不免除其行政法上的责任。档案管理部门、有关主管部门仍然可以对直接负责的主管人员或其他直接责任人员依法给予行政处分。

(二)《档案法》与《会计法》的相互关系与功能协调

《会计法》第二十三条规定:"各单位对会计凭证、会计账簿、财务会计报告和其他会计资料应当建立档案,妥善保管。会计档案的保管期限和销毁办法,由国务院财政部门会同有关部门制定。"会计档案的保管期限,根据财政部和国家档案局1998年印发的《会计档案管理办法》,分为永久性档案和定期档案两类。其中,定期档案保管期限又分为三年、五年、十年、十五年和二十五年五类。《会计法》第四十三条规定了对伪造、变造会计凭证、会计账簿,编制虚假财务会计报告行为的处罚;第四十四条规定了对隐匿或者故意销毁依法应当保存的会计凭证、会计账簿、财务会计报告行为的处罚;第四十五条规定了对授意、指使、强令会计机构、会计人员及其他人员伪造、变造会计凭证、会计账簿,编制虚假财务会计报告或者隐匿、故意销毁依法应当保存的会计凭证、会计账簿、财务会计报告行为的处罚。

对于上述违反《会计法》的行为,大多同时违反了《档案法》的规定,构成法条竞合。所谓"法条竞合",是指一个违法行为同时触犯数个法律条文,其中一个法律条文的内容与另一个法律条文的内容重合或交错。也就是说,从外观上看,该违法行为与数个法律条文都符合,数个法律条文都可以适用。对于法条竞合情况下的法律适用,通常的原则是特别法优于普通法。所谓"普通法",是指在一般情况下普遍适用的法律,其适用的条件较为简单,外延较广;"特别法"则是以普通法为基础的,有适用于何人、何事、何行为、何时等限制性规定的法条,其外延较窄。所谓"特别法优于普通法",是指在普通法与特别法竞合的情况下,应优先适用特别法。如会计档案违法行为是以特定对象为要件的违法行为,所以应当优先适用《会计法》。

（三）《档案法》与《中华人民共和国文物保护法》的相互关系与功能协调

《中华人民共和国文物保护法》（以下简称《文物保护法》）第九条规定："全国重点文物保护单位的保护范围和记录档案，由省、自治区、直辖市文化行政管理部门报国家文化行政管理部门备案。"第二十二条规定："全民所有的博物馆、图书馆和其他单位对收藏的文物，必须区分文物等级，设置藏品档案，建立严格的管理制度，并向文化行政管理部门登记。地方各级文化行政管理部门，应分别建立本行政区域内的馆藏文物档案；国家文化行政管理部门应建立国家一级文物藏品档案。"

《文物保护法》的上述规定，不但说明"文物藏品档案"和"记录档案"的建立和管理不仅是文物保护工作的一项重要内容，也为这些部门提供了管理有关专门档案的法律依据。由于档案与文物存在着密切关联，《档案法》为协调档案管理部门同文物保存部门的关系，第十二条专门规定：博物馆、图书馆、纪念馆等单位保存的文物、图书资料同时是档案的，可以按照法律和行政法规的规定，由上述单位自行管理。同时上述单位应当在档案的利用方面与档案馆互相协作，比如相互交换重复件、复制件或者目录，联合举办展览，共同编辑出版有关史料或者进行史料研究等。

对于发生在《文物保护法》和《档案法》之间的法条竞合行为，如《文物保护法》二十五条规定："私人收藏的文物，严禁倒卖牟利，严禁私自卖给外国人。"如果此处的文物也是档案的话，那么该行为就同时违反了《档案法》第十六条第二款，个人所有的对国家和社会具有保存价值的或者应当保密的档案"严禁倒卖牟利，严禁卖给或者赠送给外国人"的规定。

关于法条竞合时的法律适用，应当遵循上述的"特别法优于普通法"原则，优先适用《文物保护法》。

（四）《档案法》与《统计法》的相互关系与功能协调

《统计法》第三章规定了统计资料的管理和公布。《统计法》第十三条规定："国家统计调查和地方统计调查范围内的统计资料，分别由国家统计局、县级以上地方各级人民政府统计机构或者乡、镇统计员统一管理；部门统计调查范围内的统计资料，由主管部门的统计机构或者统计负责人统一管理；企业事业组织的统计资料，由企业事业组织的统计机构或者统计负责人统一管理。"第十四条规定："国家统计局和省、自治区、直辖市的人民政府统计机构依照国家规定，定期公布统计资料。"第十五条规定："属于国家秘密的统计资料，必须保密。属于私人、家庭的单项调查资料，非经本人同意，不得泄露。"尽管《统计法》未采用"统计档案"这一名称，但这并不影响统计资料的本质为统计档案的性质。

《统计法》的上述规定其实就是对统计部门和单位的专业档案的管理原则、保密制度的规定。这些规定也是《档案法》第三条和第七条关于档案保护保管义务的具体体现。

《统计法》第五章规定了统计违法行为的法律责任。统计违法行为包括自行修改统计资料、编造虚假数据、伪造篡改统计资料、泄露有关统计资料等行为,这些行为既违反了《统计法》,也违反了《档案法》,因而构成法条竞合。在解决法律适用的问题时,应当遵循"特别法优于普通法"原则,优先适用《统计法》。

《档案法》的相关法律远不止上述提到的几部,只是它们和《档案法》的联系可能略为紧密一些。上文所提到的解决法律适用的思路大概亦可应用于处理《档案法》与其他相关法的协调。与其他法律规范相协调是档案事业管理法的立法原则之一,因此掌握《档案法》与其他相关法律之间的关系尤为重要,只有达到协调一致,才能有利于《档案法》乃至其他相关法律的深入实施和广泛适用。

第三节 档案事业管理制度

档案事业管理制度,就是人们在从事档案工作中所必须遵守的规定、准则、方法和程序的总称,它是保证档案事业建设顺利发展的重要条件之一。

一、档案事业管理制度建设

我国现行的档案工作制度是在不断总结档案工作经验的基础上,依据党和国家有关档案工作的法规、政策、方针,逐步建立起来的,它是档案工作历史发展的结晶,对于指导和推动我国档案事业的发展起着至关重要的作用。

根据这些档案工作制度的不同作用范围,可将档案工作制度区分为基本的档案工作制度与具体的档案工作制度。

(一)基本的档案工作制度

我国基本的档案工作制度就是国家的档案和档案工作实行集中统一管理的制度,它的确立是由社会主义档案工作的性质决定的。

档案事业的集中统一管理制度,从其产生到现在已经有二百多年的历史了,最初是在1789年法国资产阶级大革命胜利后进行的资产阶级性质的档案工作改革中提出来的。其后,西方的一些国家也在档案工作的管理中效仿法国,确立了一些类似的管理制度。我国在20世纪20年代、30年代所进行的"文书档案改革运动"中,也出现了建立这种档案管理工作制度的思想萌芽。然而在当时的环境下,就连一个机关的档案工作都很难达到集中统一管理的要求。可见,在资本主义私有制度下,档案工作是不可能真正实现的集中统一管理的。

"十月革命"胜利后,列宁签署并发布的"六一"法令,提出了建立"国家档案全宗"的思想,真正确立了社会主义性质的集中统一管理档案和档案工作的制度。新中国成立后,在学习和借鉴苏联先进的档案工作制度的同时,也批判地继承了我国历史上形成的档案管理思想精华,逐步建立和完善了具有中国特色的档案管理工作制度。

回顾历史,我们认识到,我国社会主义的基本档案工作制度的思想核心是集中统一地管理国家的档案和档案工作,党、政档案工作实行统一管理是这一制度的突出特征,对全国的档案工作实行统一领导、分级管理是这一制度的具体内涵。

我国基本的档案工作制度是指导全国档案工作实践、建立各项具体工作制度的基本行为标准。任何机关或单位制定的具体档案工作制度都不能违背这一根本性制度。

(二)具体的档案工作制度

具体的档案工作制度,即依照有关档案行政法规,在遵循档案工作客观规律的前提下,根据不同部门、不同系统或不同机关单位的档案工作特点,对档案工作的范围、内容、程序、方法等所作出的规定。建立健全一整套科学的档案工作制度,可以使档案行政或业务管理目标明确、有规可循。

社会主义的档案工作制度应该既体现党和国家的有关法规、政策和方针的思想内容,又符合档案工作实际情况的需要。建立健全一套合理的档案工作制度,是一项原则性、系统性、科学性较强的工作,也是档案管理工作中一项重要的基础性工作。当然,就总体而言,我国尚有一部分机关或单位的档案工作制度不齐全、不系统、不够科学;有的单位至今还没有建立任何档案工作制度。这种不良现象造成了实际工作中的管而不严、职责不清、互相扯皮等不良后果,影响了档案工作水平的提高。因此,根据《档案法》所规定的"统一制度"的要求,各级各类档案机构必须从实际出发制定一套切实可行的、具有权威性、严肃性、稳定性的档案工作制度,这也是我国档案工作稳步发展的必要条件之一。

建设我国的各项具体的档案工作制度,还必须遵循如下有关原则。

1. 领导与群众相结合的原则。

制定档案工作制度不仅仅是领导机关或有关单位领导者的职责,也是广大档案工作者和利用者共同的社会责任。因而,在制度草拟过程中,领导者应该广泛地征求有关群众意见,注意对群众的反馈信息进行加工处理,将合理的意见作为修改、补充制度草案的依据。

2. 相对稳定的原则。

一项档案工作制度一旦确立,就应当在实际工作中严肃地贯彻执行,绝不能"朝三暮四""朝令夕改"。如果档案工作制度反复无常,不但会使制度本身丧失权威性,而且会在档案工作者和利用者中造成不良影响,给其他工作制度的实施带来麻烦。

3. 提高工作效率的原则。

档案工作制度建立的直接目的是规范人们的工作行为,加快工作进度,提高工作效率。如档案归档制度的建立,就是为了提高机关档案管理工作的效率,让文件有序集中。

4. 先立后破的原则。

一般在新的档案工作制度还没有真正生效之前，原有的制度应当继续执行，以免使档案工作陷入无章可循的真空状态，这就是"先立后破"的原则，它也是各种制度建立健全过程中所必须遵守的一种原则。

上述各种原则只是给我们建设档案制度提供了行为的标准，它们的真正价值表现在对实际工作过程发挥作用的成效上，因此，我们必须有效地运用这些原则。

二、档案事业管理制度的执行

档案工作制度的执行包含两层含义，一是将有关制度付诸实施、具体落实的过程；二是检验所制定的制度正确与否的过程。其目的都是使档案工作真正成为维护党和国家历史真实面貌的重大事业和各项工作不可缺少的重要环节。

（一）档案工作制度的实施与落实

档案工作制度有效实施的关键在于一个"严"字。具体地说，应包括以下两项内容：
1. 领导者在执行档案工作制度时要严格。

在实际工作中，领导不仅要以身作则，模范地遵守有关的档案工作制度，而且必须按照实事求是的精神做到有章必循，不做老好人，不走过场，把各项工作制度落到实处，防止把制度束之高阁。诚然，档案工作制度的建设十分重要，但是这些制度社会功能的实现，还需要执行者认真负责地贯彻实施。

2. 对违反制度的行为必须严肃处理。

在具体执行档案工作制度的过程中，应当注意克服"大事化小、小事化了"的错误思想。如果对违反制度的行为一味迁就姑息，那就会贻误大事，后患无穷。如一些档案部门所发生的火灾事故，其重要的原因之一就是纪律涣散、制度废弛，平时不注意对违反制度的危险行为进行严肃处理。

档案工作实践表明，统一制度与严格实施两者之间是辩证统一的关系。统一制度是严格实施的前提和依据，严格的实施又是统一制度的实践保障。

（二）档案工作制度的检验与修正

强调档案工作制度的重要性，并不表明现行的各项档案制度都已经十全十美，无需再继续发展提高了；相反，每项制度从其制定到完善健全都是客观的运动过程。这个过程就是不断接受档案工作实践检验、修改、补充的过程。

一定的档案工作制度的确立，往往反映了人们对档案和档案工作客观规律也特征的认识成果。由于人的认识会受到某些主客观因素的制约，存在一定的局限性。随着人们对档案和档案工作认识水平的不断提高和档案工作环境的不断改善，档案工作制度的不足必然会出现。

某些档案工作制度从其产生的那天起就存在着不足。如一些中下级档案管理部门在没有认真地研究本单位档案和档案工作的特点的情况下,就把上级档案部门所使用的制度照搬过来,造成了档案工作制度的一般化、笼统化、教条化。这类档案工作制度必须加以修改。

总之,在档案工作制度的施行过程中,我们一定要结合具体的工作情况,科学地检验档案工作制度,并应当在总结经验的基础上,定期对档案工作制度的内容作一些合理的修订与补充。当然,为了维护档案工作制度的稳定性与严肃性,我们对它的修改不宜过频。正确的做法应该是坚持档案工作制度的稳定性和严肃性同档案工作制度的科学性的辩证统一,在不断提高档案工作制度科学性的同时,注意维护它的稳定性。从本质上讲,档案工作制度的科学性是其稳定性与严肃性的客观保证。我们应当通过不断的努力与实践,逐步建立和健全我国特色的社会主义档案工作制度。

第四章
档案事业管理政策

对档案事业的宏观管理,除了以法律的角度进行规范之外,还必须依赖于一定的政策、方针。档案事业管理政策是对我国档案工作的宏观指导,本章从档案事业管理政策的概念,应遵循的原则,制定的程序、方法以及执行过程等方面进行详细论述。

第一节 档案事业管理政策概述

一、档案事业管理政策的概念、特征

档案事业的管理不仅依赖于法律的调整,在很大程度上也需要政策的管理。所谓"政策",是指国家、政党为实现一定历史时期的任务和目标而规定的行动准则。所谓"档案事业管理政策",可以理解为根据需要制定的有关发展和管理档案事业的方针、原则和办法,它是调整国家档案工作实践活动并借以指导、推动整个档案事业发展的行动指南。

虽然要为档案事业管理政策下一个明确的定义比较困难,但是可以从上述的概念中理解档案事业管理政策的一些本质特征,即档案事业管理政策具有复杂性、多样性、灵活性和动态性等诸多特点。档案事业管理政策作为档案事业管理的手段,通常要以国家立法为基础,而且要根据各自国家的具体情况和需要来确定,其特点主要表现为以下几点:

1. 战略全局性。政策要涉及档案事业发展全过程以及不同层次与环节,要有助于充分合理地配置档案资源布局,加强现有的或计划中的基本设施的协调。

2. 指导性。政策是确定档案事业总体格局与方针、指导整个档案事业活动的战略和策略原则,它通过各种大大小小的政策把管理者的意志及设想转化成一定的准则来指导档案工作实践。

3. 时间性。作为一定时期内为达到某一现实目标而制定的档案事业管理政策,可能会随着时间的推移以及随着所要达到的目标的实现而进行调整。

4. 变异性。政策会随着决策者的更替、决策者意志的变化、管理目标的变迁而不断

发生变化,政策通过不断调整体现出灵活性,但也由于灵活性而导致不稳定性。

二、档案事业管理政策的种类

从档案事业管理政策的内容角度来考察,政策体系可由下列分支政策构成。

(一)档案事业管理宏观政策

宏观政策是从社会环境和整个国家政策的高度确定档案事业的发展目标和发展战略,保证其发展规模的适度性;建立和完善国家档案事业管理系统,以充分、有效、协调地开发和利用档案资源;确定档案事业管理结构的调整方向,向具有主导作用的部门倾斜;优化档案事业管理机构的组织,设立专门职能机构,对档案事业的规模结构及各管理机构之间的竞争与协作进行引导或限制,确定对档案事业管理机构的优惠办法,保证战略发展的人力、物力和财力供应。

(二)档案事业管理技术政策

技术政策涉及档案事业管理技术的发展战略、应用范围、技术的选择、设备配置与网络建设、技术的开发与创新、技术的引进与输出、技术的标准化、技术规范的共享与安全保护技术的推广和使用等问题。

(三)档案事业管理投资政策

投资政策主要是确定国家对档案事业的投资强度、调控机制;明确国家公益性档案事业部门以及其他各类档案管理机构的不同投资主体、资金来源和资金构成,强化投资管理。

(四)档案资源开放与利用政策

档案资源开放与利用政策主要包括档案资源的流通与开放共享,公开档案管理机构的管理,国家公共档案的公开与保密的管理,技术转让与知识产权等诸多方面的政策。

(五)档案事业管理人才政策

人才政策主要包括档案人才的培养、教育、资格条件、考核、晋升、奖励、地位、待遇及任用、流动、组织等具体问题及相关政策。

(六)国际档案事业管理交流政策

国际档案事业管理交流政策包括针对双边及多边的档案事业管理活动的合作与协调,国际交流中国家主权的维护、国际市场上国家利益的维护、跨国档案信息流与知识产权保护等问题所进行的政策引导与调控。

三、档案事业管理政策与法律的关系

(一)档案事业管理政策与法律的主要区别

档案事业管理政策的发展需要有相应的法律来保障。这是因为档案事业管理政策尽管可以通过必要的指导和干预加以宏观调控与管理,并发挥着重要的作用,但是必须通过必要的法律手段才能实现。档案事业管理政策与档案事业管理法律及行政法规之间既有联系,又有本质区别。

档案事业管理政策与档案事业管理法律是国家管理档案事业的两种重要手段,二者在以下方面是有区别的。

1.形成过程和表现形式不完全相同。档案事业管理政策是政党和国家有关组织和部门制定的,是一种行政手段,它往往代表着政治组织的利益和意志,并且制定的程序相对简易,内容原则以及解释余地广泛;而档案事业管理法律是国家权力机关制定的,它代表着国家的利益和意志,并且具有明确性、稳定性和执行的强制性。

2.实施方式和范围不完全相同。档案事业管理政策的基本功能是导向,其主要通过做思想工作和说服教育的方式来实现;而档案事业管理法律的主要功能是规范或者控制,具有普遍的强制约束力。档案事业管理政策一般原则性较强,着眼于宏观调控;而档案事业管理法律则比较具体详尽,侧重于微观调控。因此档案事业管理政策的作用范围比档案事业管理法律小,档案事业管理法律的作用效果比档案事业管理政策具体和明确。

3.作用的时效和影响作用过程不完全相同。档案事业管理政策一般在一定的历史时期内发挥作用,具有阶段性、灵活性和可变性;而档案事业管理法律则是成熟的政策转化而来的,具有较强的稳定性。

(二)档案事业管理政策与法律的联系

档案事业管理政策和档案事业管理法律在本质上又是相同的,二者之间具有一种相辅相成、共同促进的关系。

1.档案事业管理政策和档案事业管理法律具有本质上的同一性。二者在本质上是完全相同的,不属于国家进行档案事业管理重要的调控手段,具有很强的规范性。二者的产生和发展也总是相辅相成的,世界各国的档案事业管理政策和档案事业管理法律尽管由于价值观和文化传统的不同而存在着差异,但是在同一个国家内,其档案事业管理政策和档案事业管理法律必然是相互一致的。

2.档案事业管理政策是档案事业管理法律的重要基础。档案事业管理法律是在档案事业管理政策框架中制定的,其实质是档案事业管理政策内容的规范化和定型化,是体现国家意志的档案事业管理政策。档案事业管理法律的实施是以档案事业管理政策

为指导的。只有正确地理解档案事业管理政策,并以此类政策为指导,才能真正地把握档案事业管理法律的实质,全面而有力地实施档案事业管理法律,并随着形势发展、档案事业管理政策的调整变化,适时修改并完善档案事业管理立法体系。

3. 档案事业管理法律是保障档案事业管理政策得以贯彻和实施的重要法律手段。档案事业管理法律以其所具有的强制性来规定档案事业管理政策的制定机构与制定过程,使档案事业管理政策按法定程序制定和实施,并在此基础上将一部分成熟的政策升华为法律,使其更具有权威性。档案事业管理政策可能造成的负面效应可以通过档案事业管理法律加以规制。

第二节　档案事业管理政策的制定

一、档案事业管理政策制定的原则

根据国家政策的基本制定原则和档案事业管理的基本特点,在制定档案事业管理政策时应遵循以下原则:

(一)经济与社会发展与档案事业发展相协调原则

这一原则主要针对社会大系统与档案事业管理工作子系统之间的关系,即发展经济和从事社会各项工作与档案事业之间的关系。它是国民经济各部门和社会各项工作在处理和档案工作关系中的基本原则,也是档案部门在处理与整个经济和社会以及各项工作关系的基本原则。对档案部门来说,它是处理外部关系的原则;对社会、经济和其他各部门来说,它是处理整体工作、本门业务工作与档案工作关系的原则。因此,它既是我国档案事业工作的一项基本原则,也是贯穿于档案事业管理法规和档案事业管理政策中的一项最重要的基本原则。

为什么经济和社会发展要与档案事业相协调呢?

1. 档案作为社会成员共同劳动的成果之一,是社会机体的有机构成部分。人们保存档案的目的是利用,人们对档案的扩散、物化和再生的过程,就是利用档案的过程。档案的利用过程不仅使社会物质财富得到充实,而且使社会的精神财富得到扩大。随着社会活动的空前广泛和复杂,档案数量和种类越来越多,档案及其档案事业所发挥的社会功能也就越来越大,档案事业工作与社会的经济、政治和文化等项建设事业的关系也就越来越密切。经济、社会发展与档案事业相协调的原则是经济规律和社会规律在法律和政策上的体现。在这种情况下,必须保证社会经济的发展与我们的档案事业管理工作相协调一致。

2. 档案事业作为一项社会的科学文化事业,其发展必须依靠经济和社会的有力支持。档案事业对经济和社会发展所发挥的作用,受经济和社会对它的需要程度和开发程度的制约;档案事业发展的规模和速度,受经济和社会对它所提供的支持程度和承受能力的制约。档案工作只有把服务于经济建设和其他各项建设事业作为首要任务,才能为社会所重视,并得到发展。由此可见,档案事业与经济、社会协调发展是档案事业发展规律在法律和政策上的体现。

（二）与其他政策和法规相协调原则

档案事业管理政策除了要与经济和社会发展相协调之外,还要与其他政策和法规相协调。这首先要求所有档案事业管理的政策应当做到合宪性,即与宪法的原则和精神保持协调统一。此外,下一级档案管理机构所制定的政策应与上一级以及更高级的政策保持一致;在档案事业管理政策的整个体系中,要注意各项政策文件之间相互协调、配套和补充;同时,在档案事业管理政策与其他相关政策之间也要注意相互协调,避免冲突和不必要的重复。政策的制定还应该注意与国家现行的档案事业管理政策之间要协调和配合。

（三）利用档案和保护档案相统一的原则

这一原则是指公民和法人不仅有利用法定档案的权利,同时有保护法定档案的义务。利用档案的权利是可以放弃的,国家给予公民和法人实现利用档案的可能条件,允许他们利用档案,但是,是否去利用档案,完全由自己决定。保护档案作为一种义务是公民对国家和社会应尽的责任,是国家运用法律的强制力保证实施的,是不能放弃的。这一原则也反映在档案事业管理政策的制定上,要求在制定有关政策时,必须考虑到档案资源的利用和保护两个方面。

（四）统一领导和分级管理的原则

这一原则更加深入到档案事业管理内部,是档案事业管理和档案管理流动的基本原则,当然也是政策制定的基本原则。《档案法》中对档案工作基本原则作了最完整而精练的表述,其整体思想包括三个部分：一是档案工作的组织原则和管理体制是统一领导、分级管理;二是档案工作的基本要求是维护档案的完整与安全;三是档案工作的根本目的和基本标准是便于社会各方面的利用。这是互相联系的三个组成部分,缺一不可,但是从内容实质上看,第二部分、第三部分是指实行档案工作原则要达到的要求和目的,档案工作原则的核心内容则是"统一领导、分级管理",只有这样,才能达到维护档案完整与安全、便于社会各方面利用的目的。因此,在制定档案事业管理政策时,要坚持档案事业由政府统一领导,全国实行统筹规划,统一方针、政策、法规、制度。政府的领导主要是对档案工作提出要求,把档案事业列入国民经济和社会发展规划,统筹解决档案工作发展的条件。分级管理则是指全国按行政隶属关系、专业系统和法人单位分层负责进行管理。

(五)创新与继承相结合的原则

档案事业管理的日益社会化,使得它不可能脱离现实社会。尽管新的档案事业管理问题不断出现,并随之引发一系列新的法律问题,需要制定新的法律规范和政策来加以调整和约束,但并不是说这些新的问题就完全脱离了原有的法规规范和政策框架。新的政策应当既有创新又有继承,保证政策的相对稳定性。一旦政策被制定出来,就应当尽可能避免对该政策进行不断地修改和破坏,但是当业已确定的政策同一些易变的、迫切的社会发展力量相冲突时,可能需要对已有的政策进行一定的创新和发展,但是也要保持相对的稳定性,否则会有损于政策的严肃性和一般性。

二、档案事业管理政策制定的程序

制定政策首先要有科学的依据,然后还要遵循科学的程序。

(一)政策制定的依据

政策是用来指导人们的实践的,起到宏观控制的作用。要使政策引导人们的行动能够取得有益的效果,就必须把政策建立在有充分依据的坚实基础上。因此,我们需要首先明确制定档案事业管理政策的依据。

1. 必须要有正确的理论依据。

政策的灵魂在于理论,理论是制定政策的指导思想。不同政党和国家的政策有着不同的理论依据。我国是一个无产阶级领导的社会主义国家,制定适合社会主义制度的档案事业管理政策首先必须以马克思主义、毛泽东思想和邓小平理论为依据。辩证唯物主义和历史唯物主义为制定政策提供了根本的立场、观点和方法,使制定政策有了科学的世界观和方法论。掌握了马列主义、毛泽东思想、邓小平理论的基本思想,就能洞察档案事业的发展规律,了解它的发展进程和条件,预测它的发展方向,这对于正确制定决策是非常重要的。这些理论还为我们制定档案事业管理政策提供了一系列的指导原则。比如,制定的相关政策必须依据社会主义发展的客观阶段,使我们的档案事业管理能够适应现时的要求,不至于脱离实际。

2. 要有客观的现实依据。

除了要有坚实的理论基础作为依据和指导,在制定政策时还必须以无可辩驳的客观事实作为依据。离开了客观实际的政策是不科学的,会把我们的档案事业管理的实践引向失败。以往在社会其他方面的政策制定上发生过的失误,究其原因,多数是由于脱离了客观实际。因此,在制定档案事业管理政策时,必须紧紧掌握现阶段档案事业管理的发展现状和社会经济发展的客观实际,这是制定政策的基础出发点。

3. 其他依据。

除理论和现实依据之外,还需要考虑其他方面的依据,其中重要的一个方面是要关注社会心理。因为档案事业管理政策从制定到实行,本质上是一种社会实践活动,要形成一种新的社会存在,而这种新的社会存在反映到人们的心理,必然造成一定的社会心理效应,尤其是在对此类政策做出重大调整或者制定一项新的政策的时候。因此,必须注意人们的心理承受能力,这里所说的"人们",不仅包括档案事业管理的从业人员,还包括与之相关的其他人群,甚至是全体社会成员。

(二)政策制定的程序

在有了坚实的科学依据的前提下,要制定切合实际的、有效的档案事业管理政策还必须遵循一系列科学的制定程序。如果我们把科学依据理解为制定"好"政策的基础,那么科学程序就是制定"好"政策的保证。政策制定是一个有序的动态过程,大致可以包括以下几个步骤。

1. 提出政策问题。

制定任何一项政策都是从发现问题和提出问题开始的。提出问题、寻求解决途径是制定政策的第一步。没有亟待解决的问题,也就没有制定政策的必要。在档案事业管理过程中存在很多问题,这些问题是客观存在的,需要用政策加以解决。所谓"提出问题",就是提出某一阶级、阶层或集团的利益要求,以取得社会的公认,争取党和国家的接受和认可,并使其成为政策。

2. 确定政策目标。

明确和提出档案事业管理中客观存在的问题之后,就要以所准备制定的政策来确定具体、明确的目标,也就是政策所要达到的目的。政策目标既是政策的出发点,又是政策的归宿。这一步骤在政策制定程序中是非常重要的一个环节。不能明确目标,就找不到档案事业管理政策的调整对象、调整范畴和该项事业管理发展的方向。在明确目标的时候,需要注意这样几个问题:首先,要对我国现阶段的档案事业管理工作进行大量的调查研究,收集和整理相关的信息;其次,要在充分掌握信息的基础上,运用科学的手段,确定合理的目标;再次,在确定目标的过程中,要分析测算和规定目标的价值,明确实现目标后可以达到的社会效果和经济价值;最后就是要指明实现目标的约束条件。

3. 拟制政策方案。

确定了档案事业管理的政策目标之后,就要研究解决问题、实现政策目标的各种途径和方法,也就是要拟定方案,这是政策目标实现的必然途径,是政策形成雏形的关键步骤。在这一环节,首先是设计方案轮廓,也就是确定实现目标的基本思路,包括政策作用的对象、范围、政策工具和政策措施的构成部分等内容,为拟定方案细节奠定基础。拟定细节时,需要根据方案轮廓提出具体的政策措施。在结束这一步骤之后,拟制政策方案就算完成了。

4. 论证政策方案。

方案草拟出来之后,就需要对其进行可行性论证了。只有通过论证,才能确定方案的正确性和贯彻实施的效能。总的来说,若要解决档案事业管理中的具体问题,备选的政策方案必须具备政治上、经济上以及技术上的可行性。政治可行性是指政策选择被决策者或当事人接受的可能性;经济可行性是指可用资源的可能性,包括各种自然资源、人文资源以及其他;技术可行性是指实现政策目标的科技可能性。这三者缺一不可。对备选方案进行论证,要注意不仅就方案本身论证,还应该对拟定该项方案时所依据的信息资料的完备性和可靠性等作出进一步的分析论证。

5. 颁布政策。

政策决策和颁布是政策制定过程的最后一个环节。经过政策方案的可行性论证之后,并非意味着政策制定已经完成,可以付诸实施。政策方案还必须通过有权限的机关,依照一定的法定程序,予以审议与核定,从而获得合法化的地位。只有经过合法化的政策方案才具有强制力,才能取得政策执行部门的配合,达到既定的政策目标。政策对外公布可以采用各种传播载体或媒体,比如文件、报纸、广播、电视、网络等,其中以文件形式公布最为常见。此外,政策决策人员所发表的公开谈话、演讲等,也可以作为政策公布的形式之一。

在完成了以上一系列的程序之后,档案事业管理中存在的具体问题就可以以合法的政策形式得到解决,也即完成了档案事业管理政策的制定全过程。在这一过程中的任何一个环节都不能出现问题,否则得到的将是一项错误的政策,由此导致的后果会非常严重。因此,在政策制定中,有关的个人或者团体、组织、国家机关都必须认真负责地完成自己的工作,以保证科学的政策能够顺利制定。

三、档案事业管理政策制定的方法

档案事业管理政策的制定是一项科学的工作,必须在科学方法的指导下才能有效进行。辩证唯物主义和历史唯物主义是制定政策的根本方法,此外,还有其他的科学方法,具体包括以下几种:

(一)调查研究

调查研究方法是开展各项工作的一种重要方法,自然也是制定档案事业管理政策的基本方法。调查就是面向实际,走群众路线,了解所要解决问题的现状和历史以及内部情况和外部环境,收集和掌握资料信息。研究就是在调查了解实际情况的基础上,对所掌握的信息进行系统的科学分析,弄清问题的真相、性质及其发展变化的规律,从而提出解决这个问题的政策方案。只有通过调查研究制定的政策才可能是正确的、合理的政策。没有调查研究、脱离实际的政策不可能是科学的。

(二)政策分析方法

政策分析方法是一种对政策进行科学分析的基本方法,广泛适用于政策制定和政策研究中。政策分析方法包括定性分析方法和定量分析方法两大类。定性分析方法是在逻辑分析和判断推理的基础上发展起来的,核心是矛盾分析法,主要采用演绎归纳的原理进行分析,即根据档案事业管理中出现的种种现象或矛盾来开展研究的方法。定量分析方法是社会调查计量化发展的产物,是一种从事物的数量特征、数量关系及事物发展过程中的数量变化等方面进行研究的方法。定性与定量两种方法是各有所长,也各有不足之处,因此在实际的政策分析中,只有将两种方法结合起来使用,才能起到很好的效果。

(三)系统分析方法

从系统的观点考察事物发展变化的方式,可以全面认识客观事物以及它们之间的内在联系。因此,越来越多的政策分析人员将这种方法引入了具体的研究之中。系统分析方法的特点在于从整体与部分、整体与外部环境之间的相互关系、相互作用、相互制约和相互促进的关系中,综合、精确地考察对象,从而在档案事业管理动态的发展过程中及时、准确地发现问题和解决复杂的问题。这种方法使得解决多因素、多层次、多方位、多节点的复杂问题,最大程度地符合政策制定的预期目标成为可能。因此,它成为政策制定从提出问题、确立目标到方案拟定、论证和决策的全过程中普遍适用的一种重要分析方法。

(四)预测方法

档案事业管理是一个动态的过程,它的状态、条件和环境都处在不断变化之中,因此必须从动态角度来分析政策的目标是否科学,分析政策方案是否有效,此外还需要预测政策实施过程中可能会遇到的困难和风险、怎样克服等。预测方法有很多,适用于档案事业管理政策的预测方法有专家调查法、特尔菲法、回归分析法、时间序列分析法、类比分析法、主成分分析法等。在具体使用时,可以同时采用几种不同的分析方法进行预测,这样既可以互相验证结果的可靠性,也可以保证预测的质量,使政策制定更加科学合理。

第三节 档案事业管理政策的执行

一、档案事业管理政策执行的特点与原则

在政策科学研究领域,人们一般认为在政策生命周期中,政策经合法化过程后,一

经采纳即进入政策执行阶段。档案事业管理政策的执行是其政策过程中的一个重要阶段,它不仅具有生命周期中各个阶段所具有的共性,而且具有自身的特殊性。正是由于这种特殊性以及档案事业管理的特有属性,使得我国的档案事业管理政策的执行必须遵循一定的原则。

(一)档案事业管理政策执行的特点

对政策执行特点的了解不仅可以使我们对政策执行有一个更为全面的认识,而且有助于我们了解我国现时档案事业管理政策的具体实施情况,对进一步提出政策问题、修改和完善已有的政策体系都具有很大的意义。具体说来,档案事业管理政策执行主要具有以下几大特点:

1. 政策对象的适用性。

所谓"对象的适用性",是指一定的政策只适用于一定的对象。政策对象亦称"目标群体",即政策作用和影响的对象。档案事业管理的政策对象就是档案事业从业人员。政策的执行首先要弄清楚该项政策的适用对象,否则会使政策失去权威性和严肃性,甚至可能会闹出笑话来。当然,我们不应该过于狭隘地理解对象的适用性,实际上,一些与政策执行效果有关联的人也应被视为政策对象,我们不妨把他们称为"间接的政策对象"。政策的执行者不仅要针对政策的直接对象落实政策,而且应该做好政策的间接对象的思想工作,使他们能够积极配合档案事业管理人员,以利于政策的有效执行。

2. 政策调整范围的有限性。

这是指一定的政策只在一定的范围内执行才有效。档案事业管理政策不仅有上文所述的特定适用对象,而且具有明确的实施地域范围,只能在某个规定的地域范围内起作用。一方面,国家制定的整体档案事业管理政策是在全国所有省市自治区实施;另一方面,针对一定的特殊问题或根据一定特殊条件制定出来的政策,其执行的地域范围就有特殊的限制,并不是全国普遍适用了。

3. 政策执行影响的广泛性。

档案以及档案事业管理本身的固有特点,即广泛性,使得档案事业管理政策的执行涉及众多领域,牵扯众多的因素和变量,政策的实施对社会经济甚至政治生活都会产生极其广泛的影响。具体体现在以下方面:首先,政策的实施常常需要建立庞大的执行组织,动员众多的人员,筹集政策执行所需要的各种资源;其次,在政策执行过程中,广大的目标群体能真正地感受政策的作用和影响;再次,一项新政策的实施会对周围正在实施的政策带来影响,社会政策体系的整体结构由于出现了一个新因素而产生相应变动;最后,政策规划过程中的一些没有被认识到的潜在问题在政策执行的过程中还会涌现,带来一些始料未及的变化和影响。总而言之,正是由于政策的执行才使政策产生了广泛的实际影响。

4. 政策执行过程的动态性。

档案事业管理政策的执行不会在一瞬间完成,而是由一系列活动构成的动态过程,是一个思想和行为需要不断变化、不断调整的过程。一方面,政策方案无论设计得怎样科学和正确,都不可能与纷繁复杂的客观实际情况完全一致;另一方面,随着时间的推移、执行活动的进展和环境条件的变化,政策执行还会遇到一些新情况和新问题,政策执行者只有根据这些新情况灵活地、适时地、正确地应付和处理问题,才能使政策方案顺利实施、政策目标顺利实现。因此,根据具体情况和变化了的条件,充分利用反馈信息,不断地改变、修正和调整原定的执行策略、执行计划和程序,不仅是政策执行不可避免的现象,而且调整和变动贯穿于政策执行的整个过程。

5. 政策执行决策的多层次性。

正如上文所述,由于政策执行是一个需要不断变化和调整的动态过程,因此政策执行者需要依据政策的原则和所处的条件不断选择和决定行动措施。在执行上级政策的过程中,各级执行机构的领导者要结合本地区、本部门的特点制定切合实际的政策实施措施,各级执行机构的工作人员也要据此制定自己的具体行动计划,尤其是基层的政策执行人员更应根据自己所处的特定条件,按照政策和计划进行具体的决策,以处理各种实际问题。因此,档案事业管理政策执行绝不是简单的照章办事的过程,而是由一系列不同层次的决策组成的过程。

6. 执行的阶段性和连续性。

由于档案事业管理政策的目标和政策方案本身就带有阶段性,因而政策在执行上也必然呈现出时间上的阶段性,即政策方案的实施和政策目标的实现都只能分阶段逐步进行。政策执行既要着眼于最终目标,又要立足于近期目标,要把二者有机地、科学地统一起来,特别要防止超阶段的执行行为。例如,在缺乏必要的社会心理基础或必要的准备工作的情况下,对政策的强行实施就有碍于政策目标的实现。

与政策执行的阶段性密切相关的是它的连续性。这就是说,在整个政策执行过程中的各个阶段之间存在着前后相继的内在联系。政策执行过程是阶段性和连续性的统一。为此,执行者应充分注意各个执行阶段的衔接和统一,不能只顾上阶段目标,而影响下阶段以及其他阶段目标的实现,应该在实现上阶段目标的过程中积极为下阶段目标的实现创造条件,使各个阶段的目标之间有效衔接、有效统一为一个整体,并最终实现政策制定的整体目标。

7. 执行的协调性与同步性。

档案事业管理政策的执行是各种政策要素在空间上的分配、重组、展开和运动的过程,其中任一要素的发展变化以及各要素的分配方式、比例、组合结构等一旦变化,都会直接影响到整个政策执行的进程,这反映了政策执行在空间上具有协调性和同步性的特点。为此,执行者在政策执行过程中必须善于运筹各种政策要素,使整个政策执行过程成为要素得当、结构合理、功能优化的动态过程,只有这样才能"少投入、多产出",减少系统内耗,以最佳的方式和途径实现政策目标。

8. 目标的统一性与政策执行途径的多样性。

在政策执行过程中,其执行目标不论在时间上还是在空间上都具有统一性,这是政策执行的内在特点和要求。如果执行机构的领导者及其执行人员在主观上忽视这种统一性,则会造成整个执行系统的紊乱,出现巨大的内耗,不利于政策目标的实现。因此,执行者在执行政策时要密切注视各方面、各阶段的执行进展情况,一旦发现目标冲突或整个执行活动进展得不平衡,便要及时调整,以保证政策执行目标的动态统一。但是,政策执行目标的统一性并不意味着政策执行途径的单一。相反,在坚持政策执行目标统一性的前提下,还必须坚持政策执行途径的多样性,因为在政策执行过程中客观上存在着多种多样的途径,这是政策执行的又一重要特点。

(二)档案事业管理政策执行的原则

1. 原则性与灵活性统一。

所谓"原则性",是指执行政策中必须坚持政策的原则立场,严格执行政策规定及其要求,全面地、不折不扣地实现政策目标。政策执行的原则性有两个要点:一是必须切实地、不折不扣地执行政策;二是在上级政策有不适合当地当时的具体情况时,要及时向上级部门反映情况,并在上级没有作出新规定前,继续执行既定政策。

所谓"灵活性",是指在不违背政策原则精神和坚持政策方向的前提下,从实际出发,因地制宜,采取灵活多样的方式方法,使政策目标得到迅速而全面地实现。灵活性要坚持两个基本要点:一是必须在不违背政策原则精神和坚持政策方向的前提下,坚持灵活性。离开这个前提,就不是灵活性而是随意性了。二是特别强调从实际出发,因地制宜,把上级的政策转化为具体的行动方案。政策执行者可以根据实际情况,对上级政策进行必要的补充,从而使政策更适合地方的具体情况,使政策更加完善。

2. 合力原则。

在政策执行中,要把政策作为一个有机整体来看待,注意发挥政策的整体效应。这有两方面的含义:一是档案事业管理政策的目标、政策内容、政策措施等是一个有机整体;二是政策内容的各项要求是一个整体,是有机联系的,而不是互不相关的。

要达到整体性要求,需要坚持合力原则。合力原则强调的是所采取的各种执行手段在作用方向上的一致性,发挥综合作用。坚持合力原则,就是在具体的政策执行上做到全面性和重点性相结合,即在选择政策手段和执行方案时,既要能够配套、协调、互补,又要善于抓主要矛盾,确定最小限制因子,强化起关键作用的政策手段功能的发挥,从而实现重点突破。这是成功高效实现政策目标的关键。

3. 动态平衡原则。

在政策执行中,所采用的政策手段自身应有自我调节功能,这是由政策执行的阶段性特点决定的,要求手段与目标的结合以及手段与手段间相互作用下的运动既能保持相对稳定性,又能促进整个政策的变化,达到新的预期状态。因此,应充分考虑政策阶段性变化的方向和趋势,各个政策手段能够在时间上和政策问题相互协调和同步,保持动态平衡。

4. 纪律原则。

对因曲解政策、截留政策和替换政策造成严重影响和后果(包括社会影响和经济影响等)的国家机关公职人员,要给予党纪、政纪处分,甚至绳之以法。否则,政策的严肃性、权威性就无法维护,政策的作用也不能得到真正的发挥。

在上述几项原则中,坚持原则性与灵活性的统一是档案事业管理政策执行的根本原则。只有在此前提下,兼顾其他原则,才能使我国的档案事业管理政策在制定和颁布之后,能够有效得到执行和实施,使政策调节和控制功能发挥到最大程度,并得到设想的政策目标,帮助我们的档案事业管理不断发展和完善。

二、档案事业管理政策的执行过程与手段

(一)档案事业管理政策的执行过程

1. 学习理论,开展宣传。

档案事业管理政策在开始执行之前和执行过程中,都要认真学习和深刻理解,这是执行政策的基础。学习的内容包括政策的指导思想、目标、原则、方法与任务、范围与界限,政策的一般理论与政策思想、研究实际情况等方面。学习的目的是宣传,宣传包括对外公布与说服、教育、鼓励等方面。宣传是政策执行过程的起始步骤和重要环节。实践证明,通过宣传教育的途径让档案事业管理人员及间接政策对象充分了解和深刻认识政策的精神实质,是政策的各项指标与任务能够获得顺利执行的重要前提。所以各级政策执行机构及其工作人员务必要重视学习与宣传工作。

2. 设计方案,进行实验。

档案事业管理政策只是原则性的规定,这就要求制定一个具体的执行方案。执行方案的制定一般要根据实际情况进行,把那些原则性的东西具体化,从而制定出一个详细的行动计划,作为实施活动的依据。有了执行方案后,紧接着要进行政策实验,主要包括选择实验对象、设计周密的实验方案、分析实验过程、总结实验结果。试验的目的是推广。所以,重点应放在档案事业管理政策的"试验——推广"方面。

3. 做好准备,组织落实。

档案事业管理政策执行的准备工作包括两点:一是落实政策的执行机构,明确职能部门。政策的具体执行有赖于组织机构对政策的贯彻与推行,因此需要根据政策实施所要达到的主要目标、各项指标与具体任务等,科学地规划和设置各职能部门。各职能部门的组织机构要完善,人员配备要整齐,人员分工要明确合理,对各部门的目标管理应制定考核标准。二是对执行人员进行专业训练,并赋予执行人员明确的权力和责任。

4. 具体操作,监督检查。

上述步骤完成之后,就是具体操作执行,主要内容有三点:

(1)文件准备,即蓝本性政策文件、辅助性政策文件、相关政策法规文件的准备,这些是执行的重要文字材料与依据,要做到印制清楚,文件齐全。

(2)对政策文件及相关文件进行分解与展开,把原则的东西具体化,把具体化的东西落实到行动中去、实践中去。

(3)把政策交给社会公众,变为实际行动;提高政策意识,统一执行步伐;掌握执行进度,把握执行方向;搞好阶段衔接,注意平衡协调,保证机构运作,提高执行效率。

监督检查是政策执行过程中的保障环节,通过这一活动,及时发现和纠正政策执行中的偏差,妥善解决一些有碍政策落实的具体问题,从而保证政策目标的有效落实。监督检查的范围包括政策的内容、主体与客体的监督内容。监督检查的内容包括政策的检查、落实纪律与信息反馈。监督检查的形式有专门机构的、上级领导机关的、业务主管部门的监督检查三种。监督检查要求及时、务实、敢抓、持续。

(二)档案事业管理政策的执行手段

档案事业管理政策的执行必须要使用科学合理的执行方法,特别是采用合理的执行手段,有效的政策执行手段对政策目标的顺利实现意义重大。

1. 通常使用的五种政策执行手段。

(1)行政手段。

行政手段是指国家行政机关利用权力对实施对象进行行政干预的措施,包括行政命令、指示、规定及规章制度等行政方式。行政手段有其优越性,主要体现在"三性"上,即直接性、强制性、高效性;但其也具有局限性,比如随机性大,易受人为因素的影响等。在许多场合,行政手段的作用已经较小了。

(2)经济手段。

经济手段是指一系列主要利用各种经济杠杆来影响被调控对象的行为,从而实现政策目标的管理措施。它的本质是"着重解决'怎样做更好'及效率问题"。常见的形式有经济合同、税收、工资、价格、责任保险、罚款、奖励等。随着市场经济体制的不断完善,经济手段日益重要。

(3)法律手段。

法律手段是政策执行活动得以进行的根本保障,它有助于消除阻碍政策目标实现的各种干扰,保障政策执行在一定的法律规范体系下活动。法律手段界定的是"必须怎样做",维护的是公正和安全,通过行政立法和司法方式来调整执行活动中的各种关系。

(4)科学技术手段。

科学技术能满足人们一定的需要,帮助人们达到一定的目的,具有某种工具价值,所以它也是一种手段。具体而言,科技手段的作用是提高人类的认识水平,降低认识的局限性。特别是在本书所讨论的档案事业管理政策中,科学技术手段的使用有助于处理很多实际问题和实现档案事业管理信息化。

(5)宣传教育手段。

宣传教育手段重在告知目标对象"应该做什么",解决的是人们的思想认识问题,体现了"以人为本"理念,重在"固本培元",提高了人们对政策的认同感,让人们自觉地或主动地遵守、服从、执行政策。

2.政策执行手段的作用特性。

(1)政策执行五种手段的相互作用。

政策执行手段间作用的关系,表现为三种形式,即互补型、对立型和独立型。独立型是指为实现一个政策目标而采取的相互之间几乎没有影响的手段,即它们之间互为无利无害作用。互补型分为完全互补和部分互补两种情况。完全互补是指一种手段的使用有利于带动另一种手段的实施,反之也是这样,手段之间表现为互利作用。部分互补也称"偏利作用",即一种手段对另一手段有积极作用,而后者对前者则不具有任何影响。对立型分为完全对立和部分对立两种情况。完全对立就是手段之间出现竞争、排斥,表现出方向的不一致性。部分对立也称"偏害作用",一方对另一方有消极作用,而另一方对对方却没有什么影响。因此,我们得出结论:为实施政策而采取的政策手段间作用效果呈现出多样性、复杂性,因为它们在作用方向上并非完全一致。要保证政策目标的有效实现,必须加强对各种手段的合理选择、确定工作,尽量减少手段间对立的可能性。

(2)综合配套作用。

每一政策目标的实现不是只靠一种手段推动而完成的,每种政策手段都具有自身的功能和效果,缺一不可,它们之间互相不可替代。这就要求政策执行者必须坚持系统论的观点和方法,最主要的是运用综合思维,实现行政、宣传、法律、经济、科技等手段的综合配套以及它们各自内部政策工具的合理搭配,发挥手段间的合力效应。

(3)某种政策手段所起的关键作用。

由于对档案事业管理政策目标的效用不同,手段间除了存在上述综合作用的特性外,还有前后序列和轻重力度的问题。也就是说,为实现政策目标而采取的多种政策手段中总会有某种手段起着关键作用,它取决于政策实施中需要解决的最重要问题,也即问题的核心环节。界定起关键作用的因素,有助于采取相应的手段高效解决政策问题。

(4)政策手段作用的阶段性。

政策目标实现的过程可以分为不同阶段,每个阶段中政策手段所起的作用是不同的,也相应表现出阶段性。这与档案事业管理政策执行过程的阶段性是一致的。

3.选择、确定政策执行手段的标准。

政策手段是实现政策目标所必须依赖的条件和方法,只有内部条件和外部环境都比较适宜,政策目标才可望实现。因此,对政策手段的选择应有一定标准。

首先政策手段应该是可行的。这就是说各种手段在满足一定的约束条件下具备能够实施的可能性。再好的政策手段,如果满足不了各项约束条件,不具备实施的可能性和现实性,也仅仅是纸上谈兵而已。

其次各种政策手段必须是可操作性的。也就是说,在可行的条件下,政策手段必须是具体的、能够实施的,而不能太抽象、太笼统。这种"具体"不是包罗万象的感性具体,而是理性的具体,即把每一作用对象所具有的东西真实地、科学地反映出来。手段的可操作性体现为两个层面,其一是客观层面,即手段的操作成本应是尽可能低的,而管理效率应是尽可能高的;其二是主观层面,政策手段的语言表达要准确、简练,不能含糊不清。

三、档案事业管理政策的评价

政策评价是政策研究的一个重要组成部分,近年来已经越来越多地受到人们的重视,但是对政策评价(也称"政策评估")概念的理解却是众说纷纭。张金马主编的《政策科学导论》书中就认为:"政策评估就是对政策的效果进行的研究。政策评估所要回答的基本问题包括:政策执行之后,是否达到了政策制定者预期的目标?该项政策给国家及社会生活带来了什么样的影响?政策的去向如何?是继续执行,进行革新,还是马上终止?"《读书》给政策评价下了一个定义:"就是围绕着政策效果而进行的规范、测度、分析、建设等一系列活动的总称。"这一定义代表了我国国内许多政策研究者的观点,把评价活动局限于政策执行后的评价,即后果评价。

(一)档案事业政策执行中存在的问题

按照以上对政策评价的理解,分析我国现有档案事业管理政策的制定和执行情况(笔者注:由于目前这方面政策制定得很少,因此此处在作政策评价时增加了对档案事业管理法规的考察),可以发现存在下述诸多问题:

1. 政策制定与执行衔接不力。

政策制定和执行的衔接是检验政策正确性的唯一标准,但是我国档案事业管理政策的制定和执行存在不衔接的情况,具体表现在以下几点:

(1)你有政策,我有对策——替换性执行。

当下级机关和所执行的政策损害到执行者的利益时,执行者就制定与上级政策表面上一致,而实际上相违背的实施方案,这种貌合神离、偷梁换柱的执行态度使政策目标难以实现。

(2)曲解政策,为我所用——选择性执行。

政策执行者根据自己的利益需求对政策的精神实质或部分内容有意曲解,对自己有利的部分就全面贯彻执行,不利的部分就曲解甚至舍弃,导致政策残缺不全,无法真正得到贯彻落实,甚至出现与初衷相悖的结果,也即政策执行局部化。

(3)软拖硬抗,拒不执行——象征性执行。

政策执行的最高准则在于维护政策的权威性和严肃性。但在档案事业管理政策的执行过程中,有些执行机关或人员有意不执行或变相不执行,有的只是采取象征性的执行措施,也即政策执行表面化。

(4)搞"土政策"——附加性执行。

附加性执行指的是在政策执行过程中,执行者常附加一些对个人利益有利但原政策实际没有的内容,也即政策执行扩大化。所谓"土政策",就是打着贯彻上级政策要结合实际的旗号,自立一套,自行其是,牟取私利。

(5)你定你的,我干我的——抗拒性执行。

抗拒性执行是指政策制定者与执行者利益之间存在矛盾或发生冲突,或者是因其他原因而导致的从政策执行过程伊始就没有得以贯彻实施或执行过程中的某一阶段或某一环节出现了"梗死"现象,也即政策执行停滞化。

2. 执行主体不明。

现有的政策法规虽然明确规定了档案行政管理部门归属于各级人民政府,并承担法律责任的政府职能部门,但在历次机构改革中,档案行政管理部门经常成为各级人民政府机构裁减甚至撤销的第一个对象,或被列为政府或某一职能部门的事业组织,或直接被列入党委序列。主管部门的不明确,只会给政策法规的贯彻实施和事务的处理带来诸多不便,并在执行时遇到很多障碍。

3. 执行力度不够。

档案事业管理政策法规虽然明确赋予了档案行政管理部门行政执法权与行政处罚权,但是在法权关系的转变中,人治大于法治、权利大于法律的现象依然存在。很多政策法规在实际的贯彻和实施中阻力重重,难以推行,甚至出现有人无视法律威严的情况。

4. 档案法制意识不强。

计划经济下以行政手段为主管理档案的意识还存在,在市场经济新形势下,社会关系的调整以法律手段为主的转变步履维艰,人们已经习惯于用行政手段、行政命令来管理档案。

5. 档案政策法规体系不完善。

《档案法》修改颁布后,与之相适应的配套法规和政策还有待尽快出台,市场经济运作机制中出现的新问题、新情况亟须通过配套的法规、规章、制度、政策来解决。

(二)政策评价后的建议

在政策评价中发现的上述诸多问题,不仅损害了政策本身的权威,影响了政策有效作用的发挥,使政策效力出现零效力甚至负效力,而且严重损害了政策对象的利益,挫伤了政策对象的积极性,还严重损害了政策制定、决策机构的形象,阻碍了档案事业的发展。因此,探索对策实属必要。总结起来,我们提出如下建议:

1. 提高政策制定者、执行者以及全体公民的素质。

首先,要提高人们的政治思想素质,树立大局观念,教育干部群众要着眼于全局,个人的利益、局部的利益要服从于国家的利益、全局的利益,把思想真正统一到全国工作的大局上来。只有着眼于全局才能认清形势,也只有着眼于全局,才能真正彻底地解决问题。

其次,要提高政策制定者和执行者的知识水平和能力水平。制定者要找准政策问题,正确确立政策目标,制定出切实可行并有利于人民的政策。执行者要正确理解政策,大胆探索,与具体实际相结合,创造性地执行政策。在当前社会转型时期,执行人员应该具有高度的思想政治觉悟、积极工作态度、合理的知识结构以及较高的管理水平。政策的有效执行也需要缩小目标群体行为的调适量,或采取渐进的方式,以利于目标群体对政策的顺从和接受。

2. 避免政策本身缺失。

首先,政策本身要正确。政策的正确性是政策有效实施的根本前提。政策内容和政策方向要正确,政策制定就要具有科学的理论基础、严密的逻辑关系、科学的规划程序。其次,政策要具体明确。政策目标的具体明确性是政策执行有效的关键,是政策执行者行动的依据,也是政策执行进行评估和控制的基础。政策的具体明确性还要求政策目标是切合实际并可以达到的,是可以进行比较和衡量的。最后,政策必须切实可行。政策的可行性是指既定的政策具备执行所需要的基本的客观条件,经过政策执行者的主观认同和努力,可以实现客观与主观的统一,即实现既定的政策目标。

3. 改进政策的执行方式。

首先,耐心说服、正确引导是政策执行的有效方法之一,它对于促进政策目标群体的政策认知、增强他们的政策认同、防止政策制定与执行不衔接具有十分重要的作用。政策总是表现为对一部分人的利益进行分配或调整,或表现为对一部分人的行为的指导、制约或者改变,而代表人民群众根本利益的政策有时可能会与某些群体利益或个人利益、局部利益和眼前利益发生矛盾或冲突,在政策执行过程中,政策目标群体难免会在思想和行动上产生各种各样的问题。为了保证政策的顺利实施,政策执行人员首先要解决的是政策目标群体的思想问题,做深入细致的说服、引导工作。

其次,切合实际,因地制宜。实事求是,一切从客观实际出发,既是辩证唯物主义的基本观点,也是政府做好一切工作的方法论保证。坚持政策的原则性,在政策执行活动中是必要的,但是如果机械地照"章"办事,搞"一刀切",则是错误的。在忠于上级政策的基本精神的前提下,对于那些有明确要求并且符合本地实际情况的政策条款,应该制定贯彻实施细则,大力组织实施;对于那些只提供了政策思路和一般原则的政策条款,则要从本地的实际情况出发,作出切实可行的完善、补充规定,充分发挥地方的主动性、积极性、自主性。

4. 加强政策监督。

对政策执行活动实施监督的主要任务就是要按照政策标准确立统一的监督标准,发现、收集和分析政策执行行为与标准行为之间偏差的信息,采取必要的措施,及时地纠正一切违反政策执行要求或有悖于政策目标的错误行为,以保证执行活动的正常进行。

首先,要建立和健全监督体系,充分发挥各种监督机关的作用,并且要建立政策执行的专门监督机构,并保证其独立性。政策制定者要制定规章,合理授权,让监督机构代表政策制定者履行监督职责。其次,要进一步提高和强化社会监督的地位和作用,通过各种大众传播媒介,揭露和批评执行机构及其工作人员在执行政策过程中的种种背离政策目标和违反政策标准的行为,以引起有关部门的注意和重视,促成问题的解决。再次,要及时纠正一切有悖于政策目标的偏差行为,对于违法渎职、执行失误的案件,要依法严厉查处,并给予责任人一定的惩罚,以保证政策的贯彻落实。

5. 优化政策环境。

要创造政策制定、实施的良好社会环境,首先,要畅通信息渠道,加强政策宣传,创造舆论条件,使人民群众能全面、充分地了解政策,提高对政策的认同感,加强群众对实施某项政策必要性和重要性的认识;其次,要增强党和政府的权威,提高人民对党的信任度,使政策的落实由"要我执行"变为"我要执行",使人民群众由被动变主动,以减少政策执行中的障碍;再次,政策执行者要力求适应复杂多变的社会环境,针对不同的利益集团,在具体执行过程中要随机应变、相机行事,切忌不分对象、不论条件地人为扩大执行人员的自由裁量权,以免造成政策执行失误的后果。

第五章
档案行政领导与档案行政人员

档案行政领导是指档案行政部门的领导者依法行使权力,对档案工作进行组织、管理、决策、指挥、监督和检查等一系列的行政活动的过程,它是一种具有管理性质的社会活动。本章着重论述了档案事业行政领导的概念、结构以及档案工作人员(总称为"档案事业管理人")的素质、义务等。

第一节 档案行政领导

一、档案行政领导的概念、结构和过程

(一)档案行政领导的概念

要把握档案行政领导的本质含义,首先要明白"行政""领导"以及"行政领导"这几个概念的含义。

早在 2000 多年前,古希腊学者亚里士多德就使用过"行政"一词。"行政"一词,在英文中是 Administration,是从拉丁文的 Adminiatrare 演变而来的,具有治理、管理和执行的意思。《社会科学大辞典》,对 Administration 的解释是国家事务的管理。

有学者从"三权分立"的角度、从政治与行政分离的角度、从管理功能的角度来解释行政。概括这些观点,对"行政"这一概念作如下界定:行政是国家权力机关的执行机关,即国家行政机关行使国家权力,依法管理国家事务、社会公共事务和行政机关内部事务的活动。[1]

"领导"这一概念具有双重含义:作为名词的"领导"是指领导者;作为动词的"领导"则是指领导者在一定的环境下,为实现既定目标,对被领导者进行指挥与统御的行为过程,即领导活动。

---

[1] 王乐夫.公共管理硕士(MPA)专业学位联考考试大纲及考试指南(行政学)[M].北京:中国人民大学出版社,2000:25.

1. 领导是一个社会组织系统。这个系统由领导者、被领导者、环境三个要素构成。领导者是在一定的组织体系中,处于组织、决策、指挥、协调、控制地位的个人和集体,在领导活动中,他们处于主导的地位。被领导者就是按照领导者的决策和意图,为实现领导目标,从事具体实践活动的个人和集团,他们构成领导活动的主体,是实现预定目标的基本力量。领导者和被领导者的关系,就是权威和服从的关系。环境是独立于领导者之外的客观存在,是对领导活动产生影响的各种外部因素的总和。这三个要素缺一不可,只有相互结合,才能构成有效的领导活动。

2. 领导是一个动态的行为过程。领导的三个要素表现为两对基本矛盾:领导者与被领导者的矛盾;领导活动的主体与领导活动的客体的矛盾。领导者的"投入"要通过被领导者的行为效果"产出",领导活动主体作用于客观环境的过程表现为客观环境由"自在之物"不断地转化为"为我之物"的具体过程。

3. 领导是高层次的宏观管理,主要处理带有方针、原则性的重大问题。

4. 领导权威表现在领导者与被领导者的关系上,既反映为领导者的权力和威望,也反映为被领导者对这种权力和威望的认可和服从。

有关"行政领导"的含义,目前有几种不同的观点:"行政领导,就是指在国家行政管理活动中的各级领导者及其领导活动的总和"[①];行政领导"是国家行政机关领导者依法行使国家权力,组织和管理国家行政事务所进行的决策、指挥、控制、协调、监督、检查等行政活动"[②]。

由上面的分析可知,名词意义上的行政领导是指在各级行政机关中,具有组织、管理、决策、指挥职能的行政人员,包括各级政府的领导人员和各级政府机关各部门的领导人员。动词意义上的行政领导是指在行政组织中,经选举或认命而依法享有法定权威的领导者,依法行使行政权力,为实现一定的行政目标所进行的组织、管理、决策、指挥等的社会活动。

档案行政领导是众多的国家行政领导的一种,一方面指各级国家档案行政部门的领导人员,另一方面指档案行政部门的领导者依法行使权力,对档案工作进行组织、管理、决策、指挥、监督和检查等一系列的行政活动的过程。

(二)档案行政领导的结构

所谓"行政领导结构",是指在国家管理系统中各种领导形式的总和,也指某个具体的领导班子的结构,包括领导成员的人数、分工、各种因素的总和情况等。

档案行政领导的结构指国家档案行政系统中各种领导结构形式的总和,也可指某种档案行政领导结构形式的内部具体构造,如档案行政领导的人员构成、能力、性格、气

---

① 黄达强,刘怡昌.行政学[M].北京:中国人民大学出版社,1988:126.
② 张文轩.行政领导学概要[M].武汉:湖北科学技术出版社,1988:5.

质结构等。

档案行政领导结构的形式种类繁多,划分的角度与方法也是多种多样的。比如,从职权范围的大小不同,可以分为中央的档案行政领导结构与地方档案行政领导结构;从管理的层次不同,可以划分为决策层结构、管理层结构、执行层结构;从职权与业务性质的不同,可以划分为一般档案权限部门对行政领导结构与专业权限的档案行政领导结构。

一般地,我们从职权与业务性质来划分,档案行政领导结构主要包括政治领导与专门权限的行政领导。

1. 政治领导在整个档案行政领导结构中起核心、统帅作用。政治领导决定档案行政的性质和方向,贯穿于整个国家档案行政的各个方面及全过程中。其根本任务是确保所有档案行政活动及其过程必须符合党和国家关于档案事业建设的总体目标。政治领导一般是通过方针、政策的贯彻和指导,法令、规章的实施和约束以及开展卓有成效的思想政治工作来实现的。如,1992 年 12 月 22 日,俄罗斯颁布《俄罗斯国家档案局条例》,规定国家档案局享有法人资格和刻有俄罗斯联邦国徽和档案局名称的印章,在其活动中必须遵守俄罗斯联邦宪法和一切法律及法规文件;要保证全俄罗斯档案事业的协调发展和这一领域的科学技术进步;要注意与新成立的俄罗斯历史工作者和档案工作者协会、职业联盟等社会组织保持合作关系。条例还规定了俄罗斯档案局的具体职责。[①] 又如,1989 年 8 月,我国国家档案局颁布《关于在档案工作中贯彻党的十三届四中全会精神的意见》,重申在档案工作中继续坚持党的十一届三中全会以来的路线、方针和政策,坚持党的"一个中心,两个基本点"的基本路线,更好地为社会主义现代化建设服务,重申整个档案工作都要在四项基本原则的指导下,继续坚持改革、开放的方针,把档案部门的改革、开放工作做得更好。这是档案行政领导有效实行政治领导的一个范例。

2. 专门权限的行政领导是整个档案行政领导结构中的主体部分。档案行政领导从根本上说就是实施专门权限的行政领导,在一级政府领导下的职能部门的领导。比如,国家档案局作为全国最高档案行政部门,实行的档案行政领导就是作为国务院领导下的职能部门的领导。一般地说,专门权限的行政领导主要包括以下三重含义:

(1) 档案行政领导负责组织、管理某一方面的档案行政事务。如国家档案局负责制定档案工作人员队伍建设规划,组织档案专业教育和档案专业干部培训工作,负责档案专业技术职务评聘的有关工作。

(2) 负责贯彻执行具有一般权限的行政机关的决定和指示。如 1990 年以来,国家档案局一直负责《中华人民共和国档案法》的实施工作。

(3) 在档案业务上指导下属档案行政部门的工作。国家档案局对全国档案工作实行统筹规划、宏观管理,依据党和国家的政策、法规,拟定档案工作的方针、政策、法规和规

---

① 韩玉梅. 外国现代档案管理教程[M]. 北京:中国人民大学出版社,1995:223.

章制度,组织、指导、检查、监督、协调中央、国家机关、军队、群众团体和省、自治区、直辖市的档案业务工作。

(三)档案行政领导过程

如前所述,档案行政领导是指档案行政部门的领导者依法行使权力,对档案工作进行组织、管理、决策、指挥、监督和检查等一系列的行政活动的过程,它是一种具有管理性质的社会活动。从具体过程来看,档案行政领导是通过各个环节连接起来的链条,其中主要环节是有建立档案行政组织、选才用人、收集信息、确立目标、制定计划、组织实施、检查监督、调节完善,这实质上是一个不断制定和执行政策的过程。决策即"出主意"。"出主意""用干部"是档案行政领导的根本职责。正是这两种领导职责构成了有效的档案行政领导活动。下面简单介绍档案行政领导过程的四个基本阶段。

1. 调查研究,积累信息资料阶段。了解情况,掌握信息是领导进行决策和其他职能活动的基础。档案行政领导活动涉及国家和地方档案事业的发展,必须建立在了解实际情况,掌握大量信息的基础上。毛泽东说过:"没有调查,就没有发言权。"[1]档案行政部门要组织、领导档案事业建设,必须首先制定发展规划、方针政策,为此就要开展调查研究,切实掌握情况,以便做到胸有成竹。正因为如此,档案行政领导者应当深入基层档案部门,深入实际工作,搞好调查研究,弄清楚实际情况,以便为整个档案行政领导过程奠定坚实的基础。

2. 档案行政领导制定计划、作决策的阶段。这一阶段是在调查研究和占有信息的基础上进行的,是档案行政领导过程中最核心、最关键的环节。在这一阶段,档案行政领导者利用前面所掌握的资料、信息,运用马克思主义的立场、观点和方法,进行认真、科学的分析研究,提出各种工作计划、方案。然后根据一定的决策程序选择满意的计划和决策,为档案行政工作指明方向,提供依据和指导。

3. 计划、决策的实施阶段。毛泽东同志早就说过:"如果有了正确的理论,只是把它空谈一阵,束之高阁,并不实行,那么,这种理论再好也是没有意义的。"[2]正确的计划、方案、决策要变成现实,有赖于有效的执行和实施,没有好的执行,再好的方案和计划也只能是一纸空文。档案计划、决策的执行是档案行政领导的中介环节,是将档案行政领导目标转化为现实的唯一途径。在该阶段,档案行政领导者应该以主要精力抓好贯彻执行政策的宣传教育以及思想动员工作,为计划和决策的执行打下坚实的思想基础。同时,必须建立、完善组织机构,做好相应的物质准备,配备干部,组织实施。为此,档案行政领导者应当既全面指挥,又个别指导,点面结合,互相促进,相辅相成,以将执行政策落到实处。

---

[1] 毛泽东选集(第1卷)第2版[M].北京:人民出版社,1991:109.
[2] 毛泽东选集(第1卷)第2版[M].北京:人民出版社,1991:292.

4.检查监督,完善政策阶段。档案行政领导工作的重要内容之一,就是在执行政策的过程中,或者在暂时告一段落时,专门使用一段时间来检查执行政策的情况,以发现问题,纠正偏差。政策的监督控制应该贯穿在政策执行的整个过程中,作为政策实施的保障。只有监督、坚持、控制工作做好了,才能提高工作效率,减少或杜绝人力、物力、财力、时间等方面的浪费,并且对政策加以修改、补充,从而完善政策。

二、档案行政领导的方式、类型和内容

(一)档案行政领导的方式

档案行政领导方式是领导方法的一种表现,是在档案行政领导过程中领导者、被领导者及其作用对象相结合的形式。领导方式的中心问题是正确处理上下级关系,可以从不同的角度对档案行政领导方式进行分类。从档案行政领导的工作侧重点的角度进行划分,档案行政领导方式可以划分为以事为中心、以人为中心、人事并重式;从领导者作用于行政人员的方式角度进行划分,行政领导方式可以划分为强制命令式、疏导教育式和榜样示范式。

1.重人式、重事式与人事并重的档案行政领导方式。

这是按照行政领导活动的侧重点对档案行政领导方式所作的分类。重人式的领导方式是指致力于建立和谐的人际关系和宽松的工作环境,以人为中心进行档案行政领导活动。重事式的领导方式注重档案行政部门的目标、任务的完成和效率的提高,以事为中心进行行政领导活动。人事并重式的领导方式是指既关心人,也注重工作,做到关心人与关心事的辩证统一。只有关心人,才能调动人的积极性;只有关心工作,才能使每个人都有明确的责任和奋斗目标。显然,人事并重式的领导方式是应该被提倡的。

2.强制命令式、输导教育式和榜样师范式的档案行政领导方式。

(1)行政领导中的强制命令是组织行为中经常出现的现象,是由现代社会组织的特性决定的。档案行政部门作为现代社会组织的一种,为了使本组织的意志统一、行动一致、效率提高,务必要求本组织的成员遵守组织的规章制度。为此,档案行政领导者需要发出行政指令来约束或引导档案行政人员的言行。行政指令具有明显的强制色彩,这种强制又直接以惩罚为外在特征。行政领导者要善于运用行政指令来规范和指挥下属的活动,保证下属服从自己的领导权威,以保证最低限度的行政效率不至于丧失。

(2)输导教育式领导方式是指档案行政领导者在领导过程中,运用启发、商讨、建议等说服教育的方法,使被领导者心悦诚服地接受并贯彻领导的意图。这种方式的目的是让大多数被领导者比较自觉地去执行命令、决定和指示,调动下属的积极性和主动性。当然,即使使用这种方式,也不排除在一定范围内和特殊情况下对少数人最终使用强制的方式。

(3)榜样示范式领导方式是指档案行政领导者用"身教"的方式实现行政目的。"榜

样的力量是无穷的",也就是说恰当的宣传、教育、引导,不仅能给更多的人树立学习、仿效的榜样,而且能使单位形成学先进、争上游的风气,从而为顺利地开展工作创造良好的环境。要发挥榜样示范式这种领导方式的作用,领导人自身的形象和行为至关重要。

(二)档案行政领导的类型

按照档案行政领导者允许决策参与者的范围、对档案行政执行权的控制以及对档案行政监督的方式等因素,可以将档案行政领导划分为四种类型。

1. 集权型。

集权型的领导,又称为"自决型"或者"独裁型"领导。这种领导是将决策权高度集中,决策由领导者独自决定。决策的执行也是在领导者的控制下进行的。在执行过程中,对档案行者人员的监督、检查由领导者亲自主持,或者通过建立监督检查系统来进行。这种领导类型的优点是组织步调一致、行动迅速、职权集中、责任明确。缺点是由于领导者个人独断,缺乏群体意件的基础,可靠会造成由于领导者个人能力问题而出现的重大决策失误,甚至将导致"一言堂",造成隐患丛生、积重难返的局面。

2. 分权型。

分权型领导,又称为"下级参与型"或者"民主型"领导。这种领导在整个决策过程中能够吸收被领导者参加。决策的执行采取分权的方式进行。对档案行政人员的检查、监督主要是依靠有一定自主权的各部门进行,通过相互之间的制约以及执行者之间的工作竞赛来实现。这种领导类型的优点是组织工作考虑周密、成员分工合作,有利于增进决策的科学性和民主性。缺点是容易导致决策缓慢,办事拖拉,无人负责,效率不高。

3. 放任型。

放任型领导,又称为"无为而治型"领导。这种类型的领导不把持决策权,对决策的执行以及对档案行政人员的检查监督也没有一定的规章制度。领导者只是例行公事。只有当下级部门或者工作人员之间发生矛盾或者出现重大事故时才着手协调解决。这种类型领导实际上是放弃领导职责,放任下级各行其是,是不值得提倡的领导类型。

4. 行政首长负责制。

行政首长负责制是指行政首长在所管辖的事务范围内,在集体讨论和充分听取各种意见的基础上,作出最后决定,同时对行政工作负最终的责任。在行政执行过程中,行政领导全权负责,并充分利用控制与监督系统,促使工作人员有效地实现行政目标。《中华人民共和国宪法》规定国务院以及各级地方人民政府实行行政首长负责制。这种集体领导和个人分工负责相结合的领导制度,是我国正确处理行政领导班子内部成员间关系的科学机制,具有分权型和集权型的优点,是民主集中制原则的体现。

(三)档案行政领导的内容

档案行政领导是指在档案行政部门中工作,并担任档案行政领导职务的人员。一一般来说,档案行政领导是由上级机关依法任命的。如国家档案局局长、副局长是由国务院任命的。我国是社会主义国家,这就决定了我国档案行政领导的基本特征是档案行政领导必须作人民的忠实公仆和勤务员,全心全意为人民服务。① 档案行政领导的具体内容有三个方面:

1. 档案行政领导职位。

档案行政领导职位是指档案行政领导在国家各级档案行政部门中所处的法律地位及其担任的行政职务,如我国档案行政部门的最高行政职位是国家档案局局长。国家档案局是最高档案行政部门,国家档案局局长领导国家档案局的工作。因此,国家档案局局长在最高国家档案行政部门中拥有合法的最高地位,担负着国家最高档案行政职务。

2. 档案行政领导的职权。

档案行政领导的职权来自于档案行政职位的权力,是档案行政职位所具有的一种法律规定的权力,也是档案行政领导履行其职责的必要依据。职权与职位有对称关系,职权的大小与职位的高低、责任的轻重需要适应。如国家档案局局长的职权与地方档案行政领导的职权就不同。

3. 档案行政领导的职责。

档案行政领导的职责是指与档案行政领导由于在档案行政部门中处于一定的职位,担任一定的职务、履行一定的权力而承担的一定的工作任务和对国家所担负的一定责任。应当强调的是,认真、切实履行档案行政职责是档案行政领导含义的核心和实质所在。档案行政领导的职责主要由政治、工作、法律三个层面构成。政治责任即领导责任,是指档案行政领导者因违反特定的政治义务或者没有做好分内事情而导致的政治上的否定性后果以及所应遭受的谴责与制裁。工作责任是领导者的岗位责任,也即行政领导者在档案行政工作上应该承担的具体档案行政责任。法律责任是指档案行政领导者在档案行政管理活动中因违反法律规范所应该承担的法律后果或应该负担的责任。

档案行政领导的职位、职权和职责,是一个不可分割的统一体。其中,档案行政职位是档案行政领导应该具有的法律地位;档案行政职权是档案行政领导履行职责的必要手段和权力;档案行政职责是档案行政领导所承担的工作任务和责任。三者之间是相互联系、相互制约相辅相成的,共同构成了档案行政领导的本质内容。

三、新时期对档案行政领导素质的要求

档案行政领导者的素质是指从事档案行政领导工作必须具备的基本条件以及在档案行政领导工作中经常起作用的内在要素的总和。档案行政领导者不是单一的个体,而是由多个档案行政领导者构成实际发生作用的单位。因此,档案行政领导者的素质

---

① 陈智为,胡绍华,王英玮.档案行政概论(第2版)[M].北京:中国人民大学出版社,1996:47.

既包括档案行政领导者个人的素质,也包括档案行政领导班子的素质。只有这两个方面结构合理,才会有高效的档案行政工作。

(一)档案行政领导者的个人素质要求

档案行政领导者的个人素质包括政治素质、知识素质、能力素质和心理素质四个方面。近年来,随着我国改革开放的深入发展以及各项事业的进展,对档案行政领导者的素质要求越来越高。档案行政领导者必须加强学习锻炼,提高各个方面的素质。

1. 较高的政治素质。

这是社会主义档案行政领导特别要强调的素质,具体内容包括以下三点:

(1)要有坚定的政治方向。这在社会主义初级阶段最集中的体现,就是坚持"一个中心,两个基本点"的基本路线,高举邓小平理论、"三个代表"重要思想的伟大旗帜,不断开创我国社会主义现代化建设的新局面。

(2)要有全心全意为人民服务的思想境界。在社会主义社会,领导干部是社会的公仆,要自觉贯彻执行党的群众路线,倾听群众的呼声,关心群众的疾苦,尽心尽力地为群众排忧解难。

(3)要有廉洁奉公的政治道德。档案行政领导者握有权力。由于旧的思想的影响和社会主义市场经济体制本身不够完善,行政领导者必须充分认识到自己的责任和义务,加强自身的修养,弘扬正气,抵制各种诱惑。

2. 合理优化的知识结构。

合理优化的知识结构是档案行政领导者必须具备的基本条件,也是提高档案行政领导水平的重要环节。现代档案行政领导者既要有较宽的知识面,懂得和运用马克思主义基本理论、一般的科学文化知识、社会主义市场经济的理论知识、现代科学技术知识和法律知识,也要有从事档案行政工作所必需的档案业务知识和现代领导与管理知识,成为掌握业务知识与领导知识的"双内行",从而适应整个知识系统既高度分化又高度综合的发展趋势及其客观要求,做到"博"与"专"的统一。

3. 能力素质。

能力是知识的发挥和运用,包括创新能力与综合能力。

(1)现代社会是一个快速变化发展的社会,行政领导者从事大量的非常规性的面向的未来的工作,创新能力的要求是最基本的能力素质要求。其具体内容包括洞察力、预见力、决断力、推动力、应变力等。洞察力是一种敏锐、迅速、准确地抓住问题要害的直觉能力,勤于实践和思考,有助于锻炼这种能力;预见力是一种超前地把握事态发展的预见力,它要以对事物发展的正确认识和对现实与可能关系的辨证分析为基础;决断力是一种迅速做出选择,形成方案的意志力,缺乏果断的意志就不可能有任何创新;推动力是一种激励下级实现创新意图的能力,通常表现为领导者的感染力、吸引力、凝聚力、号召力、影响力以及个人"魅力";应变力是一种在事物发展的偶然性面前善于随机处置的快速反应力,是创新能力的一个重要表现。

(2)综合能力是行政领导者的又一基本能力要素。因为领导的工作是"统领各方"的工作。"各方"既包括各组织、机构、系统,各种利益和力量,也包括各种知识、信息、情况等。综合能力包括信息获取能力、知识综合能力、利益整合能力和组织协调能力。在现代"信息社会"中,信息占有量的大小成为领导行为成败的决定因素之一。领导者只有充分掌握有关信息,才能作出正确的决策。从科学发展来看,现代科学的一个重要发展趋势是学科的高度分化和高度综合。行政领导者不仅应掌握多学科的知识,而且要对各门学科的相互联系有所认识,这样才能管理好高度专业化的各种组织机构及其活动。随着现代化程度的提高,利益多元化是一个值得注意的趋势。行政领导者把分散的甚至有冲突的利益要求整合为利益共识,并据此制定政策。领导者的重要工作是保证系统内的各要素处于良好的配合状态,以获得高一层次的整体合力,这就要求领导者具备组织协调能力,即将分散的各方综合在一起的能力。

4. 心理素质。

从个体心理品质角度来看,心理素质主要包括气质、性格、意志等几个主要方面。因此,档案行政领导者更应该具备这些心理素质。具体体现为以下三点:

(1)敢于决断的气质。任何决策都是有实效性要求的。在对客观事物充分调查的基础上,行政领导者应有不失时机地、勇敢果断地处置问题的热情与气魄。

(2)竞争开放型的性格。竞争在某种意义上说就是奋力争先,领导者应该有敢为天下先、善于争先的品格。领导要与各种人打交道,要随时介入各种矛盾,这就决定了行政领导者要有开放的心态、宽广的胸襟、公道正派的作风,团结众人不懈竞争。

(3)坚忍不拔的意志。开拓创新难免遭受挫折、失败。只有具有坚韧不拔、百折不挠的毅力,才能禁得起各种风浪的考验。因此,意志坚强是行政领导者必备的条件。

(二)档案行政领导班子的素质要求

档案行政领导集体又称为"档案行政领导集团"或"领导班子",它是档案行政部门、档案行政工作的指挥部、司令部。我国各级档案行政领导集体是经过各级人民政府通过一定法定程序予以任命,并有相应的任期限制的。档案行政领导集体的作用就是依靠、运用档案行政领导集体成员的集体智慧,讨论并决定档案行政工作中的重大问题。档案行政领导集体内部要具有合理的结构,主要包括以下几个方面。

1. 年龄结构要合理。对于一个人来说,尤其是一个档案行政领导班子的成员来说,年龄不仅仅是经历岁月的标志,更重要的是包含着阅历与经验。年轻人有活力,对新生事物比较敏感,敢想敢干;年长者深谋远虑,实践经验丰富,善于应付负责的局面;中年人年富力强,具有承前启后的作用。因此,一个科学又合理的档案行政领导班子的年龄结构应该是呈梯队结构。在梯队结构的领导班子中,新老成员有合作、交替,不但可以取长补短,发挥整体功能,而且能使档案领导班子通过"新陈代谢"有条不紊地进行下去,以保障档案行政领导活动的稳定性与连续性。

2. 知识结构要合理。行政领导的知识化、专业化已经越来越被人们所重视。档案行政领导集体成员应该具有丰富的档案专业知识,即"专家型领导"或"本行业的专家"。此外,档案行政领导集体成员还应该具有丰富的马克思主义理论修养,较为丰富的文史知识、科学技术知识和相关学科(如图书馆、情报学、博物馆学)知识,尤须重点学习、掌握行政管理学的原理和知识。对于一个档案行政领导班子来说,不仅要注意选拔具有较高文化知识与专业知识的人才,而且要注意在知识结构上做到互相补充。

3. 能力结构要合理。档案行政领导集体应该由具有决策能力、指挥能力、组织能力、监督能力、开拓能力以及思想政治工作的能力的人才组成。在档案行政领导集体的能力结构因素中,尤其要强调、突出其行政能力和专业能力。此外,对负责全面工作的主要领导人(即人们通常所说的"帅才")来说,更须强调、突出组织指挥能力和行政管理能力;对其他分管某一方面工作的领导人(即人们通常所说的"将才")来说,更须强调、突出相应的专业能力和组织管理能力。

4. 气质结构要合理。气质是一个人的脾气、性格的外在表现。档案行政领导班子的气质结构主要是指档案行政领导者由于性格、作风与思维方式、工作态度上的不同,根据互补原则而组成合理的搭配结构。有的人魄力大,但是粗枝大叶;有的人谨小慎微,但能深思熟虑;有的人敢作敢为,但是目中无人;有的人敏感而求创新,但工作效率较低等。档案行政领导班子由不同气质的人组成,协调合作、取长补短,将形成功能完善、效能高的群体结构。

第二节 档案事业管理人

一、档案事业管理人概述

(一)档案人员与档案事业管理人

所谓"档案人员",主要是指档案专业人员,[①]即在档案机构或文件中心工作的、受过教育和训练并被档案机构承认能够胜任文件或档案方面专业工作的人员。文件管理和档案管理是一个职业结构中的两个部分,可以分为辅助专业人员、专业人员、高级档案专业人员(管理人员)三个专业级别。其中,高级档案人员必须是经验丰富的人,主要负责战略规划,对专业进行整体管理,包括制定法规、规划建筑物、设计服务项目、对外部的联系以及获取和使用财源等。

---

① 韩玉梅. 外国现代档案管理教程[M]. 北京:中国人民大学出版社,1995:320.

在我国,高级档案专业人员,主要是指档案行政人员,即"档案事业管理人员",在档案行政部门中任职,依法从事档案行政事务的人员。

档案事业管理人从本质上来说是国家公务员,即依法履行公职、纳入国家行政编制、由国家财政负担工资福利的档案行政工作人员。

(二)档案事业管理人的职责

作为国家公务员,档案行政人员享有法律规定的权利和义务。但是,档案事业管理人作为特殊行业的公务员,他们又具有不同于一般公务员的职责。下面结合国外对档案人员的职责要求,提出对档案事业管理人员的特殊职责要求。[①]

在英国,关于档案人员的职责,詹金逊有明确的论述:首先,要尽一切可能注意保卫档案的安全和档案的真实性;其次,要尽一切努力为历史学家和其他研究者的需要服务。他强调两者职责的先后顺序是绝不可能更换的,因为档案是档案馆提供服务的物质基础,没有完好而真实的档案,服务的愿望就无法实现。为历史学家和其他研究者的需要服务是档案工作的根本目的,如果不为利用者服务,档案馆的工作就失去了意义。

在美国,谢伦伯格在论述档案工作者的职责时说,档案工作者在公共文件方面的职责应该在法律上仔细加以规定。档案工作者的权利来自他所供职的政府授予他的地位和职责。鉴于美国国家档案馆的目的被正式规定为安全保管联邦政府有永久价值的文件应体现全民族经历的证据,为现代和将来的人民提供利用。所以,在从事这项活动中,档案工作者的职责应服务于双重目的:保存和提供利用。为此,档案工作者所进行的一系列职能活动,按照其形式可以分为四个主要方面:处置活动,包括文件的鉴定和销毁;保管和整理活动;编目和出版活动;参考服务活动。

在法国,档案保管人员不仅是一个好的行政管理人员,而且是一个技术人员,一个能编制检索工具并指导给予他信任的合作者使用检查工具的学者。总之,档案人员应该在所有方面都为历史科学服务,承担历史、文化和行政三重任务。

可见,档案人员的主要职责就是管理好档案,为利用者服务,充分发挥档案的作用。我国的档案事业管理人员应当在法定的权力范围内行使职权,保护档案的完整,使档案为社会主义各项事业的发展服务。

二、档案事业管理人的分类

我国档案事业管理人指的是依法履行公职、纳入国家行政编制、由国家财政负担工资福利的档案行政工作人员。按照我国公务员的职位分类,公务员职务分为领导职务和非领导职务。领导职务层次分为国家级正职、国家级副职、省部级正职、省部级副职、

---

① 韩玉梅.外国现代档案管理教程[M].北京:中国人民大学出版社,1995:321.

厅局级正职、厅局级副职、县处级正职、县处级副职、乡科级正职、乡科级副职。非领导职务层次在厅局级以下设置。

档案行政人员职位类别按照公务员职位的性质、特点和管理需要，划分为综合管理类、专业技术类和行政执法类等类别。一般来说，档案事业管理人分为档案行政领导、一般档案行政人员、档案行政领导班子。

（一）档案行政领导干部

档案行政领导干部是指在档案行政部门中工作，并担任档案行政领导职务的干部。一般来说，档案行政领导干部是由上级机关依法任命的。如国家档案局局长、副局长是由国务院任命的。我国是社会主义国家，这就决定了我国档案行政领导干部的基本特征，即档案行政领导干部必须作人民的忠实公仆和勤务员，全心全意为人民服务。

档案行政领导的职位、职权、职务等内容在本章第一节"档案行政领导的内容"已经作过详细的介绍。这里不再赘述。

（二）一般档案行政人员

一般档案行政人员是指在档案行政部门中任职，依法从事档案行政事务的人员，按照我国公务员分类，处于非领导职务上的档案行政人员。一般档案行政人员的权利包括以下两层含义：一是指《中华人民共和国宪法》规定的公民的基本权利；二是指其职务上的权利。

1. 档案行政人员职务上的权利是完成档案行政部门的工作任务的手段，而行使职务权利的目的，正是履行其职务上的义务。

2. 档案行政人员行使其职务上的权利时，不得超越他的职务范围，其目的必须是开展档案行政部门所委托的工作。

3. 档案行政人员之所以并能够行使职务上的权利，正是由于他担任着档案行政职务。鉴于此，档案行政人员一旦被免去行政职务，其职务上的权利也就随之终止。当然，这并不意味着可免除其任职期间的法律责任。比如，在任职期间的合法行为，并不由于免职而无效；相反，倘若在任职期间有违法或者犯法行为，也并不由于免职而可逃脱对其应负的法律责任的追究。

4. 档案行政人员职务上的权利还表现在执行档案行政部门所赋予的任务时，其合法性具有强制性，有关的机关、团体、企事业单位和个人均须遵照执行。

（三）档案行政领导班子

档案行政领导班子，又称"档案行政领导集体"，它是档案行政部门、档案行政工作的指挥部、司令部。我国档案行政领导集体是经过各级人民政府通过一定的法定程序予以任命,并有相应的任期限制的。各级档案行政领导集体召开会议,讨论并决定档案事业建设中的重大问题,均由该档案行政部门的主要领导人负责召集和主持。档案行政领导集体的主要作用,就是依靠、运用档案行政领导集体成员的集体智慧,讨论并决定档案行政工作中的重大问题。这比较充分地体现了我国行政机关中必须遵循、坚持的民主集中制、首长负责制和集体领导制三者相结合的重要原则。大量事实已经证明并将继续证明:各级档案行政部门建立一个坚强、精干的行政领导集体,充分发挥领导班子的积极性、主动性和创造性,有效地坚持集体领导和个人负责相结合的原则,是涉及档案行政工作全局性、根本性的大问题。对此,必须予以高度重视。

三、档案事业管理人的素质

档案事业管理人是一般国家行政人员,首先要具备国家公务员法所要求的基本素质。另外,档案行政又是专业性较强的行政工作,要求档案行政人员要具有专业方面的素养以及高尚的职业道德素质。

(一)档案事业管理人的一般条件

根据《公务员法》第二章第十一条,作为档案行政机关的公务员,档案事业管理人员应当具备下列基本条件:

具有中华人民共和国国籍;年满十八周岁;拥护中华人民共和国宪法;具有良好的品行;具有正常履行职责的身体条件;具有符合职位要求的文化程度和工作能力;法律规定的其他条件。

应该说,这是公务员的最低条件要求,也是档案行政人员的基本素质要求。

(二)档案事业管理人的素质要求

1. 政治方面。

拥护中国共产党的领导,坚持四项基本原则,坚持改革开放,坚持实事求是的思想路线;立场坚定,敢于同各种不良风气做斗争;坚持为人民服务的宗旨;廉洁奉公、勤政廉政;热爱档案事业,为发展档案事业作出无私奉献。

2. 气质方面。

敢于改革、开拓,勇于进取、创新,有尊重科学、追求真理、实事求是的精神,有兢兢业业、脚踏实地、埋头苦干、甘当无名英雄的精神,有胸怀坦荡、豁达大度的气质等。

3. 知识和专业方面。

知识素质包括政治理论知识,如马列主义、毛泽东思想、邓小平理论和"三个代表"要思想;文史知识;科技知识;档案专业知识以及相关学科知识,如图书馆学、信息资源管理学、行政学、管理学等知识。专业素质包括履行档案行政人员职责所必备的能力、智力、成绩、学历和资历等。

4. 作风方面。

发扬党的三大优良作风:理论联系实际、密切联系群众,批评和自我批评。以身作则,言行一致。

(三)档案事业管理人的职业道德修养

道德是法律的补充。职业道德是指从事一定职业的人们,在职业活动中应遵循的行为规范以及与之相适应的情操和品质。档案人员的职业道德修养指档案专业人员在从事专业活动时应该遵守的行为规范和相应的情操和品质。①

1. 关心档案的命运。

美国国家档案与文件署 1985 年制定的《美国档案工作者守则》规定:档案工作者应积极采取一切可能的措施,保护过去和现在的有价值的文件,这是他对社会承担的道德责任。阿根廷档案学家比阿萨利说:保护人类全部活动演变进程的证据,承担保护这种历史遗产的任务,是档案员的特权和职责,这种特权和职责通常由国家法律加以规定。档案事业管理人要心系档案事业,为档案事业尽职尽责。

2. 捍卫档案事业的真实性。

档案是真实的历史凭证。档案事业管理人必须严格执行档案法律法规和技术规范,促使各个单位依法进行档案的管理,维护档案文件的完整与安全。档案人员的工作都是保存证据,目的在于让子孙后代在这种证据的基础上对人对事作出判断。因此,档案事业管理人作为档案的高级管理者是真理或真理证据的捍卫者。

3. 献身精神。

献身精神是档案事业管理人员最可宝贵的品质。献身精神包括对公众的积极态度,对档案事业双重义务的献身精神和学习的意愿。只有具备献身精神的人才能从枯燥、繁琐的档案工作、档案行政工作中发现乐趣、奥妙和博大精深之所在。因此,档案工作是一项富有远见的工作。只有坚忍不拔和卓有远见,才会有献身精神,才肯付出时间、努力和能力。

献身精神是事业成功的保证。加拿大联邦档案专员威尔弗雷德·史密斯在 1984 年加拿大公共档案馆年度报告序言中说:回顾 16 年来的事迹和成就,我深深感到,没有数百名档案工作者和专家的辛勤劳动和忠于职守,公共档案馆将一事无成。这里讲的"辛勤劳动和忠于职守",就是献身精神的具体表现。

4. 保守机密。

尽管档案材料有一部分是公开的,但是仍然有相当部分的档案材料是机密材料或者限制利用的材料。因此,依法保守机密是档案工作人员的职责。许多国家的档案法规都具有明确的规定。如我国《档案法》第十四条规定:"保密档案的管理和利用,密级的变

---

① 韩玉梅.外国现代档案管理教程[M].北京:中国人民大学出版社,1995:325.

更和解密，必须按照国家有关保密的法律和行政法规的规定办理。"负责保守秘密的档案事业管理人员若非法将档案文件中的情报故意泄漏给无权知道这些内容的第三者，将受到严重的处罚。档案事业管理人作为一个负责任的国家公务人员，应该意识到他在维护公共利益方面的义务。档案事业管理人最大限度地向公众提供文件和遵守规定的保密制度，是符合公共利益的，也是职业的需要。

5. 热情服务。

档案工作是服务性的工作。档案事业管理人大多是一线的行政管理人员，他们与公众接触的机会很多，应该热情为公众服务。《美国档案工作者守则》规定，档案工作者要热情回答利用者的咨询，而不应为利用者设置不必要的障碍。档案行政人员虽然不直接与利用者接触，但是档案行政工作本质上是为其他各行各业服务的，因此，档案行政人员也要具有服务意识。

第三节 档案事业管理人的法律地位

档案事业管理人的法律地位主要内容包括档案事业管理人的产生、权利、义务以及管理。

一、档案事业管理人的产生

2005年4月27日颁布的《中华人民共和国公务员法》规定，录用担任主任科员以下及其他相当职务层次的非领导职务公务员，采取公开考试、严格考察、平等竞争、择优录取的办法。基层档案行政人员的产生最初要经过考试录用的方式。在档案行政职务的任免上，《公务员法》里规定有三种公务员任用制度，即选任制、委任制、聘任制，目的就是弥补和改善单一委任制的缺点，为公务员体系的科学化、合理化开辟路径。档案事业管理人是我国档案行政部门的工作人员，是公务员系统的一部分。在档案行政的实践中，档案事业管理人的产生主要有考任职、委任制、和聘任制。

(一)考任职

随着我国公务员制度的不断完善，国务院和各级政府、各个部门在录用新的工作人员时，越来越多的是通过国家公务员考试。档案行政部门通过公开考试的方法考查应试者的知识、才能和水平，通过择优录用的方式来选拔新的工作人员。国家人事部每年都会举行一次全国性的公务员考试，国务院、各个中直机关等都会通过这次考试录用一批新的人员。如2006年，国家档案局计划招聘十名工作人员，通过全国性的公开考试来选拔。各地方政府也在不断规范公务员考试，地方档案行政部门人员也多是通过公开考试、择优录用的方式来录用。

(二)委任制

委任制是由具有人事任免权的上级档案行政组织根据干部管理权限直接任命下级档案行政人员的一种干部任用的形式,它是目前我们国家的一种主要的普遍的档案行政干部任用制度。除了档案行政的主要领导干部以外,其他档案行政人员(除了需要选举产生的以外)也可实行。委任制的实质是由领导决定人选。领导机关根据工作需要,先由有关部门对拟任干部进行考核、审查,然后由领导任命。我们的委任制是由代表广大人民群众利益的党和政府的组织(人事)部门来实施的,是在群众路线的基础上委任的,体现了人民的意志。

由于公务员管理机关权力集中,任用程序简单明了,委托制有利于统一指挥和政令贯彻,但过于单一的任用方式显然不利于公务员队伍的科学管理。

我国现行的档案行政人员的委任制,既包括国务院及各级人民政府对国家档案局和各级档案行政部门主要负责人的提拔、任命,也包括各级档案行政部门对本单位各级行政负责人和普通工作人员的委任。

(三)聘任制

根据新的国家公务员法,档案行政机关根据工作需要,经省级以上公务员主管部门批准,可以对专业性较强的职位和辅助性职位实行聘任制。所列职位涉及国家秘密的,不实行聘任制。档案行政机关聘任公务员可以参照公务员考试录用的程序进行公开招聘,也可以从符合条件的人员中直接选聘。机关聘任公务员应当在规定的编制限额和工资经费限额内进行。档案行政机关聘任公务员,应当按照平等自愿、协商一致的原则,签订书面的聘任合同,确定机关与所聘公务员双方的权利、义务。聘任合同经双方协商一致可以变更或者解除。聘任合同的签订、变更或者解除,应当报同级公务员主管部门备案。聘任合同应当具备合同期限,职位及其职责要求,工资、福利、保险待遇,违约责任等条款。聘任合同期限为一年至五年。聘任合同可以约定试用期,试用期为一个月至六个月。聘任制公务员按照国家规定实行协议工资制,具体办法由中央公务员主管部门规定。

从档案行政部门的实际情况看,以前多是对于离退休干部的返聘,随着科学技术的发展,增加对专业技术人员的聘用成为明显的趋势。

二、档案事业管理人的权利

档案事业管理人是在档案行政部门中任职,依法从事档案行政事务的人员。他们首先是一般公民,具有公民权利。其次,他们是一般行政人员,具有公务员法规定的相应的权利和作为档案行政人员特殊的权利。这是他们的职务权利。

档案事业管理人的权利主要有一般行政人员的权利和档案事业管理人的权利两种。

(一) 档案事业管理人的一般权利

2005年4月27日新颁布的《中华人民共和国公务员法》第二章第十三条规定，公务员享有下列权利：

1. 获得履行职责应当具有的工作条件。
2. 非因法定事由、非经法定程序，不被免职、降职、辞退或者处分。
3. 获得工资报酬，享受福利、保险待遇。
4. 参加培训。
5. 对机关工作和领导人员提出批评和建议。
6. 提出申诉和控告。
7. 申请辞职。
8. 法律规定的其他权利。

(二) 档案事业管理人的特定权利

与其他部门的行政人员相比，档案行政机关的公务员享有一些特殊的权利。这是履行档案行政职能所要求的，主要包括以下几条：

1. 职务上使用公物、公款及费用请求权。

请求权主要是指档案事业管理人员为执行档案行政职能，有权申请领用笔墨纸砚等办公用具以及因公出差有权支领旅费、住宿费和伙食费补贴等。

2. 了解、利用有关资料的权利。

在职务范围内，档案事业管理人有权了解、利用属于国家机密、机关机密、工作机密的有关材料。

3. 反映情况的权利。

档案事业管理人通过档案行政工作，发现问题，有如实向上级党政机关、主管部门以及上级档案行政部门反映情况的权利。

4. 领导、指挥权利。

在职务范围内，档案事业管理人可以利用手中的职权对所属档案机构、所属档案行政部门进行行政领导、指挥，以达到管理目标。

5. 受保障的权利。

该权利主要是指档案事业管理人在依法执行档案行政事务时受到法律的保障。任何妨碍或者阻挡档案事业管理人员执行档案行政事务的行为都是不当的、非法的。

三、档案事业管理人的义务

按照新《公务员法》的要求，档案行政人员应当履行下列义务：

1. 模范遵守宪法和法律。

国家档案行政机关工作人员的工作内容之一是贯彻国家《档案法》和《档案法实施

办法》,实现国家档案行政的目标。行政人员只有模范守法,才能更好执法。

2.按照规定的权限和程序认真履行职责,努力提高工作效率。

档案事业管理人应当亲自执行职务,工作态度认真负责;努力钻研业务,必须对职务所要求的相应政治理论、科学技术、行政管理、档案业务知识有比较深刻的理解,必须努力钻研、熟悉档案行政业务;严格按照工作时间,按时上下班;在执行职务的时间内,不得从事职务范围以外的工作和活动。

3.全心全意为人民服务,接受人民监督。

当今,各国都强调行政人员要从管理者转变为服务者,提出"服务行政"的概念。档案事业管理人应当牢固树立为人民服务的思想,切实履行为档案事业建设、档案业务工作服务,为档案行政部门服务以及为基层领导干部、为公众服务的义务,增强公仆意识,彻底改变"当官作老爷"的风气。在我国日益融入全球化的今天,强调行政人员的服务意识具有迫切重要的意义。这有利于树立我国政府在世界上的形象,从而促经我国经济社会的发展。

4.维护国家的安全、荣誉和利益。

档案事业管理人是国家行政人员,承担着特殊的工作任务,事关国家的安全和荣誉。因此,在维护国家安全、荣誉和利益上具有比一般行政人员更大的责任。

5.忠于职守,勤勉尽责,服从和执行上级依法作出的决定和命令。

我国是实行民主集中制的国家,坚持党的领导和人民当家作主。下级要执行上级的命令和指示,地方要服从中央。只有这样才能实现全国的统一领导,改变"一盘散沙"的局面。档案事业管理人应该忠于职守,尽职尽责。

6.保守国家秘密和工作秘密。

档案事业管理人有着特殊的权利,他们可以掌握控制全国各机关、企事业单位的档案资料,因此,在保守国家秘密和工作秘密方面必须严格要求自己。

7.遵守纪律,恪守职业道德,模范遵守社会公德。

档案事业管理人和其他职业一样,具有相应的职业道德。同时,必须遵守社会公德,在维持社会的正常秩序和规范方面负有不可推卸的责任。

8.清正廉洁,公道正派。

这是对我国公务员的总体要求,也是最基本的要求。档案事业管理人必须秉公执法、清正廉洁,因为他们手中有人民给予的权力,而若对权力的控制不够,则容易产生"寻租"现象,产生腐败。档案事业管理人一定要练好"内功",抵制各种不良风气。

9.法律规定的其他义务。

四、档案事业管理人的管理

档案事业管理人的管理应该依据公务员法来进行,主要包括对档案事业管理人的考核、奖惩、培训等环节。

（一）考核

对档案事业管理人的考核，按照管理权限，全面考核德、能、勤、绩、廉，重点考核工作实绩。考核分为平时考核和定期考核。定期考核应以平时考核为基础。对非领导成员的定期考核采取年度考核的方式，先由个人按照职位职责和有关要求进行总结，主管领导在听取群众意见后，提出考核等次建议，由本机关负责人或者授权的考核委员会确定考核等次。对领导成员的定期考核，由主管机关按照有关规定办理。定期考核的结果分为优秀、称职、基本称职和不称职四个等次。定期考核的结果应当以书面形式通知公务员本人。定期考核的结果作为调整档案行政人员职务、级别、工资以及奖励、培训、辞退的依据。

（二）奖励

对工作表现突出，有显著成绩和贡献，或者有其他突出事迹的公务员或者公务员集体，给予奖励。奖励应坚持精神奖励与物质奖励相结合、以精神奖励为主的原则。档案事业管理人集体的奖励适用于按照编制序列设置的机构或者为完成专项任务组成的工作集体。

档案事业管理人员或者集体有下列情形之一的，给予奖励：

1. 忠于职守，积极工作，成绩显著的；
2. 遵守纪律，廉洁奉公，作风正派，办事公道，模范作用突出的；
3. 在档案行政工作中有发明创造或者提出合理化建议，取得显著经济效益或者社会效益的；
4. 为增进民族团结、维护社会稳定做出突出贡献的；
5. 爱护公共财产，节约国家资财有突出成绩的；
6. 防止或者消除事故有功，使国家和人民群众利益免受或者减少损失的；
7. 在抢险、救灾等特定环境中奋不顾身，做出贡献的；
8. 同违法违纪行为作斗争有功绩的；
9. 在对外交往中为国家争得荣誉和利益的；
10. 有其他突出功绩的。

奖励分为嘉奖、记三等功、记二等功、记一等功、授予荣誉称号。对受奖励的档案事业管理人员或者集体予以表彰，并给予一次性奖金或者其他待遇。给予档案事业管理人员或者集体奖励，按照规定的权限和程序决定或者审批。

（三）惩戒

作为公务员的档案事业管理人必须遵守纪律，不得有下列行为：

1. 散布有损国家声誉的言论，组织或者参加旨在反对国家的集会、游行、示威等活动；

2. 组织或者参加非法组织,组织或者参加罢工;

3. 玩忽职守,贻误工作;

4. 拒绝执行上级依法作出的决定和命令;

5. 压制批评,打击报复;

6. 弄虚作假,误导、欺骗领导和公众;

7. 贪污、行贿、受贿,利用职务之便为自己或者他人谋取私利;

8. 违反财经纪律,浪费国家资财;

9. 滥用职权,侵害公民、法人或者其他组织的合法权益;

10. 泄露国家秘密或者工作秘密;

11. 在对外交往中损害国家荣誉和利益;

12. 参与或者支持色情、吸毒、赌博、迷信等活动;

13. 违反职业道德、社会公德;

14. 从事或者参与营利性活动,在企业或者其他营利性组织中兼任职务;

15. 旷工或者因公外出、请假期满无正当理由逾期不归;

16. 违反纪律的其他行为。

档案事业管理人员在执行公务时,认为上级的决定或者命令有错误的,可以向上级提出改正或者撤销该决定或者命令的意见;上级不改变该决定或者命令,或者要求立即执行的,档案事业管理人员应当执行该决定或者命令,执行的后果由上级负责,档案行政人员不承担责任;但是,档案行政人员执行明显违法的决定或者命令的,应当依法承担相应的责任。

档案行政人员因违法违纪应当承担纪律责任的,依照本法给予处分;违纪行为情节轻微,经批评教育后改正的,可以免予处分。处分分为警告、记过、记大过、降级、撤职、开除。对公务员的处分,应当事实清楚、证据确凿、定性准确、处理恰当、程序合法、手续完备。

档案行政人员违纪的,应当由处分决定机关决定对档案行政人员违纪的情况进行调查,并将调查认定的事实及拟给予处分的依据告知本人。档案行政人员有权进行陈述和申辩。处分决定机关认为对档案行政人员应当给予处分的,应当在规定的期限内,按照管理权限和规定的程序作出处分决定。处分决定应当以书面形式通知档案行政人员本人。行政人员在受处分期间不得晋升职务和级别,其中受记过、记大过、降级、撤职处分的,不得晋升工资档次。

受处分的期间有六个月、十二个月、十八个月和二十四个月。受撤职处分的,按照规定降低级别。受开除以外的处分,在受处分期间有悔改表现,并且没有再发生违纪行为的,处分期满后,由处分决定机关解除处分并以书面形式通知本人。解除处分后,晋升工资档次、级别和职务不再受原处分的影响。但是,解除降级、撤职处分的,不视为恢复原级别、原职务。

（四）培训

档案行政机关根据档案行政人员工作职责的要求和提高他们素质的需要，对档案行政人员进行分级分类培训。

国家应建立专门的档案行政人员培训机构。档案行政机关根据需要也可以委托其他培训机构承担培训任务。国家档案局档案干部培训中心，省级档案干部培训机构（基地）是实施档案行政人员培训的主要基地。档案行政管理部门要组织和协调各种社会办学力量，充分利用现有的办学设施，调动各方面积极性，逐步建立和完善继续教育实施网络。

档案行政机关对新录用人员应当在试用期内进行初任培训；对晋升领导职务的人员应当在任职前或者任职后一年内进行任职培训；对从事专项工作的人员应当进行专门业务培训；对全体档案行政人员应当进行更新知识、提高工作能力的在职培训，其中对担任档案专业技术职务的行政人员，应当按照档案专业技术人员继续教育的要求，进行专业技术培训。国家还应该有计划地加强对档案后备行政领导人员的培训。

档案行政人员的培训情况、学习成绩应作为考核的内容和任职、晋升的依据，只有这样才能强化培训效果。

（五）工资

档案事业管理人的工资，根据国家新的《公务员法》，实行国家统一的职务与级别相结合的工资制度。档案事业管理人工资制度应贯彻按劳分配的原则，体现工作职责、工作能力、工作实绩、资历等因素，保持不同职务、级别之间的合理工资差距。国家应建立公务员工资的正常增长机制。

档案事业管理人员的工资包括基本工资、津贴、补贴和奖金。另外，按照国家规定享受地区附加津贴、艰苦边远地区津贴、岗位津贴等津贴。并且，按照国家规定享受住房、医疗等补贴、补助。档案事业管理人在定期考核中被确定为优秀的，按照国家规定享受年终奖金。

工资应当按时足额发放。工资水平应当与国民经济发展相协调、与社会进步相适应。国家实行工资调查制度，定期进行公务员和企业相当人员工资水平的调查比较，并将工资调查比较结果作为调整公务员工资水平的依据。

（六）保险与福利

档案事业管理人员按照国家规定享受福利待遇。国家根据经济社会发展水平提高其福利待遇。国家规定工时制度，按照国家规定享受休假。在法定工作日之外加班的，应当给予相应的补休。

国家建立档案行政人员的保险制度，保障他们在退休、患病、工伤、生育、失业等情况下获得帮助和补偿。因公致残的档案事业管理人员,享受国家规定的伤残待遇。因公牺牲、因公死亡或者病故的,其亲属享受国家规定的抚恤和优待。

任何机关不得违反国家规定自行更改公务员工资、福利、保险政策,擅自提高或者降低其工资、福利、保险待遇。任何机关不得扣减或者拖欠其工资。工资、福利、保险、退休金以及录用、培训、奖励、辞退等所需经费,应当列入财政预算,予以保障。

第六章
档案事业管理战略

本章概述了档案事业管理战略,其中包括档案事业管理战略概念与特点、作用与原则;在此基础上介绍了档案事业管理战略的制定,包括如何制定档案事业管理战略的步骤与制定档案事业管理战略的条件;分析了档案事业发展的计划,包括档案事业发展计划的构成,档案事业发展计划的编制程序和方法;最后提出了档案工作目标管理的概念,并从目标的制定与分解、目标的实施与控制两个方面进行论述。

第一节 档案事业管理战略概述

一、档案事业管理战略概念与特点

(一)早期的战略定义

"战略"一词,原为军事用语。顾名思义,战略就是作战的谋略。《辞海》中对战略一词的定义是"军事名词。对战争全局的筹划和指挥。依据敌对双方的军事、政治、经济、地理等因素,照顾战争全局的各方面,规定军事力量的准备和运用"。《中国大百科全书·军事卷》诠释战略一词时说:"战略是指导战争全局的方略。即战争指导者为达成战争的政治目的,依据战争规律所制定和采取的准备和实施战争的方针、政策和方法。"

在英语中,战略一词为 Strategy,来源于希腊语 Strategos,意为"将军"。随着社会竞争的日益激烈,很多人感到很多行业都形如战场。相应地,"战略"一词也被广泛地应用到社会各个层面的管理中来。时至今日,战略与战略管理在相当大的程度上已经脱离了早期所带有的浓厚的军事竞争的色彩,而成为一个比较完整的企业管理理论与实践体系。

(二)明兹伯格的战略综合定义

20世纪80年代以后,战略管理日益引起企业和学者的关注,理论有了很大的发展。加拿大麦吉尔大学的明兹伯格教授在对以往战略理论进行梳理和深入研究的基础上,将人们对战略的各种定义概括为5P。明兹伯格认为,人们在谈及战略时都是在谈论5P

中的某一个和几个含义,实际上,战略具有多重含义,既应当仔细体会每种含义,又应当将多个含义联系起来以形成整体的战略观念。

1. 战略是计谋(Ploy)。它是指威胁和战胜竞争者的计谋和谋略。这是军事谋略在企业管理中的直接引用。

2. 战略是计划(Plan)。它是指有意识的、正式的、有预计的行动程序。计划在先,行动在后。这是早期的战略观念。

3. 战略是模式(Pattern)。它是指一段时期内一系列行动流的模式。这是明兹伯格为战略下的一个定义。在明兹伯格看来,企业在某一时期基于资源而形成的使命与目标固然重要,但更重要的是企业已经做了什么和正在做什么。早期的战略观念强调分析,明兹伯格强调行动。在明兹伯格看来,即使企业没有任何书面形式的战略计划,它也可能是有战略的,也就是说,计划并不是战略的必要条件。模式意味着企业行动的一致性,这种一致性可能是也可能不是正式计划或建立目标的结果。

4. 战略是定位(Position)。它是指在企业的环境中找到一个有利于企业生存与发展的"位置"。这种观念认为,企业竞争不同于达尔文式的自然竞争。自然竞争的观念认为,碰到一起的竞争者之间的生态选择是一个弱肉强食、适者生存的过程。套用到企业竞争上来,就意味着两个在同一领域里经营的企业不可能共存,只有具有独占优势的企业才能生存和发展。而将战略看作定位的观念则不同,这种观念认为企业选择环境和选择竞争者的过程是能动性的,关键看企业如何运用能动性。如果企业能够洞察企业的经营环境,并能够与企业的资源状况和能力结合起来,企业就可以在激烈的竞争环境中找到一个有利于自己的定位。这种观念是早期的战略观念的直接延展,使其更加理论化、系统化。哈佛大学的迈克尔·波特教授是这种观念的集大成者。他的观念集中体现在他的影响深远的两部著作《竞争战略》(1980)和《竞争优势》(1985)之中。这两部著作对战略管理产生的强烈影响整整有十年之久。

5. 战略是观念(Perspective)。它是深藏于企业内部、企业主要领导者头脑中的感知世界的方式。正如军事战略学者安德烈·博福尔所说,战略是以思维和智力为基础的,它具有精神导向性,体现了企业中人们对客观世界的认识,它同企业中人们的世界观、价值观和理想等文化因素相联系。

综上所述,可以看出五种战略定义的区别,现归纳得出表 6-1。

表 6-1 战略的五种定义

战略定义	核心要点
计划型战略定义	强调管理人员要有意识地进行领导,凡事谋划在前行事在后。
模式型战略定义	强调战略重在行动,否则只是空想。战略也可以自发产生。
计谋型战略定义	强调战略是为威胁或击败竞争对手而采用的一种手段,重在达成预期竞争目标。
定位型战略定义	强调应适应外部环境,创造条件更好地进行经营上的竞争或合作。
观念型战略定义	强调战略过程的集体意识,要求成员共享战略观念,形成一致的行动。

这些不同的定义有助于对战略过程的深刻理解,避免发生概念上的混乱。不过应该看到,这五种定义彼此之间存在着一定的内在联系。它们有时是某种程度的替代,如定位型战略定义可代替计划型战略定义,但在大多数情况下,它们之间的关系是互补的,使战略趋于完善。因此,只能说每个战略定义有其特殊性,不能说哪种战略定义更为重要。①

(三)档案事业管理战略概念

根据明兹伯格的战略综合定义,档案事业管理战略可以理解为在档案事业管理的过程中所采用的计谋、计划、模式、定位与观念。档案事业管理战略的关键词不是战略而是动态的管理,是崭新的档案事业管理思想和管理方式。指导档案事业全部活动的是管理战略,全部管理活动的重点是制定战略和实施战略。制定战略和实施战略的关键在于对档案事业外部环境的变化进行分析,对档案事业的内部条件和素质进行审核,并以此为前提确定战略目标,使三者之间达成动态平衡。档案事业管理战略的任务,就在于通过战略制定、战略实施和日常管理,在保持动态平衡的条件下,实现档案事业管理的战略目标。

由此,档案事业管理战略可以被定义为:档案工作者在确定其使命的情况下,为了实现推动档案事业顺利发展的目标,根据档案事业外部环境和内部条件而采取的一系列决定档案事业长期发展的管理决策和措施。这里有两点要加以说明:第一,档案事业管理战略不仅涉及战略的制定和规划,而且包含着将制定出的战略付诸实施的管理,因此是全过程的管理;第二,这些战略不是静态的、一次性的管理,而是根据外部环境的变化、档案事业内部条件的改变以及战略执行结果的反馈信息等,重复进行的过程,是不间断的管理。

(四)档案事业管理战略特点

档案事业管理的历史十分悠久,但在相当长一段历史时期内,档案事业管理工作都未发展成独立的管理系统,它与文书工作、图书工作之间没有严格的界限,内容也十分简单,处于经验管理状态,这与当时档案数量少、种类单一、利用范围狭窄有关。到了现代,随着社会的发展、科技的进步,各种门类和载体形式的档案大量增长,社会对档案的需求日益提高,档案事业管理工作得到较大的发展,逐渐成为一种独立的、复杂的管理系统,并且逐步实现现代化。以往的档案事业管理是将档案的活动分成多种职能,对于不同的职能实行不同的管理。从对档案事业的"职能管理"走向对档案事业的"战略管理"是现代档案管理的一次飞跃,档案事业管理战略的特点总体包括两个方面:

---

① 陈幼其.战略管理教程[M].立信会计出版社,2003.

1. 档案事业管理本身特点。

档案事业管理活动与其他文献管理活动一样、包含了信息的输入、存贮、加工、输出这样一个信息传输过程，是一种信息控制系统。但由于档案原始记录性的特点，档案事业管理活动区别于图书、情报等其他文献信息工作，主要表现在以下方面：

(1) 档案资源积累过程的缓慢性。档案是人类社会活动的历史记录，是随着人们的实践活动逐步积累起来的，它不可能像图书资料那样大量印刷出版并广泛流通。档案大多数是"孤本"，不能随意复制，尤其是历史档案，能够流传至今的不多。因此，档案较之于一般的图书资料而言更显珍贵，在其保管和利用过程中不得不重视对它的保护，这样无形中就降低了它的利用率。

(2) 档案管理过程的阶段性。就档案的流转程序而言，档案管理过程可分为档案室管理和档案馆管理两个阶段。处于不同阶段的档案所起作用不同，具有不同的价值，服务对象不同，档案管理方式也有不少差异。在档案室阶段，档案具有凭证价值，主要为其形成单位控制和使用，为本单位日常工作经常查考，具有过渡性；在档案馆阶段，档案对其形成单位的作用降低，具有历史价值和科学文化价值，进入永久保存时期，这个阶段的档案管理工作不仅仅是为某个单位服务，而是要有意识地开发档案信息资源，主动地提供档案为整个社会各项工作服务。

(3) 档案管理活动对档案形成者具有依附性。档案是在其形成者活动过程中产生的，反映了形成者的全部历史及其观点、经验和成果，包含了与其形成者利益密切相关的事实和数据。因此，档案历来为形成者所有与控制，其价值与它的形成者有密切关系。目前普遍采用的在档案整理中保持档案来源联系的作法就充分说明了这一点。档案对形成者的依附性，使得档案难以像图书资料那样广为传递和交流，这在某种程度上限制了档案管理活动的范围。

(4) 档案管理工作对社会的相对封闭性。档案直接关系到其形成者的切身利益，并且有相当一部分档案涉及国家的政治、军事、经济与技术机密。所以，档案自形成之日起，对外有相当一段时间的封闭期，只有过了封闭期，才能有选择地向社会开放。而图书情报工作讲究时效性，图书资料传递速度越快，范围越广，其价值就越大。档案管理的封闭性造成了档案保管和利用的矛盾，这种矛盾贯穿于档案管理的整个过程，并由此推动档案管理工作不断向前发展。

2. 档案事业管理战略特点。

(1) 档案事业管理战略具有全局性。档案事业管理战略是以档案事业的全局为对象，根据档案事业发展的需要而制定的，它所管理的是档案事业的总体活动，所追求的是档案事业发展的总体效果。这种管理包括档案管理的局部活动，但是这些局部活动是作为总体活动的有机组成部分在战略中出现的。具体地说，档案事业管理战略不是强调档案事业某一部门或某一职能部门的重要性，而是通过制定档案事业的使命、目标和战略来协调档案事业各部门的活动。在评价和控制过程中，战略重视的不是各个事业部或职能部门自身的表现,而是对实现档案事业使命、目标、战略的贡献大小。这样也就使档案事业管理战略具有综合性和系统性的特点。

(2)档案事业管理战略的主体是档案事业管理的高层管理人员。由于战略决策涉及档案事业活动的各个方面,虽然需要档案事业管理中、下层管理者和全体档案工作者的参与和支持,但档案事业的最高层管理人员介入战略决策是非常重要的。这不仅是由于最高层管理人员用能够统观档案事业管理全局,了解档案事业管理的全面情况,更重要的是他们具有对战略实施所需资源进行分配的权力。

(3)档案事业管理战略涉及档案事业管理中大量资源的配置问题。档案事业中的资源,包括档案信息资源、人力资源、实体财产和资金,或者在档案行业内部进行调整,或者从行业外部来筹集。在任何一种情况下,战略决策都需要在相当长的一段时间内致力于一系列的活动,而实施这些活动需要有足量的资源作为保证。因此,为保证战略目标的实现,必须对档案事业中的资源进行统筹规划、合理配置。

(4)档案事业管理战略从时间上来说具有长远性。管理战略中的战略决策是对档案事业的未来较长时期(五年以上)内,就档案如何生存和发展等问题进行统筹规划。虽然这种决策以档案事业外部环境和内部条件的当前情况为出发点,并且对档案事业当前的活动有指导、限制作用,但是这一切是为了更长远的发展,是长期发展的起步。从这一点上来说,管理战略也是面向未来的管理,战略决策要以管理人员所期望或预测将要发生的情况为基础。在迅速变化和竞争性的环境中,档案管理工作要取得成功必须对未来的变化采取预应性的态势,这就需要做出长期性的战略计划。

(5)档案事业管理战略需要考虑档案事业外部环境中的诸多因素。现今的档案工作都存在于一个开放的系统中,在未来竞争性的环境中,档案事业要占据有利地位并取得竞争优势,就必须考虑与其相关的因素。

二、档案事业管理战略的原则

《档案法》第五条规定:"档案工作实行统一领导的原则,维护档案完整与安全,便于社会各方面的利用。"这既是现今档案事业管理的基本原则,也是档案事业管理战略的基本原则。

(一)统一领导,分级管理

"统一领导,分级管理"是我国档案工作的组织原则和管理体制,是由我国的政体、国家结构和国情、档案工作的实际情况决定的。

"统一领导"主要是指党和政府对全国档案事业在政治、方针、政策上实行统一领导,可以作这样三个方面的理解:第一,全国各级党、政、军机关,团体、企业、事业单位或其他组织的档案工作,在大的方略上必须按照党和国家统一制定的档案工作方针、政策、法规行事。第二,实行党、政档案和党、政档案工作的统一管理,即把党的系统和政府系的档案事业管理机构统一合并起来,在中央和各级人民政府的统一领导下,按照统一的法规、标准和要求进行业务指导、监督和检查;机关的党、政、工、团各种档案由机关档案室集中统一管理,各级党、政机关形成的具有长远保存价值的档案,由中央档案馆和各级地方综合性档案馆分别集中统一管理;各级档案事业管理机构和综合性档案馆,既是党的机构也是国家机构。第三,各级专业主管机关单位,由于专业相同,形成的档案及其特点也基本相同,档案工作应在贯彻执行党和国家档案工作方针、政策、法规的前提下,按专业系统实行统一管理。这样既能保证各专业系统档案工作符合国家档案工作统一的规定和要求,又能照顾各专业系统档案工作的某些特点,便于各专业系统档案工作顺利开展。

"分级管理"是统一领导的一种组织手段,可以作这样的理解:第一,各级档案行政管理机构,在各级党委和人民政府的领导下,按照党和国家制定的档案工作方针、政策、法规的规定与要求,制定本地区的档案工作规划、制度和办法,指导、监督和检查本地区档案工作。全国档案工作,按中央和省(自治区、直辖市)、地(市、州、盟)、县(市、区)、乡镇四级的档案行政管理机构分别负责管理。国家档案局主管全国档案事业,对全国的档案事业实行统筹规划,组织协调,统一制度、监督和指导,管理中央级综合档案馆,并对中央直属机关、团体、企业、农业单位相其他组织的档案工作实行监督和指导;而地方省、地、县级档案局分别管理本行政区域内的档案事业,并对本行政区域内机关、团体、企业、事业单位和其他组织的档案工作实行监督和指导;乡镇人民政府则应建立档案机构或指定人员负责保管本机关的档案,并对所属单位的档案工作实行监督和指导。第二,各级机关、团体、企业、事业单位和其他组织的档案机构或者档案工作人员,负责保管本单位的档案,并对所属机构的档案工作实行监督和指导。

(二)维护档案完整与安全

"维护档案完整与安全"是档案管理工作的基本内容和基本要求。管理档案的工作,有若干具体任务,但基本上是围绕着维护档案的完整与安全来进行的。

"维护档案的完整"有两个方面的含义:第一,在数量上要保障档案的齐全。也就是说,按照国家的规定应该立卷归档的文件和应该向档案馆移交的档案资料,要全部归档和移交,不得被私人占有和截留,从而保证一个机关、一个系统、一个地区,直至整个党和国家档案的齐全完整。第二,在质量上要保证档案完整系统。也就是说凡是有保存价值的档案,必须按照它们的形成规律,保持档案之间的内在联系,组成有机联系的整体。这个整体包括国家全部档案——全宗群——全宗——案卷——案卷内文件材料的系统化。特别是一个全宗的档案不能人为地分散,不能杂乱无章。只有这样,才能真正做到反映一个机关、一个系统、一个地区,直至整个党和国家工作活动的历史面貌。

"维护档案的安全"也有两个方面的含义:第一,维护档案实体的安全,即在保管档案的条件和保护档案的技术上,采取得力的措施,防止和杜绝来自人为或自然两个方面的对档案的破坏因素,保证档案原件不受损坏,遇到档案被损坏或蜕变现象,及时进行抢救,最大限度地延长档案的寿命。第二,保守档案内容机密的安全,即对机密档案建立保密制度,实行严格管理,在收集、整理、移交、利用的过程中,防止机密档案内容失密、泄密现象的发生,确保党和国家机密安全。

维护档案的完整与安全,关系到国家档案财富的积累,关系到党和国家以及人民群众的利益,是档案利用者必须遵守的一项纪律,更是每一个档案工作者肩负的重要历史使命。档案工作的每一个环节都应该注重这个基本要求,都应当以此作为着眼点和服务方向。所以说,维护档案的完整与安全是贯穿档案工作始终的一项工作,也是整个档案事业管理原则的重要组成部分。

(三)便于社会各方面的利用

"便于社会各方面的利用"的检验档案工作效果的一个主要标准,也是档案工作的根本目的,还是对过去档案工作基本原则的发展。1956 年,国务院《关于加国家档案工作决定》中提出的档案工作基本原则的最后一句是"便于国家各项工作的利用"。对比之下,可以看出,《档案法》规定的"便于社会各方面的利用"更为确切完善,也更加符合客观实际。首先,扩大了档案利用的对象和范围。也就是说,档案工作不仅要考虑到党和国家各项工作对档案的利用,也要考虑到社会普通公民对档案的利用,从而更大限度地发挥档案本身所固有的利用价值。其次,体现了改革开放的档案事业管理思想。《档案法》明确规定档案"向社会开放",要"便于社会各方面的利用",是在我国档案事业发展史上第一次明确中国公民享有利用档案的法定权利,充分体现了档案工作改革、开放、搞活的指导思想,对于促进档案事业的发展,使其更好地为国民经济和社会发展服务,具有极为重要的意义。

"便于社会各方面的利用"的内涵可以作两个方面的理解:第一,在思想上,它是档案工作的总的出发点和最终目的。整个档案工作,无论是档案行政管理工作或档案馆(室)工作,还是档案的收集、整理或保管、鉴定工作,总的出发点和最终目的都是更好地发挥档案的作用,而绝不是其他。这里所讲的是总的出发点和最终目的,而不是每项具体工作的具体出发点和直接目的。由于各项档案业务工作的内容与要求都不同,其具体出发点和直接目的总是不一样的,但都是在总的出发点和最终目的的辐射范围内。第二,在行动上,"便于社会各方面的利用"是衡量档案工作效果的总标准,或者说是检验档案工作者从事档案收集、管理等实际工作行为的一个总的标准。所谓"总标准"是同各项工作的具体标准相对而言的。每项具体工作所要达到的目标,尽管千差万别,但都必须受到总标准的制约,不能离开总的标准。每一项具体工作都要为达到总标准而努力。

我国档案事业管理战略基本原则的三个方面内容是辩证的统一,它们之间互相联系、互相制约、互相作用。"统一领导、分级管理"是档案工作的组织原则和领导体制,是"维护档案完整与安全""便于社会各方面的利用"的根本保障,离开了"维护档案的完整与安全"和"便于社会各方面的利用","统一领导、分级管理"也就失去了意义;"维护档案完整与安全"是档案工作的基本内容和基本要求,是"统一领导、分级管理"的目的,为"便于社会各方面的利用"档案奠定了物质基础,如果不能"维护档案的完整与安全","便于社会各方面的利用"就无法实现;"便于社会各方面的利用"是档案工作总的出发点和最终目的,但必须注意"维护档案的完整与安全"。总之,以上三个方面是构成国家档案事业管理战略原则的有机组成部分,是辩证的统一体,缺一不可。

第二节 档案事业管理战略的制定

一、制定档案事业管理战略的步骤

档案事业管理战略是对档案事业的未来发展方向制定决策和实施这些决策的动态过程。一个规范性的、全面的档案事业管理战略的步骤应包括以下四个基本模块:战略环境分析;战略制定;战略实施;评估与控制。四个模块之间的关系如图6-1所示。

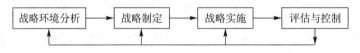

图6-1 档案事业战略管理过程基本模块

(一)战略环境分析

档案事业管理战略环境分为外部环境和内部环境两个方面,其中外部环境又可分为宏观环境(指社会、政治、经济、技术等因素)和微观环境(指档案事业这一行业与其他信息服务行业的状况等)。外部环境给档案事业带来一定的机遇与威胁,是形成档案事业现状及其未来进取的外部条件。档案事业只能在外部环境的变化中求得生存与发展。档案事业内部状况是指档案事业体系自身的发展现状。对内外环境进行系统的分析与评价,可以了解档案事业现状及其长处与弱点。

(二)战略制定

战略制定就是在对档案事业管理内外环境综合分析的基础上,提出今后的中长期档案事业管理发展思路与方案,包括明确档案事业的使命、目标与战略设想。

(三)战略实施

战略制定之后,随之进入战略实施阶段。

(四)评估与控制

评估与控制是指对正在实施的战略进行监督调控,即将战略实际执行情况与预定标准相比较,然后采取措施纠正偏离标准的误差。战略控制的目的是在问题变得严重之前就提醒档案事业管理者加以解决,以保证各项战略的顺利实施,最后达到预期目标。

二、制定档案事业管理战略的条件

制定档案事业管理战略时,必须分析外部条件以发现可能的机会与威胁,分析内部条件以找到优势和劣势。条件分析,就是监测、评价来自内部与外部条件的信息,并把信息递交给档案事业管理者。条件分析是档案事业管理者用来避免档案事业管理战略意外的工具,以确保档案事业管理的健康发展。

档案事业管理战略的外部条件主要是指社会条件,即那些不直接影响档案事业战略管理的短期行为,但对长期决策有影响的社会力量。这些社会力量有如下几种:

(一)经济力量

经济力量能调节档案事业管理的资金、能源与信息交换。

(二)技术力量

技术力量能产生解决问题的发明。

(三)政治—法律力量

政治—法律力量能分配权力,并且提供限制和保护的法律法规。

(四)社会文化力量

社会文化力量能调节价值观、道义与社会习俗。

这些社会力量都是档案事业管理者在制定管理战略时必须考虑的因素,将在很大程度上影响管理战略的具体实施。

分析外部条件,发现机会与威胁还不足以为档案事业带来竞争优势,战略管理者要根据档案事业发展现状,找出内部战略因素。制定档案事业管理战略时要充分考虑内部与外部条件,只有这样,制定出的战略才能具有长久的生命力。

第三节 档案事业发展计划

一、档案事业发展计划的构成

档案事业发展计划是一个完整的体系,它是由反映档案事业各方面或各层次、各环节工作的各项发展计划组成的有机统一的整体。档案事业发展计划可以从不同的角度,按照一定的序列,构成一定的体系。

(一)按照时间序列构成的体系

按照时间序列,档案事业发展计划可以分为长期计划、中期计划和短期计划。

1. 长期计划。

长期计划又称"远期计划",是一种战略性计划,在档案事业发展计划体系中占有特别重要的地位。长期计划是适应党和国家在一定时期内的社会主义建设战略任务的需要,遵循档案事业发展的客观规律,确定档案事业及其各方面发展方向与基本要求的计划。长期计划具有动员和鼓舞广大档案工作者进行积极的创造性的工作的重大作用,但它比较粗略,只是概要地确定整个档案事业或各部分、各地区、各单位发展的主要项目和主要指标。长期计划还要通过中期计划和短期计划加以具体化,并且根据新的情况加以修改和完善。

2. 中期计划。

中期计划一般指五年计划,也有时间稍长的计划。中期计划是实现计划管理的基本形式,是档案事业计划体系中主要的组成部分。它是与我国国民经济和社会发展计划同步的、相配套的。它既是长期计划的具体化,又是制定短期计划的依据。

3. 短期计划。

短期计划主要是指年度计划,如各级档案行政部门每年的计划,它是具体行动计划,是贯彻实现中长期计划的具体执行计划。年度计划有可能对社会需求和档案工作的基本状况以及政府可能给予的人力、物力、财力的支持进行详细的计算,在综合平衡的基础上确定档案事业发展的各项具体指标。短期计划是实现长期计划、中期计划的重要保证。短期计划中还有季度计划和月度计划。这些计划主要是在基层单位编制,是对年度计划进行控制和补充的一种手段。

(二)按照分级分专业管理的原则构成的体系

按照分级分专业管理的原则,档案事业发展计划可以分为全国计划、地方计划、部门计划和基层计划等。

1. 全国计划。

全国计划是指由国家档案局制定、全国性档案工作会议讨论通过、国务院主管领导批准的全国档案事业发展计划。它是关系档案事业发展全局的计划,是国家建设和发展档案事业决策的体现。它规定了全国整个档案事业发展的方向、目标、任务和重大比例关系,是下面各层次编制计划和进行计划管理的依据。

2. 地方计划。

地方计划主要指省、自治区、直辖市和市(州)、县(区、旗)的档案事业发展计划。它是全国计划在地方的具体化,是全国计划在各地区的落实和补充。

3. 部门(专业)计划。

部门(专业)计划主要是指各级专业主管部门的档案事业发展计划。它是全国计划在各专业主管部门或系统的具体化,是全国计划在各专业主管部门或系统的落实和补充。

4. 基层计划。

基层计划是指各企业事业单位、人民团体及其他社会组织的档案工作计划。基层计划一方面为全国计划、地方计划和部门(专业)计划的制定提供可靠的依据,是正确制定上述计划的基础;另一方面,又是上述计划的执行计划,是实现上述计划的基石。

此外,按照档案系统内部各方面的工作性质,档案事业发展计划可以分为档案行政工作计划、档案馆工作计划、单位(机关、团体、企事业单位)档案工作计划、档案专业教育计划、档案理论和技术研究计划、档案宣传出版工作计划、档案外事工作和国际学术交流工作计划等;按照档案系统内部一些专业单位的布局,档案事业发展计划还可以分为档案馆网规划、档案院校布局规划和档案科研院所网点规划等。①

二、档案事业发展计划的编制程序和方法

档案事业发展计划的编制过程是一个重大的决策过程,必须坚持科学决策、民主决策、依法决策,按照"政府主导、专家咨询、部门负责、公众参与、依法办事、科学决策"的工作思路,创造性地完成编制工作。集思广益、求真务实是十分关键的。

编制一项计划不是一个部门、一个地区或一个系统的事情,而是全社会的事情。在过去尤其是计划经济体制下,编制规划的部门色彩较浓,规划重点往往放在解决本部门、本地区或本系统所面临的问题上,社会意识不强。编制过程也大都局限在部门内部,封闭起来,自成一体,这使得规划的局限性很大。档案事业发展计划的编制工作,必须增大编制过程的透明度,提高多方面群体的参与度。

首先,要建立一个素质较高、精干高效的调研起草工作班子。这个工作班子不仅在班子内部要做到民主讨论、集思广益,而且从工作机制上要完全避免那种"秀才关门做文章"的做法,从群众中来,到群众中去,善于并且能够吸纳广大群众的智慧。

其次,要把计划编制过程作为一次档案工作人员学习补充知识、讨论研究问题和统一思想认识的过程,要把大家的工作愿望、创新见解体现到规划目标中来,融入到规划内容中去。只有这样,规划才会有广泛的群众基础,才具有宏观指导性和实践价值,才能真正成为凝聚民心、鼓舞斗志、开拓创新的行动纲领。

再次,档案事业是社会各项事业的重要组成部分,是社会各项事业协调可持续发展的基础,档案事业发展计划的编制工作离不开社会各界的广泛参与、共同努力。在编制工作的各个环节,不仅要注意倾听档案系统广大群众的呼声,也要注意倾听社会广大群

---

① 刘国能. 体系论——中国档案事业体系[M]. 北京:中国档案出版社,2001.

众的呼声,无论在档案系统内部还是在全社会都真正达成共识。规划在草案形成后,要采取适当形式听取社会意见;要进一步健全规划咨询制度,扩大专家队伍,完善咨询方式,形成规范的咨询机制;要坚持依法办事,完善重大决策的规划和程序,使规划更具权威性。

编制好档案事业发展计划是关系档案事业长远发展的重大任务,要充分认识做好这项工作的重要性,增强使命感和责任感,按照科学决策、民主决策、依法决策的要求,集思广益,求真务实,扎扎实实地做好这项工作。

第四节 档案工作目标管理

一、目标的制定与分解

(一)目标与目标管理

目标是指人们通过自己的各种活动所期望达到的目的,管理是指管辖和治理。目标管理是指一个组织对于一定时期内期望完成的任务进行规划,并组织全体成员实施的一种管理制度。目标管理的核心是强调预测和效率,其基本方式是通过计划、组织、协调、控制等行为,使整体工作高效率、高质量地进行。

目标管理是一种系统的管理方式,最早的目标管理仅是用于组织成员业绩考评、行为激励的一种手段。最近的发展则是把组织的战略计划等均纳入目标管理之中,组织结构设计、流程改造、文件管理、创新开支等都成为目标管理体系的内容。本书认为,目标管理是一个管理领导系统,是一个组织有效运作的有效管理体系,而不能把目标管理看作组织的一种附加的管理任务。

目标管理的特点概括起来有三个方面:首先,目标管理是一个系统的管理方法。目标管理是以总目标为基准,强调各部门和个人之间,各项分目标之间的有机联系,通过系统的组织和控制而达到最优成效,这就是目标管理的整体性。目标管理是分层展开的,各分系统之间、要素之间是目标锁链的关系,一环扣一环,这就是相关性。总目标通过科学地逐级分解,使上下目标明确化、具体化、程序化,每个部门和个人都明确自己在目标体系中的地位和作用,这就是目标管理的目的性。其次,目标管理是一种自我管理的方法。目标管理的思想基础是相信人的能力,注重人的因素,强调自主管理。在执行目标的过程中,主要实行自我控制,充分发挥个人的创造性、主动性。在评价成果时,也是先进行自我评价。最后,目标管理是一种重视成果的管理方法。目标管理是以制定目标为起点,以考核目标完成情况为终结,成果是评价工作质量的主要标志。

具体而言,目标管理的运作可分为三个阶段:目标的制定、目标的执行和目标成果的评价。目标的制定作为目标管理的第一步,对于目标管理运作过程中的成功具有至关重要的影响。

(二)档案工作目标管理

档案工作目标管理就是以现代科学管理理论为基础,根据档案工作的实际和社会对档案信息的需求,确定档案工作在一定时期内所要达到的预期目标,据此制定实施方案,并进而组织实施的一种管理制度。其主要作用表现在以下几点:

1. 实行目标管理可以促进档案事业比较平衡的发展。在档案工作中实行目标管理,引入竞争机制,工作目标明确,基本要求一致,有利于各档案部门统一实施管理,使各档案总体事业发展基本平衡。

2. 实行目标管理可以促进档案人员政治素质和业务素质的提高。档案目标管理不同于行政管理,它是将计划、指标权限下放,靠业务工作目标来规范每个工作人员的行动。这不仅能够防止档案工作相关部门之间的扯皮现象,而且对充分发挥个人潜能、提高各级档案管理人员的政治素质和业务素质具有积极作用。

3. 实行目标管理可以促进档案工作的标准化、规范化建设。目标管理对档案工作的制度建设、业务建设都提出了具体的规范和标准,对档案工作每一个环节也都提出了严格要求。各档案馆(室)以此为标准开展工作,将大大促进档案工作标准化、规范化的建设。确定目标是实行目标管理的依据和起点。根据档案具有综合性、系统性、分散性的特点,运用系统论中关于"整体把握、科学分解、组织综合"的原则,从档案工作实际出发,科学地制定目标管理方案,是实行档案工作目标管理的关键所在。

目标方案可由两部分组成,即总目标、分目标。总目标是在一定时期内力争达到的标准,要具有前瞻性,体现档案工作的发展方向;要富于创造性,体现与时俱进的要求,有利于增强档案工作的活力;还应具有可行性,不能好高骛远,以免目标落空。分目标是总目标的展开,是档案目标管理的基本内容。分目标的制定直接关系到总目标的实现。制定分目标应把目标项目的可靠性,实施措施的可行性,目标价值的先进性作为制定要求;既要有数量上的要求,又要有质量方面的规定,还要有时限的要求。制定分目标的方式,既要体现上级规定的档案工作的方针和标准,又要考虑纳入档案工作的各项管理之中。制度建设、业务建设及档案信息开发利用等方面都应确定具体的工作目标。分目标既要有定量指标,又要有定性指标,应尽量采用定量指标。例如:在确定档案业务建设分目标时,对归档率、准确率、合格率进行量化,要求三率均在98%以上。再如,在档案信息开发利用方面,可根据实际情况,对档案信息进行二三次加工,每年至少要有两项以上的编研成果。从定量和定性的方面提出具体标准,并将具体指标落实到个人,从而建立具有激励作用的目标管理机制。

二、目标的实施与控制

目标管理的实施阶段是档案工作目标管理取得成效的关键环节,是目标执行过程的控制管理。那么,怎样搞好档案工作目标管理方案的实施呢? 首先,要搞好档案馆(室)内的定员、定编和定岗,具体工作能够量化的要尽可能量化。如在收集、整理、著录、编研等程序上实行定额、定量、定人;对调阅人次、卷数、咨询服务等无法分解量化的工作,可采取岗位责任制的方法进行管理。其次,要建立健全各类档案管理制度、工作程序、岗位责任制,并建立相应措施。如制定季度、年度目标执行进度表,建立季度考评、年终考评的目标实施检查制度。目标实施检查细则包括目标项目、目标量化值、对策措施、时间进度、负责人和实施人员、考核标准及检查人,以此监控目标管理方案实施的全过程,发现问题,及时纠正偏差,使各档案馆(室)、各类档案人员都能明确各自的目标责任和实现目标所必需的权限。再次是各负其责,实行分权化管理。目标既定,分工明确,从领导、馆(室)领导到档案员,都要明确自己在实现总目标中应负的责任;领导要放手,委以权限,让他们在权限范围内承担责任,上下级之间形成责任连锁;每一个档案员都为实现目标而进行自我约束、自我管理,共同去实现目标。

目标考核是目标管理的最后环节,是对档案工作目标管理的综合评价,是目标管理的重要内容,是保证目标完成的重要手段,是建立在目标实施基础上的。目标考核首先应确定考核标准。考核指标要客观合理,把定量指标和定性指标结合起来考核。档案工作目标管理考核标准,可参照《科技事业单位档案管理达标升级考核评分标准》制定。确定考核标准后,就要组织力量进行严格考核。各档案单位可视具体情况,由校领导、馆(室)领导和档案骨干组成考核小组,对具体目标进行考核,并对档案工作情况进行评议,及时指出存在的问题并提出解决问题的建议,奖优罚劣,充分调动广大档案员的积极性,促进档案工作健康发展。

总之,目标管理是档案工作改革与发展的重要举措,各档案单位应解放思想,实事求是,与时俱进,开拓创新,精心制定和实施档案目标管理方案,促进档案事业的全面发展。

第七章
档案事业管理组织协调

本章首先概述了档案事业管理组织协调,包括介绍组织的概念与组织的基本任务,协调的概念与协调的基本任务,组织协调二者之间的关系,档案事业管理组织协调的作用与类型。其次,探讨了档案事业管理组织协调的原则,包括从实际出发,按政策处理的原则;服从总体目标的原则;合理分工原则;统一领导原则与控制跨度原则。再次,介绍了档案事业管理组织协调的方法,有行政方法、经济方法、思想方法、数学方法与宣传方法。最后,介绍了档案事业管理组织协调的程序,具体包括分析情况、拟定方案和目标、确定人选、选定活动媒介、选择时机、选择地点、进入角色与绩效评估。

第一节 档案事业管理组织协调概述

一、组织的概念和基本任务

关于"组织"一词的使用,有时并不很严格,如有人常把一个团体称为"组织",那么到底什么是组织呢?古今中外的管理学家也对此做出了各种不同的解释,被称之为现代管理理论"鼻祖"的巴纳德(C. I. Barnard)将组织定义为"有意识地加以协调的两个或两个以上的人的活动或力量的协作系统";詹姆斯·穆尼(James D. Mooney)认为组织是每一种人群联合为了达到某种共同的目标的形式;哈罗德·孔茨则把"组织"定义为"正式的有意形成的职务结构或职位结构"。由此可见,组织不仅是人的结合,而且是一种特定的体系。

对组织的含义可以从不同角度去理解,一些学者认为"组织"的概念有广义和狭义之分,广义的"组织"泛指各种各样的社会组织或单位,如企业、机关、学校、医院等,是人们进行合作活动达到个人和组织目标的必要条件;狭义的"组织"是指按照一定目的和程序而组成的一种权责结构系统。也有学者将组织区分为有形与无形,即组织机构与组织活动。其中,作为组织活动结果的那种无形"组织"的概念,有别于作为有形(如工商组织、事业单位、政府部门等机构或组织)存在的"组织"概念。为区别起见,人们在日常生活中也常将有形的组织称为"组织机构",而将无形的、作为关系网络或力量协作系统的组织称"组织活动"。无形的组织活动与有形的组织机构之间的关系是一种手段与目的的关系。也就是说,作为"力量协作系统"存在的无形的组织,本身并不具有自己的目的,不过是为了完成组织机构的目标而存在,是实现组织目标的手段。

档案行政部门的组织职能,实质上是指建立和运用组织机构的过程,主要包括设计合理的组织编制,制定必要的法规制度和职业道德规范,恰当地配备档案工作人员。

(一)建立合理的组织编制

要建立合理的组织编制,必须把党和国家提出的档案事业建设和发展的总任务按照不同方面和层次加以分解,根据分解出来的具体任务设置相应的单位和部门,同时授予这些单位或部门以必要的权力,并规定它们的职责。只有这样,档案行政部门才能顺畅地行使自己的各种职能。组织编制的合理有效,关键在于能够形成一个有机的整体。在这个有机的整体中既要有专业化或部门化的合理分工,又要能够互相配合,共同服从统一的指挥。如果分工不合理,就会造成有的单位或部门因任务少而显得多余;有的单位或部门因任务多而显得薄弱。如果不能使所辖的单位或部门服从统一指挥,在工作中就会产生内耗和失衡。

(二)制定必要的法规制度

档案事业系统内部组织机构的正常运转,必须靠统一的法规制度和职业道德规范与纪律来保证。在现代化建设中,要一手抓民主,一手抓法制,这是邓小平同志所多次强调的。实践证明,档案事业要健康而有秩序地发展,需要有效的组织而有效的组织,要靠严格的法规制度和严肃认真地执行法规制度来实现。因此,只有根据既定的任务,明确规定全体人员的行动规范,并且对违反制度的人员绳之以法纪,给予必要的处分或批评,才能保证组织效能的发挥。

(三)合理配备人员

合理配备人员在档案工作的组织中同样占有重要的地位。毛泽东同志说过:"领导者的责任,归结起来,主要的是出主意、用干部两件事。一切计划、决议、命令、指示等等,都属于'出主意'一类。使这一切主意见之实行,必须团结干部,推动他们去做,属于'用干部'一类。"因为人是最活跃、最能动的因素。毛泽东同志还说过,正确的政治路线确定之后,干部就是决定的因素。在档案事业的建设和发展中,发现、培养、选拔和使用人才具有重要的意义。因此,档案行政领导都应具备"爱才之心、识才之眼、用才之法、容才之量、育才之职",善于发现每一个有用的人才,并把他们安排到适当的工作岗位上。即使不属于自己的职权范围,也应及时提出建议或协助组织、人事部门把人才选拔到档案工作岗位上来,充分发挥人才的作用。

在配备人员的问题上,还要注意干部队伍的群体结构,合理选人用人。比如,档案行政部门的领导班子,不仅在年龄上要形成梯次结构,而且在专业结构上,应该是擅长行政管理和精通业务的人才兼而有之;对一个单位或部门的档案工作人员来说,不仅在文化、年龄等方面要适当拉开档次,而且要让档案专业人才与相关专业人才保持一定的比例。只有这样,才能适应档案事业的发展和"四化"建设的需要。①

二、协调的概念和基本任务

"协调"可以说是我们再也熟悉不过的一个词汇。在实际生活中,人们经常以不同的含义把它应用于各种场合。从形式上看,协调主要有两个方面的含义:

一是把协调看作组织管理工作。例如,为了实现国民经济持续、稳定、快速发展,就需要处理和解决国民经济各部门、各系统、各要素之间的结构关系。这里所说的"处理和解决各部门、各系统、各要素之间结构关系"的工作就是协调工作。

二是把协调当作事物发展的一种态势。比如说,对国民经济进行宏观调节和控制目的就是使国民经济持续、快速、协调发展。这里所说的"协调"是指国民经济发展的一种态势。

对于协调第一方面的含义,人们不存在什么分歧,但对于协调第二方面的含义,人们却有种种认识,一时还难以统一。而第二种含义恰是我们在这里重点讨论研究的。近几年来,我国理论界在研究社会、经济发展等问题中,虽然把"协调"作为一种范畴,但并未给以科学的界定,而是停留在系统结构的比例关系的理解上。其典型观点认为协调就是"和谐",是构成整体的各部分之间的和谐统一,强调整体的和谐,强调整体秩序。这种观点由于对整体结构的转化问题认识不足,导致相应的协调行为在本质上是对现状的承认,强调原有秩序不变,缺乏创造性和积极发展的意识。这种观点的实质是把协调理解为"平衡",认为整体的协调就在于各部分之间保持在质上相对稳定的比例关系。这种观点注重整体的稳定性而对整体的演变问题认识不足。

我们认为,既不能离开系统的演化来讨论协调,把协调当成结构稳定的同义语,也不能把协调等同于平衡,把协调范畴仅仅归结为系统结构的静态比例关系。协调应是发展的一种规定,是对系统的各种因素和属性之间的动态相互作用关系及其程度的反映。基于这种认识,我们对"协调"作如下定义:协调是指为实现系统总体演进的目标,各子系统或各元素之间相互协作、相互配合、相互促进而形成的一种良性循环态势。

理解这个概念,需要强调以下几点:

1. 协调是以实现系统总体的演进目标为目的的。没有系统总体演进的目标,就无需各子系统或各元素之间的相互协作、相互配合和相互促进。系统总体演进是指系统总体水平的提高,系统总体结构的转变。系统总体演进目标是通过系统的总体规模水平、速度及数量关系或系统的运行轨迹加以体现的。

---

① 段万春. 组织行为学[M]. 重庆:重庆大学出版社,2004.

2.协调是以各有关现象或事物为因素。不了解为达到目标所需要组织协调的总体内部的各个系统、各种现象或各个事物或各项工作,就无从组织协调,因为系统总体目标的实现是以各系统、各种现象或事物、各项工作间的进度、数量发展变动、有关比例关系是否相互适应、相互促进为基本条件的。因此,全面掌握、科学划分总体中的系统现象或事物工作,并形成多层次、多方面协调体系才能组织协调工作。

3.协调是以各有关现象或事物之间的关系为条件的。如果没有认识事物间的联系,就无法组织协调,无法使各种现象或事物构成一个整体,也就没有必要组织它们相互协作、相互配合。

4.协调是以组织各系统、各现象或事物、各项工作在实现总体目标过程中的相互适应、相互配合、相互协作、相互促进为要求的。协调是正确处理各系统间、各种现象或事物间、各项工作间存在的各种关系。这种关系具体表现为数量规模相互适应,发展速度相互配合、数量比例关系合理,工作进度相互促进,各种活动相互协作,从而形成相互统一的力量,在各自完成本身的目标同时,确实保证实现系统的总体目标。

5.协调是动态的,而不是静止不变的。各子系统间关系在实现系统总体目标的进程中,需要根据系统发展实际情况,随时给予不断的调控,修订各系统、各现象或事物的目标,以保证系统总体目标的实现,而不是固定不变的。①

三、组织与协调的关系

组织与协调,虽然是两个不同的概念,并各有自己的任务,但它们的工作对象、活动范围和最终目标是完全一致的。在实际工作中,组织与协调往往密不可分,缺一不可。档案工作的协调只有通过有组织地进行,才能取得预期的效果。从这个意义上说,组织是协调的前提和保证。同样,档案工作的组织也离不开协调的配合,在很多时候和场合,只有运用协调的手段与方法,才能使组织工作更加严密、完善、和谐。组织与协调的相辅相成、辩证统一的关系说明,各级档案行政部门的领导和有关人员必须重视组织协调工作,正确处理组织与协调的关系,并在组织协调的工作实践中,不断总结经验,开展关于档案工作组织协调的科学研究,以促进档案事业自身的均衡发展及其与国民经济和社会的协调发展,丰富档案学的学科内容。

四、档案事业管理组织协调的作用

(一)组织能形成新的合力

系统论有一个著名定律:"整体大于各孤立部分的总和。"组织的功能就在于把许多孤立的个人结合成一个能动的群体,把许多单个劳动者组织起来进行协作,使之产生的

---

① 段万春.组织行为学[M].重庆:重庆大学出版社,2004.

生产力超过同样数量单个劳动者个人生产力的总和。

（二）组织能有效地提高效率

组织内部通过合理分工、职责分明可以形成各环节之间、各部门之间的通力合作；同时组织是以人员组合优化，各环节、各层次安排合理为特点，可以发挥个人的积极性。因此，组织是有效提高效率的保证。

如果组织目标不明，组织内分工与协作不合理，职责范围、工作内容及权力并不明确，指挥混乱，机构臃肿，人浮于事，用人不当等，势必导致职工情绪低落，办事效率低，影响组织目标的实现。

（三）组织能满足人们的心理需要

一个人从生到死，在学习、工作、生活的各个阶段和各个方面都要加入许多组织。组织有满足其成员某种心理需要的功能。人们在组织中可以获得安全感、归属感；人们在组织中可以满足自尊的需要和实现自我的需要。

（四）组织能不断完善自身

组织不是封闭系统，而是存在于社会的开放系统，必须适应不断变化的环境。组织能及时地调整与改革本身结构，使各部门以及所有组织人员的职责范围更加明确合理，以适应组织和客观外界环境的变化和发展。

五、档案事业管理组织协调的类型

档案行政部门的组织协调，牵涉方方面面，可以从不同的角度对其进行分类。

（一）按组织协调的内容分类

按照组织协调的内容，组织协调可分为战略协调、计划协调、政策协调、业务协调、事务协调。

1. 战略协调。

这里所说的"战略"，不仅仅是指全国性的档案事业发展战略，也包括档案馆或机关、企业事业单位档案部门以及档案系统各专业对自身发展长远规划的考虑。任何战略发展规划都必须与国家或一定区域的发展相协调，档案事业的发展战略更不能例外；下一级档案行政部门的发展战略还必须与其上一级档案行政部门的发展战略相协调；档案馆或机关、企业事业单位的档案工作以及档案系统各专业的发展战略还必须与同级档案行政部门或上级专业主管部门的档案工作发展相协调。协调首先要从制定战略规划开始，制定战略规划时不仅要考虑上述多方面的协调，还必须对战略规划讨论中出现的各种方案进行分析，对各种看起来有矛盾而实际上能互相补充的意见进行综合性协调。

2.计划协调。

计划协调是指制定、执行计划过程中的组织协调,它是在计划管理中更具体的一种组织协调。档案行政机关在制定档案事业发展计划时,首先应考虑与全国或区域性的战略目标以及本单位的战略规划是否一致,与国家方针政策是否一致。特别是对涉及与财政、计划、编制等人、财、物问题和科技、文化、教育、外事等需要归口管理的问题以及需要所属单位和本系统各级对口单位执行的带指令性的任务等,事先都要与各有关方面进行协调,沟通情况,取得理解和支持,尽可能把需要解决的问题解决在提交决策会议和报送领导审批之前,从而使计划的制定少走弯路,计划的执行中能基本落到实处。与此同时,对下属机关和单位的工作计划也要统筹协调。因为每个单位和个人都希望自己的工作受到重视,得到较快的发展。然而,从整体上讲,工作既有主次之分,又有轻重缓急之别,档案行政部门的上一级机关需要衡量全局,协调其中的各种关系。

计划执行过程中的协调工作更多。计划在执行过程中经常受到人、财、物等因素或全局性工作变动以及意外事故的影响,需要及时地对这些相关因素进行协调。因此,档案行政部门应经常注意各种因素的变化,及时研究新情况,协调解决计划执行中产生的新问题。

3.政策协调。

政策协调是指制定政策(包括法规、规章、制度、办法和标准等,下同)和执行政策中的组织协调。档案行政机关制定的每项政策应该既具全面性,又有针对性;既有原则性,又有一定的灵活性;还要注意与党和国家的方针政策、法规的一致性,注意档案行政现行政策之间的协调性。因此,政策所规定的各项内容之间的关系以及对政策所涉及的各种关系的处理,都存在着需要组织协调的问题。如制定档案资料的收集、征集方面的政策,必须考虑诸如档案法、继承法、专利法、出版法、文物法等国家法律和以公有制为主的多种所有制并存的政策;制定机关、企业事业单位档案工作的政策必须考虑如何与档案馆工作的政策相协调等。政策本身也必须具有协调性,只有这样才能有效地协调有关单位的活动。反之,不具备协调性的政策,只会使先后制定的政策彼此割裂、部门之间的规定相互矛盾,造成管理上、思想上的混乱。同样,在执行政策的过程中,因为各有关方面对政策的理解不同,或者有本位主义倾向,或者有些地区和单位的情况比较特殊,需要对某些政策采取一些变通措施,等等。如历史档案的移交问题,政策界限本来很清楚,但有些档案馆不该留的要留,不该收的要收,甚至为交原件或复印件的问题争执不下。对于此类问题,有关档案行政部门应当帮助做些协调工作。

4.业务协调。

业务协调是指档案和档案工作管理方面业务工作关系的协调。它包括档案归属和移交、交换方面(包括国外和国内有关部门)的组织协调;档案史料整理和开发利用工作的组织协调;档案系统内部各方面业务工作职能与分工的协调;档案系统与各专业主管部门间指导关系的组织协调等。

5. 事务协调。

事务协调是指发展档案事业所需要的条件性工作和日常事务的组织协调。在条件性工作方面，有人事编制、配备、教育、专业技术职务评聘方面的组织协调；档案事业经费预算和专项用款等方面的组织协调；档案工作房舍，尤其是档案库房建设以及现代化设施、设备的购置、管理等方面的组织协调；档案科学技术研究及其成果申报、评审、奖励等方面的组织协调；档案工作人员劳动保护以及涉及其他属于档案工作发展所必需，而又归口其他部门管理的事项的组织协调。事务协调因为涉及的范围广，牵扯的单位多，问题比较敏感，政策性较强，所以要特别注意两点。一是要请党、政领导机关和主管领导出面组织协调，二是要列入国民经济和社会发展计划以及相关的专业发展计划。在日常事务方面，一是档案系统内部日常事务的组织协调，二是与其他专业主管部门共事方面的协调。事务协调的内容一般包括共事的时间、地点、议题、参加人员、经费开支和文件起草、会议纪要等诸多方面。

(二) 按组织协调的对象分类

按照组织协调所涉及的对象，协调又可分为上下关系的协调、左右关系的协调、局部整体关系的协调和人际关系的协调等。

1. 上下关系的协调。

上下关系的协调可分为对上关系的组织协调和对下关系的组织协调。

所谓"对上关系的组织协调"是指本单位对上级领导机关及领导人关系的组织协调。档案行政机关的上级，既有同级党政领导机关及领导人，也有上级档案行政机关及领导人，亦即"行政上级"和"业务上级"；既有主管领导人，又有非主管领导人。把与上级领导机关和领导人的关系组织协调好是至关重要的。其关键是尊重上级、维护领导的威信，按照上级的正确指示行事；有不同意见或建议也必须一边执行，一边通过正常的组织渠道向上级反映；同时，要恪尽职守，努力做好自己的工作，并及时向上级请示和汇报工作，以便上级了解自己的工作情况，理解自己的困难，给予必要的支持和帮助。

所谓"对下关系的组织协调"是指本单位与下级机关及领导人关系的组织协调。档案行政机关的下级，有直属单位、本系统下级对口单位和基层单位档案部门。除直属单位有隶属关系外，其他均无隶属关系。档案行政机关对这些单位的工作负有组织协调的责任。这种组织协调既有由上而下的单向指导性协调，也有上下之间双向的意向性协调，还有由档案行政部门出面组织的下级单位之间的仲裁性协调。对这类关系进行组织协调的关键是掌握情况，沟通信息，客观公正，平等协商，合理分工。

2. 左右关系的协调。

左右关系的协调是指本单位与平级部门、友邻单位之间关系的组织协调。因此，左右关系的协调又可分为平行部门关系的协调、区际关系的协调、友邻(相关)单位关系的协调等。

所谓"平行部门关系的协调"是指国家各级档案行政部门与同级各专业主管部门关系的协调。这类协调有两个方面内容,一是条件性工作协调,包括对人事、财政、基建、科技、教育、外事、出版、劳保等一切属于档案事业发展的条件而又属于有关部门归口管理的工作的协调。二是业务性工作协调,主要是建立、健全单位档案工作、专业系统档案工作的业务指导关系和档案归属、交接关系乃至档案馆网布局等方面的组织协调。

所谓"区际关系的协调"是指地区与地区之间档案工作关系的组织协调,这种协调的有效方式是组织协作组,或就某一具体问题进行协商,签订协议并恪守承诺,以达到协调的目的。

所谓"友邻(相关)单位关系的协调"是指友邻(相关)单位为了某一具体的目的进行互利互惠的组织协调,如档案馆、图书馆、博物馆之间档案文献的交换,联合组织展览,举办学术研究会和联谊会等工作的协调。

3. 局部与整体关系的协调。

局部与整体关系的协调是指档案系统中某一局部工作与整体工作、局部利益与整体利益出现暂时的矛盾或发生冲突时的组织协调。这种协调一般由上级档案行政部门会同有关方面来组织协调、解决矛盾,需要协调的方面必须以大局为重,服从整体利益。上级档案行政部门也需客观、公允,在不伤及整体利益的前提下,适当照顾局部的权益。

4. 人际关系的协调。

人际关系的协调是指档案系统各类人员之间及档案系统人员与有关外来人员之间关系的协调,它包括领导人之间的协调、领导与被领导者之间关系的协调、一般同志之间关系的协调等,其中尤以领导人之间关系的协调最为重要。[①]

第二节　档案事业管理组织协调的原则

档案行政部门的组织协调所要处理和调节的事项大都属于机关内外的政务工作,事关档案事业的发展和档案工作方针、政策的执行。因此,一般都具有高层次、高难度、高水平的特点。所谓"高层次",就是组织协调的双方或多方大都具有决策或辅助决策的功能;所谓"高难度",就是组织协调的难度大;所谓"高水平",就是组织协调的人员应具备很高的政策水平、业务素质和协调能力。所有这些都说明组织协调工作的原则性很强,组织协调工作必须按原则办事。

组织协调工作应遵循的原则主要有以下几条:

一、从实际出发,按政策处理的原则

档案行政部门在组织协调、处理任何问题时,都应坚持从实际出发,按照党的方针

---

① 陈兆祦. 中国档案管理精览[M]. 北京:中国档案出版社,1997.

政策办事的原则。任何组织协调工作都要有一定的依据，都要控制在一定的幅度范围内。这一依据和幅度就是实际情况和政策所规定的范围。离开了实际情况，离开了党和国家的大政方针和有关档案工作的法规、标准等，组织协调工作就没有了尺度，处理问题时就一定会出现偏差。

因此，组织协调工作一定要以调查研究为基础，以党的方针、政策和档案工作的法规为准绳。对任何大小事项的组织协调，都必须在调查研究、弄清情况、掌握政策的基础上提出处理意见，作出相应的决定，绝不可贸然行事。

二、服从总体目标的原则

服从整体目标是档案行政部门组织协调、处理任何问题的又一条重要原则。实际工作中需要进行组织协调的问题不仅很多，而且问题有各种类型，但无论哪一类问题，大都牵涉局部和整体利益的问题，或者牵涉个人、单位和国家利益的问题。许多问题从局部目标和局部利益来看，是适宜的，也有一定的道理，但是从整体目标与整体利益来看，局部需要作出一定牺牲或者需要暂时受点"委屈"。遇到这种情况，组织协调人员应保持清醒的头脑，如果自己的利益应该服从整体利益、自己的目标应该服从整体目标的，则应主动服从，并努力做好本单位内部职工的工作；属于下属或平等的对方需要放弃或调整局部目标、局部利益的，应向有关方面耐心解释，晓之以理，促使其积极配合。

三、合理分工的原则

档案行政部门要有效地进行组织协调，必须运用整分合原理，对系统内各部门、各单位的工作进行科学、合理的分工。所谓"整分合原理"，就是在整体规划下进行明确分工，又在分工的基础上进行有效的综合。

档案工作的科学、合理的分工，主要有以下几种方法。

（一）专业化分工

专业化分工就是按专业进行分工，它又可分为垂直分工和平行分工。所谓"垂直分工"，就是在档案行政机关或其他档案事业单位按层次管理的原则分为上层、中层、下层三个层次，每个层次安排合适的管理人员，逐级进行管理。所谓"平行分工"，就是根据工作任务的复杂程度，将互有关联和相对独立的活动分别委托不同的管理人员来承担。

（二）部门化分工

部门化分工就是以一定的目标和活动把单位的中层分成不同的部门，或者叫"分组"，它又包括以目标为中心的分组和以活动为基础的分组。

所谓"以目标为中心"的分组，从档案行政机关来说，又可分为以下几种：按所管档案的种类分组，如把内部职能部门分为文书档案、科技档案、其他专门档案等管理部门；按工作性质分组，如把内部职能部门分为法制、科教、业务指导等管理部门；按管理地区分组,如把内部职能部门分为东北、华北、中南、西北、西南等管理部门。

所谓"以活动为基础"的分组,又有职能性分组和工作环节分组等几种分法。前者如召开全国性档案工作会议,将会议组织人员分为会务组、秘书组、接待组等;后者如档案馆内部按收集、整理、保管、编研、利用等工作进行的分组。

（三）资源型分工

资源型分工主要是设计档案馆网和馆藏时经常运用的一种分工方式,如中国第一历史档案馆、第二历史档案馆就是以分管不同时期的档案资源而分设的。

在实际工作中,要做到合理分工,就必须对各种不同形式的有利或不利因素进行平衡。其标准是"人尽其才,物尽其用,目标优先"。事实上,无论哪一种方法都不会十全十美,因此需要采用多样化的分工和结构组织方法,以简化部门内的协调活动。

四、统一领导原则

统一领导原则是指档案行政的组织协调工作特别是协调处理涉外事务和协调处理下属间的问题,应在统一领导下,按照统一的计划和方案,依据既定政策和实际情况,统一思想,统一口径,通过耐心细致的工作,以达到协调各方统一思想、步调一致的目的。在这之间应注意的是不要越级、越权处理问题。所谓"不要越级",就是上级一般不要越过中间层去处理具体问题,下级一般不要越过中间层直接向上级汇报工作;所谓"不要越权",就是领导的秘书和参谋人员以及一般工作人员不经授权不要直接干预领导的处理决定。

五、控制跨度原则

控制跨度原则是指对于管理者中属于直接领导的人数应有适当的控制。控制跨度不仅涉及组织协调工作的复杂程度,而且决定了协调的组织形式和结构。

档案行政部门的组织协调不仅有行政跨度的问题,而且有业务跨度的问题。无论是行政跨度或是业务跨度都应控制在适度的范围内。因为任何人的精力和时间都是有限的,其注意力也必然有限。档案行政部门的跨度控制,实质上是要实行分权和分级管理。所谓"分权",就是要充分发挥分管领导和各职能部门负责人的组织协调作用,凡是分管领导和有关各职能部门能协调处理的问题,主要领导应放手让其协调处理。所谓"分级",就是要充分发挥各级档案行政部门和各专业主管机关的组织协调作用,把问题协调处理在基层,或在各档案行政部门或各专业主管部门所管辖的范围之内,既要避免越级插手,又要防止矛盾相交。

以上是一些普遍性的原则,在具体组织协调某一事项时,还要遵循一些具体的原则。如前面提到的涉外档案事务的组织协调,就要特别注意遵循统一对外、平等互利、维护国家利益的原则。①

---

① 陈兆祦.中国档案管理精览[M].北京:中国档案出版社,1997.

第三节 档案事业管理组织协调的方法

任何国家档案事业管理的实现,都必须运用各种管理方法作为保证。目前,各国实施档案事业管理的方法有行政方法、法律方法、经济方法、协调方法等。国家以哪种管理方法为主,取决于这个国家的档案事业管理体制。对于其档案事业以档案行政领导机关为指挥中心的国家来说,行政方法可能是实施档案事业管理的基本方法,结合运用法律方法、经济方法以及其他方法。对于其档案事业以档案馆为主体不设档案行政领导机关的国家来说,法律方法可能是最基本方法,结合运用行政方法、经济方法、协调方法等。需要说明的是,本节所论的各种管理方法,均从国家角度来分析论证,而不是指各种档案机构自身所采用的各种管理方法。

一、行政方法

(一)行政方法的含义

行政方法是指档案行政领导机关,即档案事业行政管理机关,按照档案事业的行政管理系统的统一的档案法规,有计划的指挥、监督、检查所属档案机构的工作,实现对国家档案事业的行政管理。行政方法是档案事业行政管理机关实现其管理功能的基本方法。各国档案事业行政管理机关都是国家的专业管理部门,由国家法律赋予权力,所以行政方法都具有一定的权威性,没有这种权威性的档案事业行政管理机关是无法实现其管理功能的。

行政方法的优越性在于它具有很强的强制力,可以运用集中统一管理原则从宏观上进行控制。但是,如果运用不当,会出现控制过死或过宽,管理过严或过松的问题,以致使微观管理失去灵活性。苏联档案管理总局就有过这种失误,严重影响了所辖档案机构的积极性、创造性和主动性的发挥。与此相反,法国的档案事业指挥中心——档案局则较好地运用了行政方法,宏观与微观管理的关系处理得比较合理,从而使法国的档案事业管理自1884年档案局成立以来,一直比较稳妥地向前发展。法国在这方面有两点经验可贡参考:一是档案局只按档案法规规定的范围对档案馆进行领导、监督、检查,对各机关应监控的现行档案——进馆前的档案指派档案监察员深入机关进行监督、检查,催促按时将到期的档案移交档案馆,而不干涉具体事务;二是法国档案局与中央级国家档案馆合署办公,局、馆长合一,档案局长又是国家档案馆长,从而便于运用行政方法对中央级档案机构和全国意义的档案进行控制。这里应当指出的是,行政方法虽然是一种重要方法,有很大的优越性,但不是唯一的方法。要充分发挥行政方法的优越性,还要结合运用其他方法,尤其是法律方法。

行政方法具有权威性、强制性、无偿性、垂直性等特点,行政方法是必不可少的方法,是执行管理职能的一种根本手段。

(二)行政方法的重要作用

行政方法的重要作用主要表现在以下几方面:

1. 行政方法是动员和组织人们进行集体劳动,完成共同任务的重要手段。

行政方法可以使人们迅速统一目标、统一计划、统一行动、统一纪律。由于行政方法具有权威的影响力,所以行政方法可调动档案事业管理全体成员的积极性,为实现档案事业管理的整体目标而努力劳动。

2. 行政方法是实施领导职能的重要手段。

档案事业管理领导的强制权、奖惩权、法定权都要通过行政方法来实施。没有一定的权威和服从,领导的职能就无从实施,计划、组织和控制也必将成为空谈。

(三)行政方法的局限性

1. 行政方法强调权威性。

行政方法要求权力集中统一,由上级组织和领导者握有全权。这就与上级领导者个人的德、识、才和个性心理特征等有密切联系,容易产生与"人治"相联系的某些弊病。同时,由于权力都集中在上级,而上级领导者往往不能及时掌握迅速变化的各种信息,因此,就可能造成决策失误。行政命令一旦下达后,下级一般很难根据已变化的情况采取相应的措施和行为,这就会直接影响下级组织对外界环境的适应性,造成被动局面。

2. 行政方法强调垂直性。

行政方法要求依靠行政组织,运用行政方法,沿着行政层次层层传达贯彻,层层向上反馈。行政方法繁复的手续增大了管理的工作量,影响了管理效率,甚至给相互联系的系统或部门之间造成隔阂,影响横向的沟通和联系,不符合科学管理中的社会化要求。由于垂直性是自上而下贯彻下来的,下级组织往往处于被动和受管的地位,各种愿望和要求往往得不到满足,所以缺乏积极性和内在的动力。

3. 行政方法强调无偿性。

行政方法要求在管理权限范围之内不考虑各方经济利益的要求,使用无偿支付、无偿调拨、无偿供应的供给管理方法。行政方法不利于人们正常经济利益的获得,不利于调动各方面的积极性,从而产生动力不足的后果,影响社会经济及各方面的发展。

4. 行政方法强调执行性。

行政方法要求下级组织毫不含糊地贯彻执行。如果任意扩大行政方法的应用范围,简单照搬到各种不同的管理活动中来,不注意对象的不同特点和规律,不照顾下级的具体困难和利益,而下级组织又不好违抗,只能去贯彻执行,就会给下级的管理活动带来极大的困难,甚至会造成难以挽回的损失。

由于行政方法有以上局限性,所以要特别注意正确地运用行政方法,真正使它建立在客观规律的基础上,反映人民的利益,并注意扬长避短,更好地发挥它的作用。当前政府对企业的管理,不可滥用行政方法,要把行政控制在一定的范围之内。沿用陈旧、过时的行政命令、规定或指示,不利于档案事业管理的发展。行政方法或手段也要根据变化了的情况不断加以完善,使它更符合客观规律要求。行政方法只有同法律方法、经济方法等结合起来运用,才能扬长避短,取得管理实效。

二、组织协调的经济方法

(一)经济方法的含义

这里所说的"经济方法"是指西方国家从经济上对实现档案事业管理和开发利用档案信息资源的经费保证。每个国家的档案事业管理机关或国家档案馆都必须在国家拨给的年度预算内合理使用经费。这与我国档案界所论及的经济方法是有区别的。在西方国家不讲经济方法与思想教育相结合,也不包括所谓的有偿服务与无偿服务相结合以及从物质利益上处理好国家、集体、个人之间的关系等。在档案机关不存在"红包"问题,工作人员都按国家规定的工资数额领取薪俸,国家按工种或岗位的差别确定工资差别或级差。西方国家档案部门与其他行政部门一样,实行雇佣制、岗位责任制或考核制。如果考核不及格,员工就会被解雇;如果考核及格,员工则可以保住岗位;如果有突出表现的,员工有可能晋升。经济方法的重要性在于保证档案事业的发展,保证档案馆能按时开馆接待用户,能支付一切必需的档案费用,包括房租、水电、人员工资、设备相办公费用等。

经济方法是根据客观经济规律,运用各种经济手段,调节各种经济利益之间的关系,以达到较高的经济效益与社会效益的管理方法。采取经济方法的目的是要把劳动者个人的经济利益同经济组织的经济效益挂起钩来,最大限度地调动全体成员的主动性、积极性、创造性和责任感,促进档案事业的发展,实现管理经济的目标。

体现经济方法的各种经济手段主要包括价格、税收、信贷、利息、工资、红利、奖金、津贴、罚款、经济合同和各种经济责任制等,不同的经济手段在不同的领域中可发挥各自不同的作用。

(二)经济手段

在宏观经济管理中,主要运用的经济手段有以下几种。

1. 价格。

价格是我国经济体制改革的一大抓手,也是政府管理经济的重要杠杆。在商品经济的社会里,价格是计量和评价劳动的社会标准。价格是否能真实反映商品的价值,是否能顺利执行计量和评价等职能,在相当程度上决定着社会经济生活的状况。价格的合理性是社会经济活动得以良性循环的一个重要的条件。在我国宏观领域中,总是要通过价格这一杠杆来维持生产的供需平衡,调节某些产品的供求关系,调整一部分国民收入的分配,并督促企业加强经济核算,提高经营管理水平。

2. 税收。

税收是国家取得经济收入的重要来源,也是国家管理社会生活的重要手段之一。国家依据价值规律、按劳分配原则等来制定税种和税率,从而支持或限制某些产品和某些行业的发展,调整某部门或企业的利润以及其他经济成分,使社会经济的内部结构、发展趋势、活动规模等趋于合理,更好地满足整个社会日益增长的物质与文化需要。

3. 信贷。

信贷是银行存款、贷款等信用活动的总称。银行通过吸收存款,集中社会闲散资金,在国家金融政策和方针的指导下,按照社会经济发展的需要,以贷款的形式发放给生产经营单位,满足生产周转和扩大发展的需要。金融信贷是政府管理经济、协调社会发展的有力手段。

4. 利息。

利息是衡量资金时间价值的一把尺子,也是一种有效的经济杠杆。国家银行通过对存款支付利息,对贷款收取利息,既可以吸纳和调动资金,支持国家建设,又可以促使企业增强时间价值观念,加强经济核算,加速资金周转,提高资金的使用效益。

档案事业管理可以适当的利用上述经济手段,有效地促进自身的发展、完善。

三、组织协调的思想方法

自觉地应用哲学理论和方法来指导学科的研究和建设,是我国档案学研究的重要特色。我国档案学研究的基本方法无疑是马列主义唯物辩证法,研究者们根据"每一事物的运动都和它的周围其他事物互相联系着和互相影响着"这一辩证发展观点,注重把档案工作和整个社会的革命、建设工作联系起来,揭示档案工作的性质、作用和社会地位;从国家事业的高度来考察各类档案机构的工作,而不是把它作为孤立的研究对象;把文书处理部门与档案管理部门、档案室与档案馆的工作联系起来研究,另外,尝试着用辩证法的基本规律和范畴来揭示档案工作的运动规律。如根据"矛盾是普遍的、绝对的,存在于事物发展的一切过程中,又贯穿于一切过程的始终"的观点,研究整个国家档案工作发展过程中的基本矛盾和每一具体发展阶段的特殊矛盾,以指导制定档案工作的原则、制度和办法;研究一定条件下支配档案馆(室)工作全流程的主要矛盾,以正确处理各环节间的关系。系统论述档案工作的性质、特点、原则、体系、各环节的意义和地位等具有一般指导意义的问题,成为当时研究的一个侧重面,历史唯物主义也得到了重视,阶级分析法在对鉴定、整理、编研等工作的研究中被广泛地应用,成为新中国档案学与旧中国以及西方资本主义国家的档案学相区别的一大特点。

四、组织协调的数学方法

数学方法是指运用数据及把有关数学知识作为工具,对档案事业管理活动进行经济管理的方法。在现代档案事业管理中,数学方法已经得到了广泛的运用。随着管理科学的发展和档案事业管理的不断实践,数学方法在企业管理中的地位发生了根本性的变化。

运用数学方法对档案事业管理中存在的问题进行定量分析,能使我们对客观存在的经济规律的认识深化和精确化;能预见某些经济现象在发生变动的情况下会引起什么后果;能计算各决策方案的经济效果,帮助从中选择最优方案。由于客观事物往往是无法定量的,经济活动现象是非常复杂的,而数学模式只能把客观复杂的事物中的某些方面的数量变化关系用数学特征和计算机程序来表达,所以,不能认为通过数学计算提供的"最优解"就是最好的决策方案,只有把定性的、定量的多种目标进行综合权衡与分析判断,才能作出适宜的决策。

另外,由于数学方法未能把人的因素考虑去,所以在应用中存在局限性。档案事业管理活动中最活跃的决定性因素是人,即档案事业的管理人员,包括他们的精神状态、技术水平、工作干劲和创造性的思维活动,而所有这些至今还很难用数学模型来加以描述。所以,数学方法同其他管理方法一样,既有重要作用,又不是万能的。

五、组织协调的协调方法

协调方法也可称为"组织协调方法",在西方国家主要指为了协调各档案机构之间的关系而采用的一种组织形式。当今许多西方国家都把档案工作者协会这种具有广泛群众基础的主要学术团体作为协调手段。我们知道,档案工作者协会或学会是民间性档案学术团体,凡愿意交纳会费的管理人员都可参加,世界上最早(1891)成立档案工作者协会的国家是荷兰,其余国家的工作者协会都是在20世纪陆续成立的。据截至1991年的不完全统计,当今已有近八十个国家成立了档案学术团体。在这些学术团体中,绝大多数称"档案工作者协会",少数称"档案学会""档案研究会""档案工作和联合会"等。这些学术团体有全国性的、地方性的、地区性的,也有国际性的和国际地区性的,还有与相关学科联合的(如图书、文献、档案工作者协会等)。近些年来,还出现了按档案类别成立的档案工作者协会,如芬兰、英国、德国、美国、日本的商业档案工作者协会,意大利的教会档案协会等。这些档案工作者协会、学会都不是决策机构,其任务是从档案工作的各方面进行协调,特别是实行分散式档案事业管理体制的国家,这种协调作用显得越来越重要。协调作用主要表现在如下几个方面:

第一,对档案工作理论与方法方面进行协调,全国在档案管理的原则与方法上基本一致。美国档案工作者协会在这个方面的贡献受到广泛的称赞。该协会从1977年到1982年分两批出版了一套共十二册的系列丛书。这套丛书以《档案与手稿》为基本主题第一批出版了五册;第二批共出版了七册。这套丛书向读者展示了美国当代档案工作的面貌,系统地和通俗地介绍了美国档案工作的理论和方法,具有一定实用性和协调性。

第二,在有一定历史关系的国家间就当代共同关心的问题进行协调。在英国有两个档案工作者协会,即英国档案协会(1936)和英联邦档案工作者协会(1947)。英联邦档案工作者协会旨在协调英联邦成员国之间的档案工作,于1982年成立了五个调研小组,分别就成员国共同关心的档案立法、档案咨询工作、档案遗产的保护与公众的认识、成员国档案机构之比较和经济来源五个方面的问题进行调研和协调,并且取得了一定成效。

第三,在档案专业人员培训方面进行协调,旨在使用统一标准进行档案专业培训。例如,芬兰商业档案工作者协会对商业档案人员的培训,该协会设计了一项由五门课组成的专业书面考试方案,共用二十天学完五门课,最后提交一篇短文,及格者获得商业档案工作者合格证,凭此证可求职,对保住现有岗位也起一定作用。

第四,通过协会、年会,在各类档案机构、档案人员之间起协调作用。西方国家的档案工作者协会,每年都要召开年会,协会会员把一年中按协会计划进行的研究项目拿到年会上进行交流和研讨。这种通过研讨、协商来统一对档案业务问题认识、取得共识的手段,往往比行政手段更能获得成效。

总之,档案学术团体自19世纪90年代初产生至20世纪90年代的发展壮大,用一个世纪的实践证明,档案工作者协会在协调和促进各国档案事业建设和档案工作理论与技术的发展方面,起着越来越明显、越来越重要的作用,被公认为是很好的协调组织形式。

第四节　档案事业管理组织协调的程序

档案行政部门的组织协调工作,实际上是通过交流思想,沟通情况,统一认识,统一步调,或寻求外部各有关方面支持、帮助,以创造一个良好的社会环境来组织实施档案工作的计划和政策,从而达到"内求团结,外谋发展"目的的一项重要工作。组织协调工作的顺利进行,不仅取决于组织协调的原则和方法,还需要组织按照一定的程序办事,只有这样才能取得预期的效果。

组织协调的一般程序应包括以下环节。

一、分析情况

分析情况就是要对涉及组织协调事项的所有情况以及在各种情况下可能发生的问题进行详尽的分析,要把涉及该事项的各种情况,包括历史的、现实的、上级的、下级的和左邻右舍的情况收集齐全;要对这些情况和材料进行分析鉴别,去粗存精,去伪存真,凡是对该事项有价值的材料都要列出目录，以备查考研究。比如：要组织协调涉外档案文献的收集、征集与交换，就必须掌握国外收藏我国档案文献的背景、现存地点、数量和保管状况，了解所在国的国情、档案工作的体制与政策，了解联合国教科文组织和国际档案组织处理这方面的问题的政策与协定，了解我国与这些国家的关系渊源和现在的状况，了解我国保存这些国家档案文献的情况等，并加以综合分析，采取相应的组织协调方式与对策。

二、拟定方案和目标

根据组织协调事项的不同情况预先制定组织协调方案，确定组织协调目标，对事项及其所涉及的材料进行分析研究，确定在何种情况下采用何种协调方法，要把任何可能发生的情况都考虑进去。拟定的方案主要包括时间、地点、内容、参与人员等几个部分。明确协调该事项所要达到的结果，以便协调工作结束后进行评价。

三、确定人选

根据组织协调的内容和对象的不同，确定符合该事项身份的人员参与工作。组织协调工作政策性很强，要求工作人员与协调对象相称。组织协调的主体要建立完善的内部机制，各项专业人才要互为利用，彼此配合，发挥每个人的特长和聪明才智。

四、选定活动媒介

根据组织协调内容选择适当的信息交换方式，或召开会议，或制发文件，或促膝谈心，或传递书信，或电话联系，或背靠背，或面对面。信息交换方式要多样、灵活。召开会议也宜大则大，宜小则小，一般应与有关方面达成协议后再开会，有的甚至需要多方征求意见后再开会。

五、选择时机

选择时机的标准有以下两点：一是能够最大限度地发挥组织协调工作的效益，二是双方或多方都认为时机比较适宜。但时机的选择主要取决于组织协调的主体，看其是否善于观察形势，能否掌握协调客体的思想脉搏和不失时机地进行工作。

六、选择地点

地点的选择也要因人因事而异，协调工作的主体切不可有居高临下之势，最好能亲临协调客体所在之地，以示看重对方。如档案事业发展所需人、财、物的协调，各级档案行政部门在争取政府领导重视、列入计划的同时，应主动到有关部门去找领导、找具体管事的同志反映情况，反复协商，争取支持。

七、进入角色

组织协调的人员要依据协调方案,充分运用所了解的情况和知识、才干,努力塑造自己乃至所代表的单位的形象,在高瞻远瞩、顾全大局、服从整体利益的前提下,要善于把握事物的真相,抓住事物的本质,运用对立统一规律,把原则性与灵活性结合起来,在组织协调中因势利导,使组织协调的事项尽可能朝着预定的目标方向发展。

八、绩效评估

组织协调工作结束后,对其所取得的效果要进行评估,以便总结经验。其内容包括对预期效果的评估及协调中的经验教训。值得注意的是要考虑组织协调效益的全面性,不能突出某一方面而忽视了其他方面。

组织协调时还要善于借用其他部门的力量,使与协调工作相关的部门能发挥其应有的作用,比如,请求政府和主管领导的支持,争取德高望重的老同志的支持,争取被协调单位上级主管部门的支持甚至被协调对象(个人)亲友的支持等,这些都是档案行政组织协调中所应认真研究和解决的问题。

第八章
档案事业管理行政监督

为了确保档案事业管理的公正、公平和有效开展,档案事业管理的行政监督必不可少。档案行政监督是党、国家机关和人民群众特别是国家各级档案行政管理部门依据法定的权限、程序和方式,对国家机关、国家公务员、社会组织和广大公民处理档案事务的过程的监察和督导活动。本章论述了档案事业管理行政监督的概念、具体内容以及监督体系等内容。

第一节 档案事业管理行政监督概述

一、档案行政监督的含义和特点

(一)档案行政监督的含义

监督的一般意义是检查督促。《说文解字》的解释为:"监,临下也。"自上视下曰"监",也就是自上而下地察看。英文是 Supervision,由 Super 和 vision 两部分组合而成。前者是指位居上方,后者指观察或视察,即位居上方加以观察。

档案行政监督是党、国家机关和人民群众,特别是国家各级档案行政管理部门依据法定的权限、程序和方式,对国家机关、国家公务员、社会组织和广大公民处理档案事务的过程中遵纪守法情况的监察和督导活动,它是一种具有行政性质的专业监督。档案行政监督具有以下内涵:

1. 档案行政监督的主体。

档案行政监督的主体是依法行使档案监督权的单位和个人。依据《中华人民共和国档案法》和《中华人民共和国档案法实施办法》的规定,我国的档案监督主体包括以下四个:

(1)档案行政部门,即国家档案局和县级以上地方各级人民政府的档案行政管理部门。《中华人民共和国档案法》第六条规定:"国家档案行政管理部门主管全国档案事业,对全国的档案事业实行统筹规划,组织协调,统一制度,监督和指导。县级以上地方各级人民政府的档案行政管理部门主管本行政区域内的档案事业,并对本行政区域内机关、团体、企业事业单位和其他组织的档案工作实行监督和指导。"

(2)国务院各部门和省、自治区、直辖市人民政府各部门的档案机构。

(3)乡(民族乡、镇)人民政府的指定人员和各级机关、团体、企事业单位和其他组织内的档案机构。

《中华人民共和国档案法》第七条规定:"机关、团体、企业事业单位和其他组织的档案机构或者档案工作人员,负责保管本单位的档案,并对所属机构的档案工作实行监督和指导。"

可以看出,第一类监督主体是档案行政管理的专门机构,全面行使档案行政监督权。后面两类简单主体是部分或者有限行使监督权的主体。

(4)其他的社会组织、公民和个人。我国是人民当家作主的国家,人民有权监督国家机关的行为。档案行政部门的行政行为当然也应该置于人民的监督之下。

2.档案行政监督的依据。

档案行政监督的基本依据是党和国家的路线、方针、政策和国家关于档案工作的法律、法规、规章和法规性文件(统称为"行政法规")。其辅助依据是档案业务、技术标准、规范(统称为"技术规范")和档案工作规划、计划及工作方案。

3.档案行政监督的范围和任务。

《档案法》和《档案法实施办法》规定,一切国家机关、武装力量、政党、社会团体、企事业单位和公民都属于档案行政监督的范围。档案行政监督根本任务是通过对国家机关、社会组织和公民个人处理档案事业的检查、监督,查处违法案件,使之正确地贯彻执行党的路线、方针、政策和国家关于档案工作的行政法规与技术规范,正确地组织实施档案事业的发展规划和计划,保证档案事业的顺利发展,为社会主义现代化建设服务。

4.档案行政监督的性质。

档案行政监督包括"档案"和"行政监督"两个概念,具有双重性质。一方面,档案行政监督是一种行政性的监督,和其他行政监督一样,多采用行政手段,以提高行政效率为目标。另一方面,档案行政监督又不同于一般的行政监督,它以档案事务为监督对象,其监督的依据、任务、主体等都与档案相关,具有较强的专业性。

(二)档案行政监督的特点

1.法制性。

档案行政监督是依法监督,是在法制的基础上对执法守法情况进行的监督和检查。档案行政监督机构是依法建立的,档案行政监督的权力是依法授予的,监督活动是依照法定程序进行的。整个档案行政监督过程不仅要有法可依,而且对违法行为或不当行为要有法可究。

2. 广泛性。

档案行政监督范围上的广泛性是由档案和档案工作存在的普遍性和利用档案的开放性、社会性决定的。一切国家机关、武装力量、政党、社会团体、企事业单位和公民都属于档案行政监督的范围。档案是国家机构、社会组织以及个人从事政治、经济、文化等活动的不同形式的记录,具有保存价值和利用价值,因而,档案管理和利用成为普遍的社会现象。档案行政监督也因此具有广泛性。

3. 限制性。

档案行政监督主体的监督权应按照有关法律规定有其特定的范围、权限、方式和手段,不能无限扩大和任意使用。各个监督主体的活动也处于法律和其他政治力量、组织、个人的监督之下,监督者也必须接受再监督。

4. 监督方式的直接性。

档案行政监督方式的直接性是由监督主体与客体之间的密切关系所决定的。这些关系分别是以下四种:

(1)档案行政系统内部,上级人民政府档案行政管理部门与下级人民政府的相应部门,档案行政部门与同级档案馆和其他国家机关、社会组织以及公民个人,都具有直接的管理或者业务关系。

(2)档案行政机关与本机关职能部门、所属单位及其工作人员之间的关系是一种固有的隶属关系。

(3)各专业主管部门的档案机构与所属单位和本系统各单位的档案机构之间具有领导关系或业务指导关系。

(4)各级机关、团体、企事业单位和其他组织内的档案机构对所属单位的档案机构具有领导关系。

因此,无论是内部监督还是外部监督,监督的形式、手段、方法和措施都具有直接性,都是通过监督主体与客体之间的这种密切关系体现出来的。

5. 监督的经常性。

由于档案文件材料不断产生、不断累积,因此,档案行政监督部门应该经常深入到各单位进行监督检查,及时发现问题,处理问题,保证档案事业的顺利发展。

二、档案行政监督的功能和作用

(一)档案行政监督的功能

档案行政监督的功能是指在档案事业发展运行过程中实施各种监督所起到的作用和达到的效果。这种效果是由各种因素决定的,与监督者、被监督者的行为和认识有关,也与各种制度等外部因素有关。档案行政监督的功能一般包括制约功能、纠错功能、防护功能、反馈功能、完善功能。

1. 制约功能。

不受制约的权力必然导致腐败。监督是一种普遍的现象,存在权力的地方,就会有权力的监督。档案行政管理权力也理所当然应该受到监督与制约,防止权力被滥用。档案行政监督作为一种特殊的监督,是与国家治理紧密联系在一起的。档案行政监督在本质上是对作为政治权力的档案行政权力的制约。有了这种制约,档案管理的各个环节才能顺利运行。

2. 纠错功能。

档案行政监督是一种自我纠错的监督机制。档案行政管理过程中,由于各种客观和主观的原因,难免会犯错误。通过档案行政监督,上级档案行政部门及时发现下级的工作失误,控制事态的发展,减少损失,并且提出改进的办法。其他档案行政监督主体也对于各自的监督对象、监督内容起到类似的纠错功能。

3. 防护功能。

档案行政监督一方面要防止某种违反档案行政法规、破坏档案行政纪律的事件发生;另一方面要保证档案行政机关和档案行政人员在行政活动中避免再次违反法规、促使行政活动健康有序运行;同时,档案行政监督应公正执法,既不放过任何一件违法、违规行为,又不制造任何一桩冤假错案,切实发挥档案行政防护的功能。

4. 反馈功能。

档案行政监督的反馈功能是指通过档案行政监督,对有利于档案事业某些事项的全部活动过程及其每个环节的经验、教训、特点等作出概括和总结,对未来的发展趋势、现实的潜力、客观环境等因素作出科学的测定和梳理;同时,发现档案行政法规、档案技术规范等中的缺漏,为档案事业的全面发展提供准确的信息,为档案事业的决策和计划的制定提供科学的依据。

5. 完善功能。

档案行政监督的完善功能是指通过监督,促进档案事业各个系统、各个方面、各个环节、各个阶段工作的不断完善,进一步健全管理制度,以保证其运行的良性循环,提高管理水平和服务能力。

档案行政监督的目的不只是揭露问题、暴露矛盾、纠正偏差,更主要的是找出问题,提出改进的办法,以促进档案事业的顺利发展。

(二)档案行政监督的作用

档案行政监督的作用是指档案行政监督对档案事业、对国家行政管理、对社会发展等方面所产生的意义。档案行政监督的作用主要体现在以下几个方面:

1. 促进档案行政管理的法制化。

实现行政管理法制化、依法行政是我国新时期对行政的新要求,即政府及其工作人员在实施行政决策、行政领导、行政组织等活动的各个方面以及各个环节都要切实做到有法可依、有法必依、执法必严、违法必究。行政机关必须根据法律法规的规定取得、行使行政权力,并对行政行为的后果承担相应的责任。

档案行政管理是国家行政管理的一种,具有一般行政管理活动的特点。在新的历史条件下,档案行政必须依法进行规范。档案行政监督能够及时发现违法档案行为、违法档案行政行为,并且通过履行监督职能起到规范档案行政行为的作用、保证档案行政工作依法进行。

2. 保护档案的安全和完整,为经济社会的发展服务。

档案行政的主要目的是保护国家档案的安全和完整。档案行政监督有利于发现档案管理中违法违规和破坏国家档案的行为,从而起到保护国家档案完整和安全、保证档案有效利用的作用,为各项事业的发展提供所需要的依据。

3. 档案行政监督有利于提高档案行政的工作效率,是实现科学管理的有效途径。

档案行政监督是有效档案行政管理活动的一个重要环节,现代国家的档案行政管理是纵横交织、瞬息万变的动态管理。档案行政决策、执行、咨询、信息和监督等许多功能和环节组成一个互为依存的、有机的管理系统,档案行政监督是这个系统的不可缺少的重要组成部分。在档案行政管理过程中,档案行政监督可以保障行政决策的正确运用,防止和纠正执行过程中偏离决策目标的行为,它通过信息系统可以及时将执行决策的运行和结果反馈回决策中心,使决策中心根据情况决定是保持原有决策,或是进行决策修正。可见,没有档案行政监督,档案行政管理的功能就不完善,行政环节就要中断,不会有整体的效应。有了档案行政监督,这个系统才能顺利运行,从而达到科学管理的目标,提高管理效率。

三、档案行政监督的原则和方法

(一)档案行政监督的原则

档案行政监督的原则是指档案行政监督中必须遵循的基本规范和准则。档案行政监督是一种行政监督,它必然要遵循一般行政监督的一些原则。此外,档案行政监督还必须坚持一些特殊的原则。综合来说,档案行政监督主要坚持以下原则:

1. 依法原则。

依法监督是依法行政的要求。也就是说,国家制定的各种法律、法令和规章制度,既是国家行政机关及其工作人员的行为准则,又是实施监督所须遵循的原则。国家的各种行政法律法规、有关档案的行政法律、法规以及技术规范是档案行政活动必须坚持的行为准则,也是档案行政监督应该坚持的原则。

2. 经常性原则。

各个机关、企事业单位都有档案,档案工作具有普遍性。档案行政管理工作不仅是一项经常性的工作,而且工作变化大,随机因素多。为使档案行政管理工作不出问题,或即使出了问题也能及时发现、及时解决,避免发生重大损失,档案行政监督必须贯彻经常性的原则,常年不懈地进行监督,防止出现漏监失监的现象。

3. 广泛性原则。

广泛性包括监督主体的广泛性、监督对象和范围的广泛性两个方面。监督主体的广泛性包括档案行政部门的监督、政党的监督、国家权力机关的监督、司法机关的监督、其他行政机关的监督、群众监督、社会监督等;监督对象和范围的广泛性包括对一切档案行政管理行为,档案行政措施、行政法规的实施等进行监督。

4. 民主性原则。

民主性原则是社会主义民主制度的本质要求。我国宪法规定,国家的一切权力属于人民,人民当家作主,管理国家;宪法也赋予全民享有广泛的民主自由权利,监督国家行政管理活动的民主权利,其中包括监督国家行政管理活动的民主权利。依靠人民群众实行民主监督,既有利于克服官僚主义和改进不正之风,又有利于维护国家、集体的利益和公民的合法权益。如果对人民群众的民主监督置之不理,甚至刁难、打击、报复,都为党纪国法所不容。

档案行政监督活动作为国家行政活动的一部分,也要坚持民主性原则。档案行政监督应充分听取广大人民群众和档案行政人员的意见和建议,切实做好监督工作,使之不停留于形式上。

5. 公正性原则。

档案行政管理工作涉及很多单位和个人,产生的问题是错综复杂的,因此,档案行政监督工作必须实事求是,重证据,重调查研究,在适用法律和纪律上人人平等,切忌受感情和利害关系左右,应做到客观公正地处理问题。

6. 弹性原则。

档案行政监督是一个动态的过程,要受到各方面因素的影响。无论是制定监督计划、实施具体的监督方案还是作监督结论,都要有一定的弹性。掌握这个原则,就是既要将监督运行过程中所遇到的各个单个现象从普遍联系中抽出来,分别去考察它们,以抓住各个关键因素;又要顾及左邻右舍和各个细节,并随着这些因素的变化及时调整计划和方案。

(二)档案行政监督的方法

档案行政监督的方法是档案监督过程中所运用的手段及其采取的措施。档案行政监督活动存在广泛,监督的方法也多种多样,主要有四种。

1. 法律方法。

法律手段是依法治国、依法行政的工具,具体贯彻到档案行政监督工作中,是指档案行政机关以法律为武器,根据法律活动规定的规律、程序和特点实施档案行政监督。换句话说,法律方法是指国家档案行政监督主体在档案行政领域内,依照法定的职权和程序,把国家的档案方面的法律法规实施到具体的行政活动中,以达到有效而合理的管理目的。党的十四届三中全会通过的《中共中央关于建立社会主义市场经济体制若干问题的决定》指出:社会主义市场经济体制的建立和完善,必须有完备的法制来规范和保障。各级行政机关是经济建设的组织者和领导者,加强对市场经济的管理主要通过法律和法规来规范、调整。

2.行政方法。

行政方法是较为普遍的一种监督手段,它是指政府凭借政权力量,依靠从上到下的行政组织制定政策、发布指令,运用政策、指令等方法来实行对档案行政工作的监督。行政方法的实质是运用国家赋予档案行政监督部门或人员的职责、职位和职权,对档案事业发展运行过程进行检查、调节和督导。行政方法是档案行政监督的一种日常监督手段。

行政方法要求监督对象对监督主体无条件服从,因此具有行动迅速、协调一致的优点,能够对档案事业及其活动的构成要素组合中存在的问题及时进行揭露和纠正,保证档案事业的顺利运行。其缺点在于行政手段主要依靠国家权威和强制力量来实施监督,容易导致权力过于集中,影响被监督者的积极性和主动性的发挥,还容易产生官僚主义,降低监督效率。

3.奖惩方法。

档案行政监督的奖惩方法是指严格行政奖罚和追究侵权责任。行政奖罚包括行政奖励和行政制裁两个方面。所谓"行政奖励"是指档案行政部门在日常行政活动中实施的精神或物质奖励。《中华人民共和国档案法》第九条规定:"档案工作人员应当忠于职守,遵守纪律,具备专业知识。在档案的收集、整理、保护和提供利用等方面成绩显著的单位或者个人,由各级人民政府给予奖励。"奖励主要包括表扬、记功、记大功、通令嘉奖授予荣誉称号、颁发奖品、奖金或者晋级、晋职等。行政制裁是指国家档案行政部门对违法档案法规的单位或者个人,按照《中华人民共和国档案法》和其他相关法律实施的惩治措施。其形式有警告、记过、记大过、降级、降职、撤职、留用察看和开除等。《档案法》和《档案法实施办法》对行政制裁的相关内容作了具体阐述。

4.思想政治教育方法。

思想教育手段是指依靠宣传、说服、沟通、精神鼓励等,激励人们的积极性,用非强制手段使被监督对象自觉自愿地去从事档案监督部门所鼓励的工作或活动,实现档案行政监督的目的,主要方式有启发教育、说服劝告、建议协商、树立典范乃至舆论抑扬。

我国传统思想政治教育和改革开放以来党中央所倡导的精神文明建设的核心内容是马克思主义和共产主义的信念、共同的理想和铁的纪律。我们党和国家历来重视这种精神优势在我们社会主义国家档案行政活动中所发挥的重要作用。思想教育手段要取得实效,关键在于思想教育手段本身必须科学化。科学化的基本要求是按照人们的思想活动规律,采取正确的原则和灵活的方法进行思想教育。

第二节　档案行政监督的具体内容

一、对档案行政工作的监督

对档案行政工作的监督,既包括档案行政机关对本机关各职能部门、所属单位及其工作人员的监督,对同级档案馆的行政工作的监督,也包括对下级人民政府档案行政部门的监督,还包括对同级负有监督任务的专业主管部门档案机构行使档案行政职能的监督。

对档案行政工作的监督包括如下内容：

（一）政治方面

是否正确贯彻执行了党的路线、方针、政策（包括关于档案工作的方针、政策,下同）；有无违背党的路线、方针、政策的行为和事件发生；对违背行为是否进行了纠正或查处。

是否正确贯彻执行了国家的档案法律、法规、规章；所制定的档案规章、制度是否符合党的路线、方针、政策,是否符合国家法律、法规；有无违反或违犯档案法律、法规、规章的行为和事件发生；对违反或违犯档案法律、法规、规章的行为和事件是否进行了纠正或查处,查处是否得当。

是否加强了政治思想工作和意识形态领域的工作,是否坚持了档案工作的党性、政治性原则和正确的政治方向、专业方向和服务方向；档案干部队伍的思想状况、行业作风和职业道德如何,廉政建设和精神文明建设的情况怎样。

（二）业务方面

是否正确贯彻执行了国家关于档案工作的业务技术标准、规范；有无另立标准、擅自修改或任意解释业务技术标准、规范的现象发生；对强制性业务技术标准规范是否拒不执行的行为；对违反业务技术标准、规范的行为和事件是否进行了纠正和处理,处理的结果如何。

是否正确组织实施了全国档案事业发展规划和档案事业各子系统的结构设计和网点布局方案；所制定的相应规划、计划和方案是否符合国民经济与社会发展规划以及上级档案部门制定的规划、方案；在执行规划和方案的过程中如果发生了问题,是如何处理的,处理的结果如何。

档案事业系统内部各方面工作是否和谐,档案事业与外部各有关方面是否协调,为解决不和谐、不协调的问题采取了哪些措施,结果如何。

在行使监督与其他管理职能时,是否依法行事,有无侵权行为和违章、违纪现象,对侵权和违章、违纪问题是怎样处理的,其结果如何。

是否正确贯彻执行了"统一领导,分级管理"的原则,有无违背这一原则的行为发生,对违背行为是如何处理的,其结果如何。

二、对各级政府和各国家机关、社会组织处理档案事务的监督

该监督主要是依据党中央及同级党委关于档案工作方针、政策、指示、决定,国家关于档案工作法律、法规,人民代表大会及其常委会的决议和政府的法规性文件等,对同级国家机关、社会组织和下级党委、人民政府等进行检查,了解情况后向同级党委、政府、人民代表大会及其常委会或上级档案行政部门汇报,并向被检查单位通报其检查情况,提出意见或建议。

其具体内容有以下几点:

是否按照党的、国家权力机关和政府关于档案工作的方针、政策、指示、决定、法律、法规、规章、决议等来管理档案工作,本地区或本部门、本单位档案工作是否列入了法制建设的轨道,有无违背上级文件精神的行为和事件发生,违背行为和事件是否得到了处理,其结果如何。

档案工作管理体制和领导体制是否理顺,有无领导人分管,重视程度如何,在这方面还存在哪些问题,对这些问题是否准备解决,其解决措施有哪些。

档案事业或档案工作是否被列入当地国民经济和社会发展计划或被列入单位、部门、行业发展计划;是否被列入财政预算;档案专业教育、档案科研、档案馆库建设等是否被列入当地或部门、单位的教育、科研、基建计划;档案自动化管理是否被列入单位、部门办公自动化或业务管理自动化设计方案或网络;档案事业或档案工作发展中所遇到的困难和实际问题解决程度如何;是否由于环境不适或条件较差而使档案受到损失。

档案工作所必需的机构和人员是否列入机构设置和人员编制方案,执行情况如何;有关档案机构、编制方面的法规规定落实得怎样;人员数量、素质及其结构是否适应工作需要。

档案事业与其他事业、档案工作与其他工作是否协调,领导在这些关系协调方面做了哪些工作;是否能采取将档案工作列入部门或单位规章、制度、标准、规范,列入有关人员职责,列入各项管理活动和有关工作程序以及档案部门的规章中,档案工作人员参加科研成果、基建工作验收,参加设备开箱,参加有关会议和项目谈判等控制措施,其效果如何等。

三、对文件材料和档案管理工作的监督

文件材料(包括各种门类的文件材料,下同)的管理是档案管理的源头。档案管理工作的监督应该从其源头开始。文件材料管理的监督主要由单位(包括国家机关、社会组织,下同)档案部门来承担。其依据是国家关于公文处理或其他门类文件材料处理的规

定、办法。档案管理监督的对象既包括各单位的档案管理部门、各级各类档案馆,也包括公民个人。

其具体内容有以下几点:

(一)对文件材料管理工作的监督

文件材料的组织领导、工作网络、组织形式、控制措施是否合法有效;文件材料管理工作计划、制度、办法是否科学合理;文件材料的体式与撰制、文件的制作材料与制作技术、制作方法是否符合规定要求;文件材料的形成程序与形成规律是否和产生它的职能活动程序相符;文件材料的形成、积累、立卷和归档工作是否有规可循,立卷归档制度执行情况如何;是否制定不同门类文件材料的保管期限表,保管期限划分是否准确;案卷质量是否符合有关标准;涉及多单位、长周期和撤并单位、临时机构、派出机构的文件材料是否能得到及时有效的管理等。

(二)对单位档案管理工作的监督

单位应接收的档案和临时、零散文件是否能及时有效地接收、收集,其归档率、完整率、准确率达到何种程度;案卷调整、零散文件的整理、全宗内档案的分类、案卷排列与编目、全宗卷的编制等是否符合标准、规范;档案管理制度是否健全并得到有效执行;归档案卷保管期限的检查与调整、到期案卷的复查与销毁、应进馆档案的移交是否符合规范;档案库房与装具的管理、档案保护技术措施、科技档案的修改与补充等是否符合规定;档案保护情况如何,档案有无缺损、霉变、泄密等现象,有这些现象时采取了哪些补救措施,效果如何;档案检索工具和参考材料的编制、编写情况如何,标准化著录和标引工作是否符合标准;所属单位、派出机构、临时机构的档案是否得到有效管理;内部资料是否得到有效管理等。

(三)对档案馆管理工作的监督

档案馆是否有收集档案范围的规定,各项管理制度是否健全,其执行情况如何;对国家和社会具有保存价值的档案是否进行了有效的接收、收集和征集,处理集体和个人捐赠、寄存的档案是否符合规定;入藏档案的局部调整、零散文件的立卷、全宗的划分、全宗档案的编排与编目、全宗群的设置、全宗卷的建立、档案存放索引及其图标的编制是否符合标准、规范;入藏档案保管期限的审查与调整、到期档案的鉴定与销毁、档案真伪的鉴别等是否符合规范;档案馆库建筑、装具管理、档案保护技术措施、蜕变破损档案的修复与抢救、档案遭受意外灾害和失泄密情况的处置、重点档案抢救费的使用等是否符合规定;档案管理和档案工作台账是否健全,能否及时、准确地填报统计年报或接收随机调查;馆藏档案检索体系、参考资料系列和目录中心的建立是否符合有关标准、规定;档案管理现代化的组织实施与现代化技术管理,包括电子计算机、缩微机、监控自动化设施的使用等是否符合有关标准、规范,这些设备设施是否先进适用;对内部资料是否进行了有效的收集、管理等。

（四）对集体和个人档案管理的监督

这里所说的集体和个人档案,主要指集体所有的和个人所有的对国家和社会具有保存价值和应当保密的档案。对这部分档案管理的监督,其具体内容是档案的来源是否合法;档案的所有权是否得到了保护;档案是否进行了妥善的保管;当保护条件恶劣或者其他原因被认为可能导致档案受损或不安全时,是否采取代为保管等确保档案完整与安全的措施;档案所有者有无倒卖牟利或私自卖给外国人的行为或事件发生,一旦发生,采取了哪些措施进行处理,结果如何;将档案及其复制件有无私自携运出境的行为和事件一旦发生,采取了哪些措施进行处理,其结果如何等。

总之,一切国家机关、武装力量、政党、社会团体、企事业单位和公民尽到了保护档案的义务,这是文件材料管理和档案管理工作监督的主旨。

四、对档案开放与利用工作的监督

对档案开放与利用的监督,包括对单位档案的利用,档案馆档案的开放利用和集体与个人所有的档案的利用进行监督。

其具体内容有以下几点：

（一）对单位档案利用工作的监督

单位档案利用工作的组织是否符合规定,有无利用工作管理制度,执行情况如何;档案利用手续是否健全,档案利用效益是否有完整记录;在提供档案利用过程中,有无违章、违纪现象或失密、泄密现象,有这些现象时,采取了哪些处理措施,结果如何。

（二）对档案馆开放利用工作的监督

档案馆有无开放、利用档案的管理制度,其执行情况如何;档案的开放范围、期限的确定,档案的划控与解密、变更级别,档案公布权限,档案复制件的管理,受控档案的利用,档案开放、利用与档案保护、保密关系的处理,档案利用收费等是否符合有关法律、法规;利用档案的手续是否健全;应开放的档案是否开放,公民利用档案的权力是否得到保障;利用档案所获得的社会效益和经济效益有无完整的记载;提供档案利用过程中,有无违章、违纪、破坏档案或档案失密的行为和事件发生,有这些行为和事件发生时,采取了哪些处理措施,其结果如何。

（三）对集体和个人所有的档案提供利用的监督

向档案馆移交、捐赠档案的集体单位和个人,对其档案是否有优先利用权;档案馆是否尊重档案所有者对其档案中不宜向社会开放的部分提出限制利用的建议;向档案馆寄存档案的单位和个人,其所有权是否得到了保护;提供这些档案进行利用或公布这些档案时,是否征得寄存者的同意;集体和个人所有的对国家和社会具有保存价值或者应当保密的档案,其所有者向社会公布时,是否符合国家的保密规定,是否有损于国家、集体或者其他公民的利益,若有违反,采取了哪些措施进行处理,其结果如何。

五、对档案事业其他各项工作的监督

监督内容有以下几点:

(一)对档案专业教育工作的监督

是否贯彻执行了党的教育方针和国家教育法规;档案专业教育管理的规章制度是否健全,执行情况如何;档案专业教育的发展规划、发展方向、培养目标、教育结构和院校、专业的布局是否符合国家档案事业发展规划;师资队伍建设和教育设施是否适应需要;在职干部的培训和档案专业技术职务的评聘是否符合有关规定。上述监督事项适用于档案系统自己办的学校或培训中心;除此之外,则主要是配合国家教育主管部门进行监督。

(二)对档案理论与科学技术研究的监督

是否贯彻执行了党和国家关于发展社会科学、自然科学、技术科学的方针政策;档案理论与科学技术研究管理的规章制度是否健全,其执行情况如何;档案理论与科学技术研究发展规划、科研机构的建设与布局、科研队伍的建设是否符合档案事业发展规划的要求;科研成果的管理与推广是否符合相关规定;档案学会工作是否符合国务院关于社团管理及国家科学技术协会、社会科学联合会的章程;等等。

(三)对档案宣传、出版工作的监督

是否贯彻执行了党和国家关于宣传、出版工作的方针、政策和法规;档案宣传、出版工作管理的规章制度是否健全,其执行情况如何;档案宣传、出版工作的发展规划是否符合档案事业发展规划的要求;档案报刊和出版部门的管理,档案录音、录制品和书、报、刊的出版、发行等是否符合有关规定;等等。

(四)对档案外事工作的监督

是否贯彻执行了党和国家关于外事工作的方针、政策和法规;档案外事工作规章制度是否健全,其执行情况如何;档案外事纪律执行情况如何;外事交往活动的组织、涉外人员的选配、培训以及其他涉外事宜的处理是否符合有关规定等。

在上述各项工作中,有无违法违纪事件发生;若发生了违法违纪事件,该如何处理,处理结果如何,这些都应受到监督。

第三节 档案行政监督体系

一、内部监督体系

所谓"内部监督体系",是指以提高档案行政效率为中心的国家行政机关内部的监督系统,既包括一般监督、职能监督、主管监督,又包括专门监督或者特种监督。在我国,内部监督是一种与外部监督紧密相连又相对独立的档案行政监督体系。

一般监督是指档案行政机关之间以及其他国家行政机关与档案行政机关之间按照隶属关系而产生的一般性内部监督,主要包括国务院对各级档案行政机关的监督;各级地方人民政府对其所属或下属的档案行政部门的监督;同级国家行政机关及其工作人员对档案行政部门的监督;档案行政部门及其工作人员对上级、下级、同级行政机关的监督;档案行政部门上、下级之间的相互监督。总之,档案行政部门既作为监督者监督其他国家行政机关,也接受来自其他国家行政机关的行政监督。

职能监督是指档案行政监督部门就其所主管的工作,在职权范围内对其他部门实行的监督,它是既包含平分关系又包括上下级关系的职能部门监督,如档案行政部门在职权范围内对各级档案保存单位实行监督。

主管监督是指国家档案行政部门(主要是指国家档案局)对地方各级档案行政部门、上级档案行政部门对下级档案行政部门以及各级档案行政部门对所属的档案保存机构,如档案馆、出版社等企事业单位进行的监督。主管在其监督权限范围内,由中央和地方上下级部门之间实行档案领导或档案业务指导关系而相互区别。

专门监督与广义的一般监督相对应,指政府设立专门的机关对所有部门的行政工作,包括档案行政部门的行政工作实行全面性的监督。在我国,内部专门的监督机构主要是指行政监察和审计监督。我国负责行政监察的机构对所有国家行政机关及其工作人员实施监督。我国负责行政监察工作的专门机构是监察部和地方各级监察机关,负责对国家行政机关及其工作人员和国家行政机关任命的其他人员执行国家法律、法规、政策和决定、命令的情况以及违法、违纪行为进行监察,受理上述人员违法违纪行为的检举、控告,调查处理上述人员违法违纪的行为。

审计监督是国家行政机关内部专设机构依法审核检查国家行政机关、企事业单位的财政收支活动、经济效益和遵纪守法情况。可见,档案行政部门要受到国家行政监察部门和审计监督部门的监督。

从内部监督所占据的地位来说,内部监督具有特殊的重要性,主要表现为以下三点:第一,由于国家行政机关是依照上下级关系而组织起来的,这种组织性质决定了这种监督是最直接、最有力的监督。第二,由于国家行政机关是国家权力立法机关的执行机关,要负责组织、实施国家权力立法机关所颁布的法律,所审查批准的国民经济和社会发展计划以及国家预算等,并要追求最高的行政效率和社会效益,这种履行职责的行政决定了这种监督是最迅速、最有效的监督。第三,由于国家行政机关是全面实行政令统一、法制统一和行政首长负责制的机关,上级机关及其行政首长对下级机关拥有领导指挥权力,并运用直接的行政、组织、经济手段来实现领导指挥意图,从而决定了内部监督是最有权威的监督。

二、外部监督体系

所谓"外部监督体系",是指以保证档案行政工作的合法性和社会效益为中心的除行政机关以外的其他监督主体所构成的监督系统。在我国,外部监督既包括党的监督、国家权力机关监督、司法机关监督,又包括人民政协、群众团体和人民群众的监督,还包括舆论监督等这样一套完备的监督网络。

(一)党的监督

中国共产党处于执政地位,是我国社会主义事业的领导核心。因此,中国共产党的各级组织对档案行政机关和档案行政人员贯彻党的路线、方针、政策,遵守国家法律以及其他档案行政活动所进行的全面性监督,是实现党对国家领导的一种重要方式。我国各级档案行政部门既是政府的行政机关,也是党的职能部门;各级党政机关、群众团体和企事业单位的党政档案都是集中统一管理的。因而,加强党对档案工作的领导和监督就更加必要了。党对档案行政部门和档案工作的监督主要是通过党中央和地方各级党委设在档案行政部门的党的组织来实现的,因此,档案行政部门要大力加强党组(党委)的思想、作风建设,牢牢掌握党的路线、方针、政策并以此作为一切活动的准则;同时,要努力争取各级地方党委和各部门党组织的重视和支持,争取同级党的纪检部门的支持,加强档案行政监督的力度。

(二)权力机关的监督

在我国,权力机关的监督主要是指人民代表大会及其常务委员会的监督。国家的一切权力属于人民,人民行使国家权力的机关是全国人大和地方各级人大。作为各级人大执行机关的各级人民政府,必须接受人大及其常委会的监督,这是我国由社会主义民主政治的本质决定的。在当前实施人大及其常委会对档案行政监督的工作方式,主要有以下几点:适时向人大及其常委会报告工作或者述职,并提请审查和认可;将档案工作中一些难点、热点问题列入人大及其常委会会议提案范围,并积极认真、迅速地办理属于自己职权范围内的提案;经过一定程序,就人大代表提出的有关档案工作的质询和询问作出认真负责的答案和说明;拟定档案法律法规,在政府法制部门的支持下提请人大及其常委会审议;争取人大单独或人大的有关部门会同档案行政部门检查档案工作;积极完成人大及其常委会交办的其他工作。

（三）司法机关的监督

我国的司法机关包括国家审判机关和检察机关,司法机关对档案行政的监督即最高人民法院、最高人民检察院、地方各级人民法院和各级检察院对档案行政部门以及档案工作的监督。人民法院对档案部门和档案工作的监督主要是通过审理行政机关和行政人员以及其他人员严重违犯档案法规的案件并对违法犯罪者施行处罚来实施的;人民检察院对档案部门和档案工作的监督,主要是通过监督人民法院对有关档案违法犯罪案件审理、对处理档案事务的过程中触犯刑律、已构成犯罪的人员和事件进行侦察、逮捕和提起公诉等来实施的。

（四）人民政协的监督

人民政协是包括各民主党派、各人民团体和社会各方面代表的爱国统一战线组织,它要对国家大政方针和群众生活重大问题进行政治协商,要通过批评建议发挥民主监督的作用。人民政协对档案行政监督的工作方式主要有以下几种:政协委员视察档案行政和档案工作,对档案行政机关的工作和行政人员的作风提出批评建议;政协委员被邀请列席各级人大或者人大常委会的一些会议,听取政府工作报告,对政府各个部门的工作(包括档案行政部门的工作),提出批评和意见,召开政协会议以及各民主党派会议,讨论国家有关档案行政和档案工作的方针,发表意见,提出批评。

（五）群众团体的监督

工会、共青团、妇联等群众团体历来是党和政府联系群众的桥梁和纽带,在积极参与社会协商对话、民主管理和民主监督等社会主义民主生活中,发挥着积极作用。城市街道居民委员会、农村村民委员会、单位内部职工代表大会以及各种临时性基层群众组织最了解群众的愿望和要求,能更好地表达和维护各自所代表的群众的具体利益,因而也能对档案行政机关和档案工作起到民主监督作用。上述组织团体实施监督的工作方式主要有召开会议,通过口头或文字形式向有关机关提出要求、建议、批评,对档案行政人员提出申诉、控告和检举等。

（六）人民群众的监督

人民群众对档案行政的监督是指广大人民群众基于宪法和《档案法》《档案法实施办法》等法律法规所赋予的权利和政治责任感,对档案行政机关和档案行政人员的行政活动以及档案工作所进行的监督,是一种自下而上、主人对公仆的监督,也是人民当家作主的体现。其监督方式主要有以下几种:直接向档案行政机关提出询问、要求、批评、建议;对于任何档案行政机关和档案行政人员的违法失职行为,向有关国家机关提出申诉、控告或检举的权利;当公民的权利受到侵害时,向各级国家机关提出控告,并要求恢复合法权益、追究违法侵权行为者责任。

(七)社会舆论监督

报纸、杂志、电视、广播、互联网等宣传工具对档案行政机关和行政人员所进行的监督,也被称为"大众传播媒介监督",起着其他监督无法取代的作用。在传递信息上,社会舆论监督具有公开、传播迅速、覆盖面广的特点,一旦与其他监督机构相配合,就能产生巨大的社会影响。西方国家称社会舆论为"第四权力",与立法、行政、司法三权并立,并作为制约权力的权力。社会舆论监督不仅能够揭露档案行政工作和档案工作中的缺点和错误,还能帮助档案行政人员总结经验教训,改进工作。

第四节 档案执法监督

1992年,国家档案局颁布的《档案执法监督检查工作暂行规定》第二条指出:"本规定所称档案执法监督检查,是指各级档案行政管理部门对贯彻实施档案法规的监督检查以及依法对违反档案法规行为的查处。"第三条规定:"国家档案局和县级以上档案行政管理部门是国家贯彻并监督执行档案法规的机关,依法行使档案执法监督检查权,并依法对违反档案法规的行为进行查处。"

可以看出,档案执法监督是档案行政监督的一种手段,可以归纳为两个方面:一是档案行政管理部门必须履行法定的档案行政职责和职权,依法查处档案行政管理相对人违反《档案法》的行为;二是档案行政管理部门必须依法规范自己的执法监督行为,也即"法有授权必为之,法无授权不为之",执法监督必须有法定的依据和符合法律、法规的规定,并具有法的效力。

一、档案执法监督的方式和内容

根据《档案执法监督检查工作暂行规定》,档案行政执法监督可以分为几种形式。

(一)经常性的监督检查

档案时时刻刻在形成和产生,档案管理工作也时刻在进行。执法、守法、查处违法行为的工作一刻也不能放松。各级档案执法监督检查机构应该经常进行监督检查。档案执法监督检查应与档案业务工作密切结合,检查的内容和重点应根据档案法规实施的情况具体确定。

经常性的监督检查是档案执法监督的主要方式,包括对规章、范性文件备案审查;

建立档案行政执法情况报告制度；开展各种形式的档案执法检查；受理群众举报、申诉；法律、法规规定的其他形式。

（二）专指性监督检查

专指性监督检查是指根据经常性监督检查所发现的问题，在特定范围内针对特定的问题而进行的监督检查。如对下列行为，档案执法监督检查机构和执法监督检查员可以发出《档案执法监督检查通知书》：

未建立档案工作或档案管理制度的；档案保管条件差，危及档案安全的；档案管理制度不健全或执行制度不严，可能造成档案损毁的；发现档案破损、变质、下落不明或泄密等情况，未及时采取有效措施的；拒不向本单位档案部门移交应当立卷归档的文件材料的；不按规定向档案馆移交档案的；科研成果、产品试制、基建工程或其他技术项目鉴定验收时，未按规定验收档案，致使档案残缺不全的；借阅档案未按规定及时归还，且屡催不还的；在保管或新用档案中涂改、撕毁、丢失档案的；其他可能导致档案损毁的行为。

《档案执法监督检查通知书》应写明被监督检查单位或个人所违反的具体档案法规条款和违法事实以及改进要求，内容还应包括被检查单位名称、签发通知书机关名称、执法监督检查员签章、检查时间等。

（三）对违法案件的查处

对违法案件的查处是指县级以上各级档案行政管理部门对违反档案法规但尚未构成犯罪行为的查处。它包括下列行为：

1. 对违法案件的查处范围。

有下列行为之一的，由县级以上人民政府档案行政管理部门、有关主管部门对直接负责的主管人员或者其他直接责任人员依法给予行政处分；构成犯罪的，依法追究刑事责任：

损毁、丢失属于国家所有的档案的；擅自提供、抄录、公布、销毁属于国家所有的档案的；涂改、伪造档案的；违反本法第十六条、第十七条规定，擅自出卖或者转让档案的；倒卖档案牟利或者将档案卖给、赠送给外国人的；违反本法第十条、第十一条规定，不按规定归档或者不按期移交档案的；明知所保存的档案面临危险而不采取措施，造成档案损失的；档案工作人员玩忽职守，造成档案损失的；携运禁止出境的档案或者其复制件出境的。

2. 查处违法案件的分工。

各机关、社会团体、企事业单位和其他组织的违反《档案法》案件，由同级或上级档案行政管理部门查处，必要时会同其上级主管机关查处。公民违反《档案法》案件，由发生违法行为所在地的档案行政管理部门查处。各级档案馆违反《档案法》案件，由同级档案行政管理部门或上一级档案行政管理部门查处。各级档案行政管理部门违反《档案法》

案件，由上一级档案行政管理部门或上级主管机关查处。

《档案执法监督检查工作暂行规定》第十三条规定："凡符合本规定第十一条规定查处的违反《档案法》案件，查处机关都应受理；如按本规定第十二条规定不应由本单位受理的，要及时移送有权受理的机关。"

上级档案行政管理部门有权纠正下级档案行政管理部门查处违反《档案法》案件的错误或不适当的决定。查处必须以事实为根据，以法律为准绳，做到事实清楚，证据确凿，定性准确，处理恰当，手续完备。

3.查处违反《档案法》案件的程序。

(1)调查。县级以上档案行政管理部门应认真审查违反《档案法》案件，并负责组织调查。必要时与有关部门组成联合调查组，共同进行调查。调查人员每次不得少于两人，与本案有利害关系或者有其他关系可能影响查处工作的，应当回避。调查违反《档案法》案件时，档案执法监督检查员应出示《执法监督检查员》证。其他调查人员应持有关部门的证明文件。

(2)处理。对违反《档案法》案件调查清楚后，确认违法事实清楚，证据确凿，情节较重但尚未构成犯罪的，由查处机关依法提出处理意见，签发《违法行为处理通知书》，直接通知违法单位法定代表人或违法行为人所在单位协助执行。确认违反档案法规行为构成犯罪的，由查处机关按法定程序移交发生违法行为地的司法机关追究其刑事责任。

有关部门接到《违法行为处理通知书》后，应按通知书提出的意见处理并将处理结果回执退回；如对处理意见有异议，应于接到该通知书之日起十五日内向通知书发出机关提出书面意见。十五日内既不退回处理结果回执，又不向通知书发出机关提出书面意见，查处机关有权询问情况和建议其上级机关督促执行。

当事人对处理决定不服，可以向作出决定机关的上一级机关提出申诉；属于监察机关监察对象的人员，也可以向同级或上级监察机关提出申诉。受理申诉的机关应在三十日内作出决定，并将结果通知申诉人。

申诉期间不停止对处理决定的执行。

(3)上报备案。查处机关应将结案的违反《档案法》案件的有关材料按规定格式填报，向上一级档案行政管理部门备案。

二、执法监督检查机构和监督检查员

档案执法监督检查工作是一项经常性的工作，任务很繁重。特别是对于违反档案法规行为的查处，情况比较复杂，要求较高。因此，《档案执法监督检查工作暂行规定》规定，国家档案局和省、自治区、直辖市档案局应设档案执法监督检查机构，计划单列市、省（自治区）辖市、行署和县级档案行政管理部门应设档案执法监督检查机构或监督检查员，负责组织、协调各自管辖范围内的档案执法监督检查工作。

(一)档案执法监督检查机构

《档案执法监督检查工作暂行规定》第五条规定,档案执法监督检查机构的职责是以下六条:

宣传贯彻《档案法》《档案法实施办法》和其他档案法规规章。监督检查档案法规的实施情况。调查处理管辖范围内的违反《档案法》案件;对轻微违法行为进行批评教育或发出《档案执法监督检查通知书》;对构成犯罪的,移交司法机关追究刑事责任。承担上级档案行政管理部门统一组织的案件查处和其他档案执法监督检查任务。组织总结、交流本行政区域档案执法监督检查工作的经验。对同违反档案法律、法规的行为作斗争表现突出的人员或者集体,提出表扬和奖励的建议。

(二)档案执法监督检查员

1. 档案执法监督检查员的素质要求。

《档案执法监督检查工作暂行规定》第六条规定,档案执法监督检查人员,必须遵守国家法律、法规和政策,廉洁正派,秉公执法,并要具备下列条件之一:

高等院校法律专业毕业,在本单位工作一年以上的。具有馆员以上专业职称,熟悉档案法律、法规的。熟悉档案工作业务,经过法律知识培训,确已掌握与档案有关法律知识的。

专职或兼职档案执法监督检查员均发给《执法监督检查证》。中央国家机关监督检查员证由国家档案局负责制作与填发;地方监督检查员证分别由各省、自治区、直辖市档案局及计划单列市档案局负责制作并填发。

2. 档案执法监督检查员的职责。

根据《档案执法监督检查工作暂行规定》,档案执法监督检查员的职责主要有以下五条:

宣传贯彻《档案法》《档案法实施办法》和其他档案法规规章。监督检查档案法规的实施情况。调查处理管辖范围内的违反《档案法》案件;对轻微违法行为进行批评教育或发出《档案执法监督检查通知书》;对构成犯罪的,移交司法机关追究刑事责任。举报、揭发违反《档案法》的行为,向同级或上级档案行政部门和政府法制部门反映档案执法中的问题和建议。结合上级档案行政部门做好案件查处工作和其他档案执法监督检查工作。

第九章
档案工作业务指导

档案工作业务指导是档案行政部门的一项重要职能,也是档案行政的重要手段和必不可少的环节,它对推动档案事业发展规划的完成,对档案工作法规建设、组织协调和监督工作的开展,都有重要的作用。本章着重论述了档案工作业务指导的概念、原则以及具体的指导方法等内容。

第一节 档案工作业务指导概述

一、档案工作业务指导的含义

所谓"档案工作业务指导",是指由国家档案法规授权机关及其工作人员依据党的路线、方针、政策和国家关于档案工作的法规(包括行政法规和技术法规)对所辖范围内的国家机关、社会组织以及个人在档案事务方面所进行的指导。档案工作业务指导的基本含义有以下四点:

(一)档案工作业务指导是一种法定的档案行政活动,而不是一般意义上的指导活动

这里所说的"法",包括国家权力机关、国家政权机关、国家档案行政部门、中央和省的专业主管部门所制定的法规,如《档案法》《关于加强国家档案工作的决定》《机关档案工作条例》等。各级档案行政部门和有下属单位的机关、团体、企业事业单位及其他组织的档案部门或档案工作人员是由这些法规授权执行档案工作业务指导任务的。对于这些单位来说,档案工作业务指导既是一种权力,也是一种职责,各有关单位应该大力协助、积极配合、支持并接受其指导,而不能消极应付,更不能刁难、抵制。

(二)档案工作业务指导必须以党的路线、方针、政策和国家档案工作法规为依据

这是由中国共产党在长期的革命斗争和社会主义建设中形成的领导地位决定的,也是由我国社会主义性质以及由此而形成的档案工作基本原则决定的,还是由档案的

性质和档案工作的地位和作用决定的。我们的国家档案是中华民族、中国人民宝贵的文化财富和精神财富,档案工作是维护党和国家根本利益,维护中华民族、中国人民根本利益的大事。不依据党的路线、方针、政策和国家档案工作法规办事,档案工作业务指导就容易迷失方向,就不能很好地贯彻执行"统一领导、分级管理"的原则。

另外,为适应四个现代化建设的需要,档案工作现代化管理已成为不可逆转的趋势。档案工作现代化管理的前提是标准化、规范化,如果不依据党的路线、方针、政策和国家档案工作法规进行指导,"标准化、规范化"将无从谈起。

(三)档案工作业务指导需在指定的范围内进行,指导者非经授权,不能超越自己所辖的范围进行指导

根据《档案法》和《档案法实施办法》的规定,国家档案局在全国范围内(包括国家驻外机构)施行档案工作业务指导;县以上地方各级人民政府的档案行政部门在本行政区内施行档案工作业务指导;乡(镇)人民政府和各级机关、团体、企业事业单位及其他组织对所属单位施行档案工作业务指导;国务院各部门或省、自治区、直辖市人民政府各部门的档案机构,经国家档案局或省、自治区、直辖市的档案行政部门审定,可以制定本系统专业档案工作的业务标准和技术规范。在上述范围内,各级档案行政部门与有指导任务的机关、团体、企业事业单位及其他组织的档案部门在指导内容上应各有侧重、有所分工,其指导对象包括国家机关、社会组织及有关个人。这里所指的"个人",是那些形成或保存具有国家保存价值的档案的个人。

另外,经档案行政部门授权,或在档案行政部门的统一组织下,以协作组、"帮带"组等形式进行的档案工作业务指导,只要不超出授权者或组织者的管辖范围,参加人员可不受地区或系统的限制。

(四)档案工作业务指导是以档案事务为内容的,而不是对其他工作的指导

档案工作业务指导的主要内容有以下几点:机关、团体、企业事业单位及其他组织内各种门类文件材料的形成、积累、立卷、归档工作和档案、档案工作的管理;档案馆工作;档案行政部门的工作;档案学会、协会、协作组织的工作。档案理论与科学技术研究、档案教育、档案宣传出版、档案专业技术职务评聘、档案外事交往工作,等等。

二、档案工作业务指导的特点

档案工作业务指导作为档案行政部门的一项重要职能和管理手段,与一般意义上的指导工作相比,有其突出的特点。了解和掌握这些特点,对做好档案工作业务指导具有重要的意义。

(一)法定性与示导性的统一

档案工作业务指导是由国家档案工作法规授权执行的一种档案行政职能活动。一

方面,指导者、指导对象与范围、指导内容等都是由档案工作法规所规定的,档案工作业务指导的法的规定就是指法定性。另一方面,档案工作业务指导毕竟是一种指导活动,而不是一种指令、指挥或组织、领导性的活动,它重示导而不能强制。档案工作业务指导的示导性是指它的工作方式及其所起的作用具有引导、示范、辅导的性质。档案工作业务指导人员要树立为人民服务的精神,本着诚恳协商的态度,采用循循善诱、言传身教的方法,帮助被指导人员依循档案行政部门所制定的规划和制度,运用档案管理的知识、技术和方法,把本地区或本单位的档案工作做好。对不属于档案行政部门职责范围而又必须解决的条件性问题,如档案工作建设和发展所需要的人、财、物和机构设置等方面的问题,档案工作业务指导人员只能根据有关规定和被指导单位的实际情况,采取宣传、说服、协商的方式向有关领导和部门提出建议,以争取他们的支持,而不能横加干预。

法定性为档案工作业务指导提供了依据和保证,示导性则决定了所应采取的措施和方法。

(二)社会性与层次性的统一

档案工作业务指导的社会性是指它已成为一种社会现象,成为人们社会活动的一个组成部分,与社会主义各项事业有不可分割的联系。社会性是由档案和档案工作的社会性所决定的。档案是人类社会活动的历史记录,档案工作是通过有效地保护和利用档案来维护党和国家历史的真实面貌,延续人类历史和科学文化的一项重要工作,是社会主义各项事业必不可少的环节。档案和档案工作存在的普遍性决定了档案工作业务指导的广泛性。从纵的方面讲,上至中央国家机关,下至村民委员、城市居民委员会都在档案工作业务指导的工作范围内;从横的方面讲,机关、团体、企业事业及其他组织的档案工作都要接受指导。总之,凡是有可能产生档案及档案工作的地方,都有指导和接受指导的问题。

然而,档案工作业务指导又是分层次进行的,它还具有层次性的特点。无论是档案行政管理部门,还是有指导任务的机关、团体、企事业单位及其他组织的档案部门或档案工作人员,都不能"一竿子插到底",而必须根据行政管理层次和系统内的管理层次,由上而下,逐级进行档案工作的业务指导。

社会性和层次性的结合,使档案工作业务指导形成了一个有机结合、结构严密的网络。

(三)管理性与技术性的统一

档案工作业务指导的管理性是指档案工作业务指导不仅本身是档案行政管理部门的一种职能,而且是社会主义各项事业管理工作必不可少的一部分。档案工作业务指导是遵循档案和档案工作产生与发展的客观规律,根据指导对象(包括单位和个人)的特点,采取科学的原则和技术方法,有计划、有步骤地进行的。档案工作业务指导既有相对的独立性,又紧密配合档案行政管理机关所施行的其他管理手段,促进各个单位的档案工作乃至整个档案事业的发展,以达到人们预期的目的和效果的。由于档案工作业务指导的有效工作,各类文件材料的形成、积累、立卷、归档等能有秩序地进行,各类档案能保持准确、完整、系统的状态,这无疑会给行政管理、技术管理、生产管理、经营管理等各方面的管理工作带来方便和提高效率。所以,档案工作业务指导完全具有"管理"的特征。

然而,档案工作业务指导与一般事务性管理活动不同,它还具有鲜明的技术性。技术性是由档案制成材料的多样性和工艺技术性、记录内容的多学科性和文化信息性、档案管理的专业技术性等因素决定的,要求档案业务指导人员具备比较广博的科学、文化知识和档案专业知识与技能,并运用科学的方法和程序将这些知识与技能传授给被指导人员,使其增长管理档案和档案工作的才干,以解决其本职工作内的各种问题,使档案工作按预定计划和行动规范走上正常的轨道。

(四)持久性与阶段性的统一

档案工作业务指导的持久性是由档案产生的持续性和档案工作的久远性所决定的。档案来到世间是人类社会由野蛮进入文明的标志。据目前的考古发现,档案在我国已有四千多年的历史。随着人类社会的进步和科学技术文化的发展,档案的将持续不断发展变化,不会衰竭。与此相适应,管理档案和开发档案信息资源的工作也必定源远流长。因此,档案工作业务指导不仅长久需要,而且水平会不断发展和提高。

然而,档案工作业务指导的发展并不是直线上升的,而是成周期地运转的,它依循一定的程序,呈现出一定的阶段性。也就是说,档案工作业务指导是在一个又一个档案事业发展规划和年度计划的指导下,通过对一个又一个阶段或一个又一个年度、一个又一个具体项目的档案工作进行指导来完成自己的使命的。在每一个阶段(或年度、项目)的工作中,档案工作业务指导一般都要经过调查研究、制定方案、实施指导、总结经验等程序。在一个又一个工作过程中,档案工作业务指导不断地吸收营养,创造和积累经验,把自己推向前进,也使整个档案事业得到发展。

(五)反复性与渐进性的统一

档案工作业务指导的反复性主要表现在对机关、团体、企业事业学位及其他组织各类文件的形成、积累、立卷、归档工作的指导和基层中小型单位档案室工作的指导上。因为各类文件材料的处理人员和基层单位档案工作人员调动频繁、兼职多,档案意识相对淡薄,专业思想不牢固,有的文化程度偏低,再加上归档制度和档案管理的其他制度不完善,从而不得不迫使档案工作业务指导人员反复地对其进行内容大体相同的指导。

反复性给档案工作业务指导人员增加了不少的麻烦和负担,但也给档案工作业务指导的发展开辟了新的途径。因为档案工作业务指导绝不会停留在一个水平上,而是随着社会的进步和档案事业的发展而逐步发展的,从而形成了档案工作业务指导在反复中渐进的特点。渐进性是由两种因素决定的。一是档案工作业务指导人员通过反复指导,将一次比一次更加深刻地了解被指导单位及其人员的情况和档案工作的特点,将一次比一次更加深入地探索如何更有针对性地对这些人员进行指导,以提高指导的效率和被指导人员的领悟程度,因而能提高自身的素质和指导水平。二是被指导单位及有关人员总是在发展变化的,不仅他们的档案意识会增强,档案工作制度会完善,档案工作所需的基本条件会改善,而且档案的数量、质量及其结构也会发生新的变化,被指导单位的领导和有关部门为了发展自己的事业,也必将对档案工作提出新的更求。档案工作业务的反复指导所带来的积极成果也必将促进其指导水平的提高。

档案工作业务指导在不断解决新的问题的过程中呈周期性螺旋式的上升和在反复中渐进,这是它在发展过程中的两个特点。对于这两个特点,我们都不能忽视。

以上关于档案工作业务指导的特点,亦即档案工作业务指导矛盾运动的特殊性告诉我们,要做好档案工作的业务指导工作,必须了解它的性质以及决定这些性质的各种因素,并以辩证统一的观点来认识和处理问题,只有这样才能因势利导,使之向着自己所期望的方向发展,从而推动自身工作和档案事业的前进。

三、档案工作业务指导的作用

档案工作业务指导不是单纯的业务工作,它必然要涉及人们的档案意识、价值观念、传统习惯,涉及档案工作人员的专业思想、工作态度和服务方向等方面的问题。档案工作业务指导也不是一般的事务性工作,而是一项具有内在规律的科学管理工作,但它毕竟不是档案行政管理部门的全部工作,而只是其中的一个有机组成部分。在档案工作业务指导中,处理好这些关系,摆正自己的位置,研究和了解档案工作业务指导的作用是很有必要的。

档案工作业务指导的作用是多方面的,主要有以下三个方面:

(一)引导作用

在档案事业建设和发展过程中,各单位特别是基层单位,普遍存在的问题是,当一个阶段的工作任务完成后,下一个阶段应朝哪个方向走,档案工作任务与要求是什么不太明确。针对这些问题,档案工作业务指导人员运用档案工作规划所提出的方针与目标、档案工作法规所规定的行为规范、先进单位的典型示范等手段和方法,及时地指出方向、交代任务、提出要求,在无形中起到引导的作用。

(二)教育作用

档案工作业务指导的教育作用是通过宣传动员、言传身教和集中培训等形式来实现的,其内容包括两方面:一是思想政治教育,即帮助被指导地区或单位的广大干部职工提高对档案和档案工作的认识,树立和增强档案意识,重视和支持档案工作,帮助档案工作人员树立牢固的专业思想、热爱本职工作,养成良好的职业道德和艰苦奋斗、甘为人梯的革命精神。二是业务教育,即向接受指导的各方面人员普及档案和档案工作基本知识;帮助档案工作人员掌握和运用管理档案的知识、技术、方法,以提高分析问题和解决问题的能力。

(三)疏导作用

档案工作业务指导的疏导作用从两方面体现出来。一是档案工作业务指导人员是代表档案法规授权机关进行指导的,具有一定的权威性。在业务指导中提出的问题或建议,容易引起有关单位领导和有关部门的重视,指导工作本身就具有疏导的作用。二是对于一些影响档案工作开展的难度比较大的问题,业务指导人员依据档案工作法规和被指导单位的情况,有重点地做一些疏导工作,以帮助档案部门克服困难。一般说来,只要档案工作业务指导人员态度诚恳,方法得当,言之有据,耐心细致地进行宣传、说服工作,其疏导效果是十分明显的。

四、档案工作业务指导与相关职能工作的关系

这里所说的"相关职能工作",是指统筹规划、统一制度、组织协调和监督工作。档案工作业务指导与相关职能工作的联系,主要有以下四点:

第一,它们同属档案行政管理的法定职能,彼此互相配合、互相依存。规划和制度是开展业务指导的依据和准绳,又是业务指导的一种手段和方法;组织协调和监督工作为业务指导创造了良好的环境和条件;业务指导则一方面为有效地组织实施规划、执行制度、进行组织协调和监督工作提供理论、技术与方法的保证,另一方面为新的规划、制度的制定和组织协调、监督工作的开展提供新经验、新情况。

第二,它们的共同目标和总任务及总要求是一致的,都是为了加强档案行政管理工作,发展我国的档案事业,使之更好地为社会主义建设事业服务;都要在法制的范围内活动,其行为必须规范化。

第三,它们互为内容,互为工作对象,即业务指导的内容包括对下级和所属单位档案工作的规划和制度建设、组织协调、监督等活动的指导;业务指导又是档案工作规划和制度建设、组织协调、监督的内容之一。由于业务指导本身需要有规划、有制度,因此也需要组织协调和接受监督。

第四,它们在实际工作中往往互相交叉,结合进行。在业务指导中,往往酝酿着新的规划和制度,或同时进行组织协调与监督工作。如前面提到的疏导工作,实质上是一种组织协调的工作。反之,在行使其他职能时,也会穿插做些业务指导工作。

然而,它们的区别也是明显的。主要有以下五点:

第一,概念不同。各种职能的概念已在有关章节作了阐述,这里不再重复。

第二,着眼点与作用不同。统筹规划旨在掌握全局,解决档案事业内部和外部环境协调发展的问题;统一制度旨在为人们提供处理档案事务的行为规范,确保档案的有效保护和利用,维护党和国家的历史真实面貌与根本权益;组织协调旨在疏通渠道、理顺关系,使档案事业的发展有一个好的环境与条件;监督旨在解决档案工作按计划进行、合法等问题。业务指导则重在告诉人们什么时候应该做什么,应该如何做,怎样做会更好些,并帮助人们解决工作中的疑难问题。

第三,管理方法及其范畴不同。规划和制度主要以文件的形式下达,组织协调中的组织多运用组织机构的形式去行使职能,而协调多采用宣传、协商、调解的方式处理问题,监督则采用执法的形式,遇到违法案件还需予以制裁;业务指导则多以引导、辅导、疏导和提供服务的方式进行。业务指导虽然有向宏观方面转化的趋势,但大量的工作,特别是管理层次较低的档案行政管理部门及基层单位的档案工作业务指导多属于微观层次的范畴。

第四,工作程序与强制程度不同。规划具有法律性,制度更不用说,监督是一种执法行为,组织协调主要靠行政手段,不仅具有强制性,而且办事的程序性较强;而业务指导显然是法定行为,虽具有一定程序,但强制性、程序性不明显。

第五,工作对象与范围不完全相同。统筹规划、统一制度、组织协调和监督工作的对象与范围较宽,不只是针对档案部门,还涉及党政领导、有关单位和部门,甚至涉及社会公民;而业务指导的对象与范围主要是档案工作部门及其人员和各类文件材料的处理人员。

第二节 档案工作业务指导的一般原则

档案工作业务指导的原则是档案工作业务指导规律的体现。人类社会的实践活动能否取得成效取决于它是否符合客观规律。档案工作业务指导也不例外。档案工作业务指导的规律存在于它的各项活动的过程之中,是广大业务指导工作者应当自觉遵守的规范和准则。档案工作业务指导的原则有一般和具体之分。反映档案工作业务指导活动某一方面规律的叫作"具体原则",如文书立卷原则。贯串于档案工作业务指导活动各个方面,并带有普遍性的共同规律的,叫作"一般原则"。本节所要研究的是档案工作业务指导的一般原则。

一、统一指导原则

统一指导原则的提出是由我国社会主义制度及我国档案工作的领导体制和基本原

则所决定的。遵循这一原则是保证我国档案事业自身协调发展及其与国民经济和社会协调发展的重要措施。因而,统一指导原则是档案工作业务指导的首要原则。

统一指导原则的具体内容是,全国各级各类单位的档案工作要接受国家档案局的统一指导,要在国家档案局的统筹规划、统一制度、组织协调下开展其业务指导工作,不能离开这些去另搞一套。也就是说,在一定的时期内,全国各级各系统的档案业务指导工作应该有统一的目标和为实现这一目标而规定的行动规范。

当然,统一指导并不是要"一统到底",都由国家档案局从上到下去直接进行指导,而是要在其所制定的规划和制度的指导下,分层次、分专业地进行业务指导,以充分发挥各级档案行政管理部门和有指导任务的机关、团体、企业事业单位及其他组织的档案部门的指导作用。统一规划、统一制度也不是要在档案工作的一切方面都绝对一致,而是要求在总的目标方向上和共同的行为规范上统一。统一指导不仅不排斥,而且提倡和鼓励各级各单位档案部门根据其自身特点,采取多种灵活的措施,实行有效的、具有创造性的指导,以形成档案工作业务指导工作生动活泼的局面。

要正确执行这一原则,必须依据党和国家的战略发展规划、战略部署和方针、政策,加强档案事业的规划和制度建设,强化组织协调和监督能力;必须建立分层次、分专业的档案业务指导工作的体系和网络,配备与工作相适应的指导人员,在指导系统的组织和力量配置上,应既有合理的分工,又有统一的指挥。第一,档案工作业务指导要贯彻"下管一级"的原则,逐级进行。第二,对某一单位的档案工作进行指导,应确定一个业务部门或人员负责,不宜众多部门或多人员去指导一个单位的档案工作,并要保持这种分工的稳定性。第三,下级档案行政管理机关或专业主管部门在指导中对上级提出的指导标准、规范不明确或拿不准的,应加强请示汇报,不要自作主张。

二、总揽全局原则

总揽全局原则是系统整体思想在档案工作业务指导上的体现。所谓"总揽全局"就是要求档案工作业务指导部门及其人员用系统的观念考察和处理问题,正确处理全局与局部、局部与局部之间的关系,把指导工作的各个方面有机地结合起来,从全局或整体上提高指导工作的效率。

档案事业既是整个社会主义事业的一个子系统,又是由互相联系和互相作用的若干要素按照一定方式组成的统一整体。各个地区、各个部门、各个行业、各个单位的档案工作,档案系统内部各个专业的工作,相对于全国档案事业来说是一个局部;而相对于下属单位来说,它们又是一个整体。即使是某一项工作,相对于其他工作来说,它是一个局部,而就这项工作本身来说,它又是一个整体。因此,档案工作业务指导部门及其人员都需要树立系统整体的思想,学会总揽全局,善于处理全局与局部的关系。

要处理好这种关系,首先要求上一级档案工作业务指导部门,特别是省以上的档案工作业务指导部门,就全国或全省或某一地区的档案工作作出统筹安排。这种统筹安排既要考虑全局的发展,又要有利于局部的搞活。在处理局部问题时,要从全局出发,以战略的眼光去考察和抓好对全局或整体起决定作用的问题,抓好工作中的主要环节和关键步骤。

要处理好这种关系,其次要求下一级档案工作业务指导部门或人员将自己的工作纳入全局或整体工作的轨道,使自己的工作服从和服务于更大范围的整体或全局,懂得整体在想什么、干什么,整体的目标和任务是什么,自己应该如何配合整体进行工作。同时,必须把自己的工作作为一个系统,从整体的观念去把握它,正确地看待和处理每个局部的工作,引导局部自觉地服从全局。

要处理好这种关系,最后要求每一个档案工作业务指导人员在进行每一项工作的指导时,要瞻前顾后,正确处理每一项工作层次间、环节间的关系,注意事物之间的衔接性。如:对机关各类文件材料立卷归档工作的指导,就不仅要考虑方便机关档案室的管理和利用,而且要考虑这些档案和档案馆移交后的管理和利用。

三、分类指导原则

分类指导原则是指在档案工作业务指导中,要区别不同情况,提出不同要求,采取不同的措施和方法,不搞"一刀切",以增强其针对性。

档案工作的分类指导是由档案和档案工作的差异性与不平衡性所决定的,是遵循一切从实际出发、实事求是、具体问题具体分析的思想路线的具体体现。

档案工作的差异性首先是由档案的差异性所决定的。档案的差异性主要表现在不同质的档案在其形成程序、形成规律、记录方式、载体材料和具体内容上存在着特殊性。对不同质的档案需要采取不同的收集、整理、保管和利用方式。因此,档案工作的业务指导人员要分别提出不同的措施去进行处置,帮助管理人员把这些档案管理好。如对磁质、胶质等档案管理方法的指导应与对纸质档案管理方法的指导有所区别;对党政档案管理方法的指导应与对科技档案及其他专门档案管理方法的指导有所区别,因此,《档案法实施办法》规定,国务院各部门或者省、自治区、直辖市人民政府各部门的档案机构,经国家档案局或者省、自治区、直辖市的档案行政管理部门审定,可以制定本系统专业档案工作的业务标准和技术规范。

档案工作的差异性还表现在不同地区、不同行业、不同单位的差异性上。如:对少数民族地区档案工作的业务指导应与汉族地区有所区别,对军队档案工作的业务指导应与地方有所区别,对"三资"企业的档案工作业务指导应与一般国有企业有所区别,对企业集团档案工作的业务指导应与单个企业有所区别等。档案工作的不平衡性主要是由地区或单位间经济、文化等发展的不平衡性所决定的,也与地区或单位领导及有关部门重视与支持的程度、该单位档案工作人员的素质有一定关系。

四、重点指导原则

重点指导原则是抓主要矛盾和矛盾的主要方面的观点在档案工作业务指导中的具

体运用。所谓"重点指导"是指档案工作业务指导部门及其人员在一定时期内,围绕党和国家的中心工作或档案事业发展中的基本问题、关键环节而开展业务指导工作,以带动档案事业其他方面工作的开展。重点指导亦称"抓重点"或"抓中心工作"。

　　档案工作业务指导的重点,有日常工作重点和临时工作重点之分。日常工作重点就是根据分工,各级档案事业单位的档案工作和档案馆、档案学会的工作。临时性工作重点是指围绕党和政府临时性的中心工作或临时发生的重大事件而开展的业务指导工作,如机构的合并、撤销,企业事业单位的关停并转,灾异事故给档案工作带来的变故等。

　　档案工作业务指导的重点,按其工作范围和内容分,还可以分为重点地区、重点行业、重点单位、重点部门档案工作的指导和档案工作重点方面、重点项目、重点环节的指导等。要搞好重点指导,关键是选准、选好重点。一般说来,档案工作中的难点、热点、关键点、启动点和中心点应作为业务指导的重点。

五、调动人的积极性原则

　　调动人的积极性包括两个方面,一方面是档案行政部门要调动业务指导人员的积极性;另一方面是档案工作业务指导人员要调动被指导人员的积极性。

　　要调动档案工作业务指导人员的积极性,必须做到以下三点:第一,加强思想政治工作,帮助树立牢固的专业思想,培养良好的职业道德。第二,贯彻执行职、权、责、利相统一的原则,根据工作需要和业务指导人员的情况确定工作岗位,划清职责范围,实行岗位责任制和目标管理,并委以履行其职责的一定权力,放手让其工作,加强检查考核,做到奖优罚劣。第三,在制定规划和规范、标准或作重大决策时,要请档案工作业务指导人员参与并尊重他们的意见。

　　要调动被指导人员的积极性,就要求档案工作业务指导人员态度诚恳、平等待人,满腔热忱、悉心指导,讲究方法、加强针对性。同时指导人员要虚心学习,善于发现被指导人员的积极因素,尊重其首创精神;对于被指导人员所创造的新鲜经验和好的做法,要帮助进行总结,必要时加以推广;对于被指导人员工作中的阻力或困难,要帮助呼吁解决,提请地区或单位领导及有关部门重视与支持他们的工作。

　　以上我们研究了档案工作业务指导的若干原则,但这些只是基本原则。在具体工作中,必须坚持从实际出发,对原则加以灵活运用,而不能死守原则。

第三节　档案工作业务指导的方法

　　档案工作业务指导实质上是一种智力开发与交流,所要处理的是一种人与人之间的关系。因此,要搞好档案工作的业务指导,需要根据不同的情况,采用不同的方法。

　　档案工作业务指导的方法,依据不同的标准,可分为宏观指导与微观指导、会议指导与文献指导、咨询指导与示范指导、集中指导与个别指导、整体指导与专项指导、普遍指导与重点指导、直接指导与间接指导等。

一、宏观指导与微观指导

宏观与微观是相对的两个概念。档案工作的宏观指导与微观指导是就其着眼点而言的,在指导方法和内容上有所区别。对各级档案行政部门和专业主管机关的档案部门来说,这两种指导都是必要的。但相对说来,省以上档案行政部门和专业主管机关档案部门应侧重抓好宏观指导。

(一)宏观指导

档案工作的宏观指导是指把全国或某一个地区、某一个系统的档案工作作为一个整体,从大处着眼,主要进行方针目标和行动规范的指挥。宏观指导所要解决的主要问题是提出任务、指明方向、明确要求,具体来说,主要是指导解决一些带全局性和战略性的问题。如:如何贯彻执行党和国家关于档案工作的领导体制、基本原则和方针政策等方面的规定;如何贯彻执行国家档案事业的发展规划和规章制度,实现档案事业的发展目标与任务;如何全面提高档案干部队伍的素质,提高档案和档案工作的管理水平;如何提高档案工作的效率与效益等。

(二)微观指导

档案工作的微观指导是指对某个单位的档案工作或档案工作的某个方面进行具体的指导,主要是技术、方法的指导。所要解决的问题主要是如何使被指导的工作符合计划与标准、规范和要求,如:对某机关档案工作的指导,对文书立卷、归档工作的指导等。

二、会议指导与文献指导

召开会议与印发文件、书刊是档案行政管理部门经常采用的两种方式,它的目的不只是进行业务指导,也为业务指导提供了正确的思想和理论依据,还为业务指导提供了必不可少的手段。

会议指导与文献指导既有联系又有区别。其联系主要表现在一些重要的文献是通过会议制定的,其区别主要在于前者是直接指导,后者是间接指导,两者互补,相得益彰。

(一)会议指导

会议指导就是运用档案工作会议的形式来开展业务指导,这种方法具有较强的时效性、直观性、沟通性和集益性。所谓"时效性"就是能很快地把上级或本部门的指导意图传达下去;所谓"直观性"就是指被指导者能亲自听到指导者的讲话,看到指导者的演示,能加深印象;所谓"沟通性"就是指与会者能共同商量,交流思想,互通信息;所谓"集益性"就是指与会者一起讨论,互相补充,集思广益,形成新的指导思路。

会议指导的形式主要有三种:

综合性的会议包括档案工作会议和档案局长会议,这些会议主要研究和解决全国或一个地区、一个系统档案工作的发展规划问题、贯彻执行法规制度问题以及一些共同性的业务问题,是对档案工作的一种全面性的指导。如1979年召开的全国档案工作会议,就是指导全国档案工作恢复、整顿的一次十分重要的会议。

专题性会议即围绕档案事业发展中某一项专门工作或为了解决某一业务问题而召开的会议,包括座谈会、研讨会等,它对指导某一专项工作和解决某一业务问题具有更加直接、更加具体的作用。如档案馆工作会议之对档案馆工作的指导,档案著录标准化工作的指导,其作用都是十分明显的。

"以会代训"即以召开会议的形式,在研究和部署工作的同时,集中培训档案工作人员,使其掌握档案工作的某一项技术和方法,它是一种速成性的更加直接的集中指导方法,比较适用于文书立卷或某类专门档案整理工作的指导。

(二)文献指导

文献指导是通过制发文件(包括规划、条例、办法、规定、标准、规范、批转、函复等)、编发书报杂志等方式来进行档案工作的业务指导,这种方法具有较强的依据性、全面性、长效性、广泛性和方便性。所谓"依据性"是指各级党政领导机关、人民权力机关及有关部门制发的各种规划和法规标准等文件都具有法律效应,是包括档案工作业务指导在内的各项档案工作的依据和准绳。所谓"全面性"是指文件和书报杂志所反映的内容包括方方面面,具有全面性的指导作用。所谓"长效性"是指文献在其有效时间内对受文单位具有较长时间的指导作用,有些法规性文件即使失效了,对以后的业务指导仍有参考作用。所谓"广泛性"是指文献的指导作用范围比较广,一纸文献可以使多人受到教益。所谓"方便性"是指受文单位可以随时查阅文献以指导自己的工作,文献无形中成了被指导者不离身的良师益友。

文献指导主要有三种形式:

规划指导,亦称"方针目标型指导",它主要运用计划管理的原理,根据党和政府的路线方针和一定时期形势与任务的要求,制定档案工作发展的各种计划,提出奋斗目标、战略重点与措施,为被指导者指明方向、提出任务。如国家档案局在1954年提出"边做边学、稳步前进"的方针,1979年提出"恢复、整顿、总结、提高"的方针,1982年制定的《1983～1990年档案事业发展规划》以及每年的年度"工作计划要点",都在全国档案事业发展中起了重大的指导作用。

法规指导,亦称"章则规范型指导",它是通过制发档案工作的法律、法规、规章、制度、办法、标准、规范等行政性法规和技术性法规来指导档案工作的开展,使被指导者明确工作范围、工作方法与具体要求。如《档案法》《机关档案工作条例》《档案著录与标引规则》等法规文件的颁行,都已成为统一全国档案工作的行动规范和引导全国档案工作健康发展的准绳。

书刊指导,即通过印发档案专业及相关专业的书籍、报刊,为指导对象提供档案专业所需的知识、经验和动态等来指导档案工作的开展。目前,我国档案工作及相关专业的书刊日益增多,在档案工作业务指导中所发挥的作用也越来越明显。这里需要指出的是,书刊所提供的知识与经验,与现行档案工作法规(包括行政性法规和技术性法规)不相一致时,应以现行法规为准,不得随意变更法规提出的要求;书刊提供的技术与方法比较新颖,不宜随意变更法规所提出的要求,以致造成不必要的返工。

三、咨询指导与示范指导

咨询与示范是档案工作业务指导经常运用的又一组重要方法。所谓"咨询",就是跟别人商议,征询别人的意见,它是有问有答的,重在"说"。所谓"示范",就是演示和提供样板,重在"做"。两者既有联系又有区别,是相辅相成的。

(一)咨询指导

档案工作业务的咨询指导就是档案工作业务指导部门及其人员与被指导者之间,通过咨询与接受咨询的方法来进行指导,这种指导方法具有内容上的广泛性、时机上的被动性、过程上的反复性、态度上的平等性等特点。所谓"内容上的广泛性",是指被指导者可能提出各种各样的问题,内容涉及档案工作及与之相关专业的方方面面。所谓"时机上的被动性",是指被指导者提出问题的时机难以掌握,什么时候可能提出什么问题,固然有一定的规律,但会不会提出预料中的问题以及什么时候提出来,主动权不完全在指导者的手中。所谓"过程上的反复性",是指在档案工作业务指导过程中,可能有人多次提出内容相同的问题,请求答复,指导者要准备不厌其烦地反复接受同一类问题的咨询。所谓"态度上的平等性",是指咨询应在平等的气氛中进行,咨询双方都以平等的身份出现,特别是接受咨询的人员应平等待人,热情耐心,尽可能为咨询者提供满意的答案或可供选择的方案。

咨询指导的方式,依不同标准有不同的分类,如个体咨询与集体咨询、专项咨询与综合咨询、口头咨询与书面咨询、指引咨询与指明咨询等。

(二)示范指导

档案工作业务的示范指导是指运用技术演示、工作成果的展示和提供典型经验、工作样板的方法来进行指导,这种方法具有直观性、典型性、模范性和可操作性强的特点。所谓"直观性",是指档案和档案工作管理的技术演示、成果展示看得见,摸得着,比较具体、生动,如档案修复、裱糊、复制技术的演示和编目、编辑参考材料、档案史料成果的展览和陈列等就具有这一特点。所谓"典型性",是指演示技术和展示成果是经过筛选的、具有代表性和规范性的技术和成果,而不是不加选择的、没有代表性和不规范的技术与成果。所谓"模范性",是指提供示范的技术、成果和典型单位,具有一定的模式,起样板的作用。所谓"可操作性"或"可效法性",是指提供的技术、成果和典型单位的经验要便于操作或效仿,而不是高深莫测、高不可攀的。

示范指导的方法主要有以身作则、现场观摩、以点带面、典型引路等。

四、集中指导与个别指导

"集中指导"与"个别指导"是相对的两个概念,是就档案工作业务指导的规模而言的。两种指导方法各有其适用范围,也各有其特点,在档案工作业务指导中不可偏废。

(一)集中指导

档案工作业务的集中指导是指集中一段时间,集中一定的人员,对档案工作中某一个或某几个方面的问题进行指导,这种方法适用于以下情况:在一个时期内,由于共同完成某项工作任务的需要,如县级机关、乡(镇)机关文书立卷、归档工作,多数地方采取集中指导的方法,促使其按质按量完成任务;在调查、检查、指导或监督工作中,发现许多单位存在同一类档案业务问题,需要集中起来,共同研究、明确解决问题的办法;在一个时期内,来信、来访、来电询问同一问题的较多,而且要求比较迫切,需要把有关人员集中起来,共同研究和提出解决问题的办法。

集中指导比较省时、省力,在较大范围内见效快,容易掌握工作进度,不仅便于进一步发现具有倾向性、普遍性的问题,而且能集思广益、互通情报、交流思想,对指导者和被指导者来说,都能取长补短,指导口径与标准也较一致。

(二)个别指导

档案工作业务的个别指导是指针对个别单位、个别人提出的问题,或在调查研究中发现的个别单位、个别人的问题而进行的指导。个别指导的指导范围小、针对性强,问题的解决比较及时、比较透彻。作为指导者来说,个别指导可以"解剖麻雀",对情况了解得更加深刻。

五、整体指导与专项指导

(一)整体指导

档案工作业务的整体指导是指对一个地区、一个系统、一个单位的档案工作进行全面性的指导,其内容包括理顺档案工作体制、建立档案工作机构、配备档案工作人员、增强档案观念和档案工作意识、解决档案工作的内外矛盾、制定档案工作发展规划、建立档案工作制度、提高档案人员素质、对档案实行科学管理和有效开发等。整体指导一般在一个地区、一个系统或一个单位档案工作的启动时期、档案工作遭受重大挫折后的恢复时期适用,如党的十一届三中全会以后的一段时间内,国家档案局对全国档案工作的指导就属于整体指导。

(二)专项指导

档案工作业务的专项指导是指对档案工作的某一方面或某项专门工作的指导,如对档案馆工作的指导、对建立地名档案工作的指导、对档案著录标准化工作的指导,都属于专项指导。此外,专项指导还包括电讯指导与音像指导、直接指导与间接指导、理论指导与实际指导、原则指导与具体指导等。针对不同情况,需要不同的方法,我们在档案工作业务指导中要综合运用。

第十章
档案事业管理调查研究

调查研究是我国档案事业管理一贯采用的重要方法之一。国家档案局成立以来，在掌管全国档案事务的过程中，无论是制定计划、制定政策、召开会议，还是每开展一项新的工作，都无不以调查研究贯穿始终。从这个意义上说，我国档案事业的发展，就是不断地调查研究、发现问题、解决问题的历史过程。本章论述了档案事业管理中调查研究的概念、原则以及方法和程序等内容。

第一节 档案事业管理调查研究概述

一、档案事业管理调查研究的概念、特征

调查研究是个复合概念，由"调查"与"研究"两个概念有机构成。调查是指通过多种方式，取得并掌握客观世界的各种实际情况和材料。研究则是根据调查所掌握的情况和材料，用马克思主义的立场、观点和方法，进行科学的分析、归纳，以探求事物的本质和规律。调查是研究的前提，研究是调查的发展和深化。深入实际进行调查研究，了解情况，宣传党的方针政策和档案工作的基本原则，总结和推广先进经验，帮助解决档案工作中的实际问题，是档案行政管理部门经常性的重要任务，是对档案工作进行规划、组织、协调、监督和指导的基本方法和中心环节。

二、档案事业管理调查研究的意义

（一）调查研究是认识档案的基本手段

档案工作的基本对象是档案，要搞好档案工作，必须首先认识档案。档案是在人类社会各种实践中产生的，其内容五花八门，载体各式各样，形式千姿百态。如果不进行科学、系统而周密的调查研究，不搞清档案赖以形成的国家机关、社会组织甚至个人的基本情况，包括历史的和现实的情况，不了解生产、科研、建设、管理等工作部门或单位的性质、职能、工作程序以及这些部门或单位所从事专业的基本知识，不搞清这些部门或单

位可能产生的文件种类和数量,不了解这些文件材料所赖以附着的载体的构成成分及特性等,就不能真正认识档案的本质,就不能了解各种纷繁复杂的档案的联系与区别,也就不能有效地做好档案的形成积累工作、收集整理工作、维护保管工作和开发利用工作。回想文书档案、科技档案以及其他各类专门档案的建立,抑或纸质档案、胶质档案、磁质档案的建立、保护与利用过程,都经历了反反复复的调查研究,只有从中发现问题、改进工作、总结经验,才能达到如今的认识高度和管理水平。然而,人们认识档案的过程并没有终止,我们必须通过进一步的调查研究去完善原有的认识体系,去开辟新的认识领域。这是一个永远不会完结的过程。

(二)调查研究是制定、执行政策的根据

档案行政管理系统的任何机关、任何工作人员每天的工作都是在执行政策。政策本身正确与否以及在贯彻执行中是否正确实现了政策精神,对档案事业影响重大。事实告诉我们,正确的政策来源于系统而周密的调查研究。调查研究是中国共产党的光荣传统,是中国共产党实事求是思想路线的体现,也是国家档案局成立以来中国共产党领导下的一代又一代档案工作者的优良传统和创建、发展档案事业的一条基本经验。要把党和国家的路线、方针、政策正确地贯彻落实到档案事业中来并加以具体化,要结合档案事业的具体情况协助党和国家制定档案工作的方针、政策、原则、法律和法规,要制定适合于档案事业系统各级、各部门贯彻执行的规章、制度、办法、标准和规范,要了解党和国家的路线、方针、政策以及档案工作法规和各项技术法规的执行情况并加以督促和检查等,就不能只凭间接的知识,更重要的是必须取得第一手材料,而要取得丰富、生动的第一手材料,就离不开系统、周密和正确的调查研究。

(三)调查研究是转变领导作风的重要环节

党风问题是关系执政党生死存亡的大问题。档案事业系统各级各部门的领导干部要继承和发扬党的优良传统和作风,很重要的一点,就是必须投身到社会主义"四化"建设的实践中去,到群众中去作调查,认真考察群众的利益和愿望,悉心了解群众关于发展档案事业的意见和呼声,吸取群众的经验和智慧,从而去除官僚主义作风,找到克服主观主义、实行科学领导的途径和方法。

(四)调查研究是做好档案行政领导、指导工作的根本保证

档案行政管理部门做任何工作,都要以正确的调查研究来做保证。就制定档案事业的计划和日常工作的决策来说,调查研究不仅是使计划符合实际情况和使决策正确的前提,而且是正确实施计划、执行政策和及时修正计划、决策的保证。客观情况是在不断发展变化的,要使计划和决策跟上形势的发展,就必须不断进行反馈,并根据反馈的结果对原先的计划和决策及时加以修正或调整,而调查研究正是反馈的主要形式。此

外,档案行政管理部门的领导要考察和识别干部,要恰当地进行指挥和组织协调,要建立合理的档案工作领导体制并进行有效的思想政治工作等,无一不需要以正确的调查研究为基础。正如张闻天同志所说的:"调查研究工作,不是什么一个时期的突击工作,也不是只在工作的某一阶段才需要的工作,也不是对于某一种人才需要的工作,这是一切工作的基础,是贯穿在全部工作中的基本工作,是全部工作中最重要的有机组成部分。"

(五)调查研究是培养档案行政管理干部的有力措施

培养档案行政管理干部,固然需要让他们参加各类学校的学习,但这只能解决基础理论问题,更重要的是让他们在实际工作中不断学习、不断提高。因为这样既能解决把知识转化为能力的问题,又能解决知识更新和不断开拓知识面的问题。而要达到这个目的,有计划地组织档案行政管理干部参加调查研究工作是行之有效的办法。特别是在新形势下,档案工作中有许多新情况、新问题、新矛盾需要我们去了解和解决。要了解和解决这些问题,就必须通过深入系统的调查研究,占有大量的第一手材料。比如,要了解和解决案卷的质量问题,就必须懂得各类文件材料形成的规律、立卷归档的基本知识和案卷质量的技术标准等,而要做到这一点,仅仅依靠书本是不够的,还必须到实际工作中去进行深入调查研究。因此,调查研究是档案行政管理部门人员、特别是业务指导人员的必修课。调查研究的过程既是认识客观世界的过程,也是改造主观世界的过程。要搞好调查研究,干部必须学会做群众工作,必须以平等的态度对待群众,必须虚心向群众学习,只有这样群众才会接近他,愿意向他说真心话。

第二节 档案事业管理调查研究的任务

档案工作调查研究的任务主要是收集信息、确定问题、提供决策依据和建议。

一、收集信息

充分收集和掌握档案工作的信息是有效地加强和改善档案行政工作的基础。档案行政部门所要收集的信息,主要有以下两个方面。

(一)档案系统的内部信息

档案系统的内部信息包括:档案行政部门、档案馆、档案室的领导(管理)体制、机构设置、人员编制及现有专职兼职人员的数量与构成情况;档案部门的领导班子建设情况;档案工作列入国民经济和社会发展计划与执行情况;档案部门执行档案行政法规、技术法规和档案工作计划(规划)的情况和本单位、本行业、本地区档案规章制度的建设情况;档案经费开支和档案部门工作用房、档案库房的建设情况及必备设施、重要设施的配置情况、使用效益;档案馆藏、室藏档案、资料的数量及构成情况,阶段内馆、室藏档案、资料的消长情况及其原因;档案行政部门履行职能的情况和档案馆、室开展档案收集、整理、保密、统计、编目、编研等业务工作的情况;档案馆、室所藏档案、资料的开放、利用情况,重点档案和蜕变损伤档案的抢救情况;档案专业教育和档案科学技术研究与现代化管理的发展情况;档案学术团体建设和活动情况;档案受灾或人为破坏事故的发生和处理情况;档案违法事件或行为的发生和处理情况;等等。

(二)档案系统的外部环境信息

档案系统外部环境信息包括:国际国内的社会、政治、经济、文化状况;与档案工作发展有关的国家法律、政策、路线、方针的制定、颁布、执行情况;档案工作和档案部门在国家机构、社会组织中所处的地位以及档案部门与所属社区、组织的协调状况,社会风气和历史传统对档案部门执行党和的国家政策法令的影响;党委、政府及有关部门对档案工作的重视程度和档案部门对社会环境、特定工作环境的适应调整能力;社会档案意识和法律意识,档案部门的社会意识与法制意识的强弱程度与实际表现;档案部门在国家和地方的知名度、信誉度;管辖区域以外的档案工作情况;图书、情报等相关学科和专业工作的开展情况;整个社会文化环境,包括传统文化心理、区域性文化习惯、生活方式、社会道德状况和社会主义市场经济等因素对档案部门及其工作人员行政、职业行为、人生价值取向、创造精神的影响;等等。

二、确定问题

档案工作的问题就是档案部门及其工作人员或国家机关、社会组织与公民中的其他人员在处理档案事务时离开档案工作行政法规、技术法规、档案工作发展规律、发展规划以及社会道德和职业道德所产生的矛盾,或者说时档案工作的开展达不到上述法规、规律、规划、道德的要求,不能适应经济和社会发展需要的矛盾。档案工作的问题或矛盾是客观存在的。档案工作调查研究的任务之一,就是要通过对上述两类信息进行认真的分析,找出存在的问题,并加以准确而清楚的说明。找准并确切地确定问题,取决于调查研究人员对上述法规、规律、规划、道德标准地掌握和对档案工作真实信息地了解。

在调查研究中,我们往往会发现许多问题不可能一下子或一次性解决,这就要求调查研究人员根据各种问题的重要程度,制定处理各种问题的先后次序,并及时确定对档案工作发展具有决定性影响、需要优先解决的关键问题。

针对需要优先解决的问题,调查研究人员必须先把问题加以准确说明。其具体内容包括:档案工作发展的关键问题是什么,它是从什么事物中或怎样观察出来的;问题发生在什么地点(单位或地区);问题发生及其将持续发展的时间;问题涉及哪些国家机关和社会组织抑或公民,其责任人和相关人员是谁;问题的重要程度和影响幅度多大;问题之所以发生并将持续发展,其各种可能和终极原因是什么,其症结在那里;涉及问题的有关组织及其人员为解决问题采取了那些措施,其解决问题的程度及前景如何,等等。如果准确、清楚地说明了要点,确定问题的任务就基本完成了。

三、提供决策依据或建议

为领导者或主管部门提供决策依据或建议既是调查研究的目的,也是调查研究的一项重要任务,还是收集信息和确定问题的必然归宿。

为领导者或主管部门提供决策依据,一般有三种情况。第一,在决策前的调查研究,主要为决策者提供预测性依据,使决策者了解某项决策实施的前景以及可能出现的问题和相应对策,明确决策的可行与必要程度,以便早下决心;第二,在决策实施中的调查研究,主要为决策者提供有效依据,使决策者了解决策实施后社会各方面的反映,特别是涉及利益调整的有关部门和人员的反映,了解决策实施的进展情况和广泛程度,了解决策实施中的初步成果和问题,以便做出坚持还是、对决策进行适当修改或大幅度调整的决定;第三,在决策目标或决策的阶段性任务完成后的调查研究,主要提供经验性数据,使决策者了解决策实施的整个过程和结果,总结典型单位(地区)、典型人物和一般单位(一地)、一般人物在这一过程中的作为和贡献,了解此中的利弊得失及其原因与症结,以便总结经验、吸取教训,以利再战。

为领导者或主要部门提供建议是指调查研究人根据自己所掌握的材料和分析研究的结果,直接提出意见和解决问题的方法,这也有三种情况。第一,根据规定的档案行政目标任务预见未来,为决策者提供规范性建议,即提出改变档案行政部门或档案系统的现状和达到目标的途径;第二,根据对调查现象的历史和现状的了解以及对档案工作发展规律的把握,为决策者提供警告性建议,即指出在实施决策过程中要防止什么危险和确定可供选择的应急方案;第三,根据调查掌握的情况权衡决策目标及其实施措施的利弊,为决策者提供研究性建议,即指出在决策实施中,哪些措施应着重加以利用,哪些要慎重利用甚至不宜利用,哪些档案行政管理的决策目标对档案事业的发展具有更大的价值和更好的前途,等等。为领导者或主管部门提供建议是调查研究人员参与决策的一种具体表现,是调查研究的一种高级形式。各有关领导和主要部门要积极提供和鼓励调查研究人员的参与,并提出明确的要求;调查研究人员则要在摆正自己的位置的前提下,敢于参与,善于参与,真正当好领导者或主管部门的参谋和助手。

第三节　档案工作调查研究的原则

调查研究同其他社会实践活动一样,有其自身的规律。调查者只有自觉遵循这些规律,才能顺利完成调查任务。调查研究的基本原则就是对调查研究活动规律的概括。

一、调查研究必须以马克思主义理论为指导

马克思主义理论是我们一切工作的指导思想,也是调查研究工作的指导思想。任何调查研究都是在某种理论指导下开始和进行的,档案工作的调查研究当然不能例外。辩证唯物主义和历史唯物主义的世界观和方法论就是指导档案工作调查研究的正确理论。只有掌握这种理论,才能在调查研究中自觉地采取科学的态度,透过现象发现事物的本质,准确地预见事物发展的未来。以马克思主义理论为指导,还应以党的正确路线、方针、政策和档案工作的法规为指导,因为调查研究工作是马克思主义同我国现代化建设和档案工作实际结合的产物,直接反映了我国档案工作的普遍规律。例如,我们要调查经济体制改革给档案工作带来的影响,就必须首先学好党中央关于经济体制改革的决定和《档案法》对档案管理的一般要求,只有这样,在调查研究中才能有正确的方向,才能更深刻地了解实际情况,准确地把握问题的关键所在。

二、调查研究要坚持实事求是的态度

实事求是就是直接从事物的本身发现规律,排除一切"先入之见"的干扰,这是马克思主义的根本要求。以马克思主义理论为指导和以党的正确路线、方针、政策为指导,并不是说要用这些来剪裁档案工作的现实,而是要在其精神实质指导下,更好地认识档案工作的具体规律,找到正确贯彻中央或上级指示的具体办法。总之,坚持实事求是的原则就是要从我国档案工作的客观实际中找出规律,形成具体的领导或指导意见。为此,必须在调查研究时采取客观的态度,"一是一,二是二",不隐瞒真相,不掺进偏见。只有这样,才能搜集到真正有价值的反映档案工作的事实材料。坚持实事求是是需要勇气的,调查者只有具有魄力和胆识,才能把调查研究工作进行到底。

三、调查研究必须全面、系统和周密

只有获得关于档案工作的完整、丰富和具体的感性材料,才有可能从中得出领导、指导档案工作的正确结论,因此,档案工作的调查材料要求全面、系统和周密。所谓"全面"就是对反映调查对象各个方面的情况的材料要尽可能无遗漏地加以搜集。全面性是同片面性相对立的,片面的调查只抓住事物的某些片断,恰如"盲人摸象",不能概观事物的全貌,也不可能得出正确的结论。所谓"系统"就是要把调查对象看作一个有机的整体,致力于搜寻和探索调查对象各个方面的相互联系。系统性是同零散性相对立的,零散的调查只抓住事物外表某些互不关联的枝节,不可能深入洞察事物的底蕴。所谓"周密"就是对调查对象的全部细节材料都要加以搜集,因为有些看来微不足道的细节,其中很可能隐藏着重大线索,如果只作粗枝大叶、马马虎虎的调查,就无法弄清事物的真相。总之,只有全面、系统、周密的调查,才是真正有意义的。相反,片面、零散、粗枝大叶

的调查只能导致错误的结论。

四、调查研究要将定量分析与定性分析相结合

任何一种事物都是一定的数量和质量的统一体,数量变化了,性质也会不同程度地发生变化。在档案工作调查研究中,要注意发现并运用事物间质与量的辩证关系,把握定量分析与定性分析相结合的方法,以便更有利地揭示调查内容。具体说来,在制定调查研究提纲时,应当提出各方面情况的数字统计要求;数量统计必须周全、精确,不能丢三落四,也不能"大概""也许";要把握数量与质量的比例关系,准确地判断档案工作中某项事物的性质。定量分析是定性分析的基础,定性分析是定量分析的结果。在调查研究过程中,只有注意把定量分析与定性分析结合起来,才能对事物做出准确的判断。

五、调查研究要抓主要矛盾

抓主要矛盾是指在全面、系统、周密的调查研究的基础上,适当放开次要的问题或细节,把主要矛盾突出出来。档案工作的主要矛盾和次要矛盾的区分,也必须建立在对它进行全面、系统、周密的调查研究的基础之上。实际上,从"全面、系统和周密"向"抓主要矛盾"的过渡,反映了调查者的认识随着调查的发展而深化的过程。当调查者通过初步的调查活动掌握一些情况之后,除了继续搜集全面情况之外,还要注意寻找事物的主要矛盾。毛泽东同志指出:调查要"详细地占有材料,抓住要点。材料是要搜集得众多愈好,但一定要抓住要点或特点(矛盾的主导方面)","没有调查,就没有发言权。但就有同志要问'十样事物,只调查了九样,只有一样没有调查,有没有发言权'? 我以为如果你调查的九样都是一些次要的东西,把主要的东西丢掉了,那么,仍旧是没有发言权"。

六、调查研究要着眼于档案工作的开展

档案工作和其他事物一样,也有其产生和发展的过程,因此,调查时不仅要调查档案工作的现状,而且要调查其产生的原因和背景,调查其发展的整个过程,只有这样才能对档案工作作全面、深入、本质的认识。着眼于档案工作的开展,还包括对档案工作未来的预测。档案工作的调查是为决策服务的。正确的决策来源于对档案工作未来前途的正确预测,正确的预测又以对档案工作发展规律性的认识为前提,而这种规律性的认识——如我们一再强调的——只能来源于对档案工作的历史和现状的深入调查。既然如此,调查时就应全面系统地搜集关于档案工作历史和现状的多种多样丰富具体的材料,为下一步的研究和决策提供可靠的基础。

七、调查研究要有甘当"小学生"的精神

向群众作调查,必须有甘当"小学生"的精神,虚心向群众请教。调查者既是"先生",又是"学生",只有先当"学生",才能当好"先生"。毛泽东同志说得好:调查工作"没有满

腔的热忱,没有眼睛向下的决心,没有求知的渴望,没有放下臭架子、甘当小学生的精神,是一定不能做,也一定做不好的。必须明白,群众是真正的英雄,而我们自己则往往是幼稚可笑的,不了解这一点,就不能得到起码的知识"。每个调查者都应当像毛泽东同志一样虚怀若谷。

第四节 档案工作调查研究的方法和程序

一、档案工作调查研究的一般方法

随着社会的发展和科学技术的进步,档案事业调查研究的任务和要求都在不断变化。调查研究的方法已成为档案事业技术和方法的一项主要内容。调查研究的方法很多,按照不同的特征,可以分为不同的类型。

（一）按调查研究的对象划分

按调查研究的对象,调查研究的方法可分为普遍调查、典型调查、对比调查、抽样调查、重点调查等几种类型。

1. 普遍调查。

普遍调查简称"普查",即对档案工作某一方面的调查对象逐一进行调查,以求获得带有普遍性的材料的方法。这种调查常以表格的形式来进行,是一种了解基本情况的好方法。如1986年国家档案局与全国工业普查领导小组联合组织的对全国大中型工业企业档案工作的调查,采用的就是普查的方法。

2. 典型调查。

典型调查是在对调查对象有了初步认识或分析的基础上,深入一个或几个有代表性的档案馆、档案室等单位作周密细致的调查,取得详细的第一手材料,然后进行科学分析,以掌握这一现象发展变化的一般规律的方法。典型调查俗称"解剖麻雀"。如1959年国家档案局为了认真贯彻落实党政档案工作统一管理的原则,派四个工作组分别到河北琢县、浙江临安、广西玉林、河南淅川等档案馆所进行的蹲点调查,采用的就是典型调查的方法。

3. 对比调查。

对比调查是典型调查的进一步发展。对比调查的对象不是单个的典范,而是一对互相对照的典型。例如,对档案工作基础好的地区与基础差的地区就可以进行对比调查。对比调查的目的在于通过对比,找出双方的差距,发现落后一方的问题、症结并指出努力方向,同时突出先进方面的示范作用。

4. 抽样调查。

抽样调查是从所要研究的总体中,根据每一单位都有同等机会被抽选的原则,抽取一定数量的单位(即样本)进行调查,并以其结果推断出研究总体的一般情况的方法。例如,在对机关和企业、事业单位的档案工作进行调查时,可分别在机关和企业、事业单位中抽取一定数量的单位进行调查。

抽样调查首先要选择"样本"。选择"样本"的方法有两种。一是非随机抽样,即指调查人员自己的判断或对偶然遇到的调查对象进行抽样。二是随机抽样,即调查人员按随机原则(机会均等),从总体单位中抽取部分单位进行调查。

5. 重点调查。

重点调查即对在研究项目总量中所占比重较大的单位进行调查。如对大中型企业档案工作的调查就属于重点调查。在我国,大中型企业单位在全国企业单位总数中虽然不占多数,但它们的产值、利税、设备、技术、人才和为国家所作的贡献在国民经济和社会发展中的地位举足轻重,其档案的数量和质量以及档案工作所发挥的效益也占有很大的比重。因此,了解大中型企业档案工作的情况就成为企业档案工作调查研究的重点。

(二)按调查研究的内容划分

按调查研究的内容,调查研究的方法可分为全面调查、单项调查、突出问题调查等几种类型。

1. 全面调查。

全面调查是指对全国或一个地区、一个单位的档案工作的全面情况的调查。

2. 单项调查。

单项调查是指对一个地区、一个单位档案工作中某个具体项目、具体问题的调查,对档案保护技术状况的调查等。单项调查和全面调查是相对性的概念。单项调查就其调查的项目来说,往往是全面性的、综合性的;全面调查放在更大的范围内来说,又是局部性的、单项性的。

3. 突出问题的调查。

突出问题的调查是指对突发事故、重大失误和工作中出现的新情况、新问题或涌现的先进典型的调查。

(1)对突发事故和工作中重大失误进行调查。例如,在失火、水淹、地震等灾害的突然发生给档案馆所藏档案造成重大损失的情况下,调查可迅速查清原因,进行妥善处理,并从中吸取教训,以防类似事故或失误再次发生。

(2)对工作中出现的新情况、新问题的调查具有工作研究的性质。搞好这类调查,可以不断发现工作中的新问题、新经验,便于档案行政管理部门的领导和业务人员的思想保持对新鲜事物的敏锐感,同时,调查可以提出解决问题的办法,以便超前指导类似的工作。比如,在经济体制改革中,档案行政工作出现了一些新的情况和新的问题,只有通过调查研究,采取相应措施,才能适应改革的需要。

(3)对先进单位和先进人物事迹的调查要经常进行。因为工作不断创新,先进人物也会层出不穷。搞好这类调查,既能不断丰富档案部门领导和业务人员的知识,又能给本地区、本系统的档案工作带来新的动力。

(三)按调查研究的手段划分

按调查研究的手段,调查研究的方法将分为文献调查、问卷调查、统计调查、访问调查、现场调查、会议调查、实验调查、德尔菲法等几种类型。

1. 文献调查。

文献调查是指通过汇集现成书面材料来进行调查。也就是说,从公开出版的有关档案工作的国内外报刊、年鉴、地方史志、部门史志、工作手册、回忆录和一般书籍中以及从内部的各类档案资料中搜集有价值的信息,特别是对那些反映新的动态、新的发展趋势的材料和反映工作中关键问题的比较系统的材料,更要广泛收集,作为调查研究的基础。文献调查是一种通行的和常用的调查方法,它特别适用于对外国档案工作和历史上的档案工作情况的调查。因为多数人没有出国直接考察的机会,只能借助于各种文献来进行调查研究;而过去的档案工作情况只有当事人知道,要了解当时的情况,除了可以做些访问调查外,很主要的一个方法就是查寻档案及有关的文献。文献调查的关键是锲而不舍、持之以恒地去积累有关的材料,研究时则要注意去粗取精、去伪存真。

2. 问卷调查。

问卷调查亦称"问卷法",一般是根据调查的目的和要求,把有关调查项目设计成一个调查表,分发给被调查者(包括单位和个人)填写,并尽可能把已填写好的表收回。

问卷分封闭式问卷和开放式问卷两种。所谓"封闭式问卷"就是被调查者在回答问题时,只能从表上所列的几种答案中选择一种,而不能任意发挥。例如,进行社会档案意识的调查时即可采用这种方法。封闭式问卷的优点是回答方便,格式整齐,便于整理研究;缺点是限制太死。所谓"开放式问卷"就是被调查者可根据调查表上的问题进行自由发挥,详述己见。例如,对档案馆开放档案的看法与要求进行社会调查,即可采用此法。开放式问卷的优点是资料丰富,参考价值大;缺点是整理工作量大,不便进行数字统计和定量分析。

3. 访问调查。

访问调查是指调查者通过口头交谈等方式向调查对象了解情况的方法。对珍贵历史档案的收藏者进行调查或对某个事故的直接责任者进行调查,即可采取这种方法。访问调查必须善于选择个别交谈的对象,事先做好交谈的准备工作,并掌握交谈的艺术。所谓"选择交谈对象"就是着重对与要调查的问题有关的领导人、当事人、知情人进行调查。遇到珍贵历史档案的鉴定等专业性强的问题,还要请教有关的专家。所谓"事先做好交谈的准备工作"是指先从侧面了解谈话对象的基本情况,预先想好提问的角度与方式。所谓"掌握交谈的艺术"就是要做好接近、发问、引导、追询、记录等各个环节的工作。

4. 现场调查。

现场调查就是调查者有目的地、有计划地运用感官或科学仪器直接了解正处在自然状态的事物的方法,它是调查者获取生动直观的鲜明印象,丰富感性认识,掌握和研究并解决问题的第一手资料的方法。

5. 会议调查。

会议调查主要是指调查者为了某一调查目的以开座谈会的形式了解群众意愿和情况的方法,这是一种最简单易行而又最忠实可靠的方法。

为了把座谈会开好,应事先做好准备工作。一是要选好参加会议的人员。二是要事先向调查对象通报调查内容、目的及准备事项。三是对调查对象要尽可能做到心中有数。开会时,调查人员要平易近人,善于启发引导,最好亲自口问手写,详细做好记录,重要材料要当面核实清楚。

6. 实验调查。

实验调查是从自然科学实验中移植过来的一种方法,即按照一定的程序和设计方案,从总调查对象中选一部分,分为两组,一组为实验组,一组为控制组(或称对照组),前一组改变其条件,后一组维持原样,经过一段时间的考察之后,比较其结果,以便掌握决定性的条件。例如,对机关全部档案的集中统一管理或联合档案室的实验调查,即可采用此法。具体做法是把同类性质的机关分为两组,一组实行综合管理或建立联合档案室,另一组维持分散管理或单一档案室的状态。在较长的一段时间内进行对比观察,从优劣对比中找出问题的关键,以便有说服力地开展监督、指导工作或为决策提供有力的依据。

7. 德尔菲法。

德尔菲法是国外一种相当流行的预测调查方法。德尔菲是古代希腊历史遗址,据古希腊神话传说,是阿波罗神庙所在地。阿波罗神以预言灵验著称,常派遣使者到各地去搜集聪明人的意见。所以,德尔菲包含有集中众人智慧之意。这个方法最早由美国兰德公司用于预测并命名,后来被人们广泛地应用于预测调查。

德尔菲法采用函询调查的方法,将专家回答的意见加以综合整理,再将归纳结果在不公布姓名的条件下寄回给各个专家征求意见,再进行综合。如此经过几轮的反复调查,从而使意见逐渐趋于集中,这是一种有控制、有反馈的函询调查。该办法的优点如下:一是被调查者彼此不见面,也不了解真实姓名,可以避免相互的消极影响;二是经过几轮的反馈,意见比较集中,便于决策者下决心。德尔菲法适用于档案事业发展战略的调查和档案工作现代化管理发展前景的预测调查,应引起我们的重视。

调查研究的方法还可以按其他特征进行分类。调查时,我们应根据调查对象的特点、任务及其要求的难易程度,选择和运用相应的方法。事实上,在进行调查研究的过程中,往往是多种方法交替运用或同时运用,从而互相补充、互相印证,以求得对客观现实的更深刻的认识。如国家档案局 1986 年组织的一次关于机关档案工作的调查,既有对全国各级机关、团体档案工作的全面调查,又有抽样调查,即从各大区,老、少、边、穷地区和工作基础好、中、差三种地区以及经济特区等不同类型的地区中抽出十四个省、市、自治区,要求其从省、地(市)、县、乡四级机关中各选三个单位(包括好、中、差),作为抽样调查的对象。整个调查要求按所发调查提纲分别写出综合报告和分级、分专题的单项调查报告,还要求报送抽样调查单位的典型材料,这就是综合运用多种方法的一次调查。实践证明,调查所取得的效果是比较好的。

二、档案工作调查研究的统计方法

上一节论述了调查研究的多种方法,这一节着重介绍统计调查,因为统计调查是档案行政管理部门进行调查研究的主要手段和基本方法。

（一）统计资料的搜集

1. 搜集统计资料的基本要求。

搜集档案统计资料除了要遵守调查研究的一般原则外,还必须特别注意资料的准确、及时和全面。所谓"准确"就是统计资料必须如实地反映客观存在,"一是一,二是二",要实事求是,这是统计调查的生命。所谓"及时"是指必须按照调查任务的要求,遵循预定的计划,及时提供统计资料,否则必然贻误时间,影响全盘工作,这是统计调查的突出特点。所谓"全面"是指搜集来的统计资料必须系统、全面,切忌零碎和残缺不全。

2. 统计调查的分类。

统计调查依据其不同的特征,可以分为不同的类别。如:按调查的组织形式,可分为统计报表制度和专门调查;按调查对象和其包括的范围,可分为全面调查与非全面调查。

3. 统计报表制度。

统计报表制度是档案事业系统各部门、各地区、各单位根据国家统一规定,以原始记录为依据,按规定的时间、表式和程序,自下而上提供统计资料的报告制度。这是一种定期的报告制度,是国家统一规定的法令制度的一部分。各部门、各地区和各企业事业单位均负有报送报表的义务。报送的表格、内容、方式、程序和时间等均由有关部门统一规定。报送单位对这些规定必须遵照执行,不能任意解释、擅自更动。我国档案事业统计报表制度是国家从现实中掌握档案工作统计资料的基本途径,是对全国档案事业进行计划管理和业务指导的重要工具。

档案统计报表根据实施的范围和报表内容的差别,可分为以下四类:一是全国档案统计报表,它是由国家档案局制定,国家统计局批准,发至各省、自治区、直辖市以及中央、国家机关档案部门,由各地、各单位汇总后报送国家档案局的档案统计报表。如《全国档案事业基本情况统计年报》,包括《档案事业管理机构、人员基本情况表》《机关档案工作基本情况表》《档案馆基本情况表》《大型工业企业档案工作基本情况表》《档案事业教育基本情况表》和《各地档案事业费、档案馆基建情况表》等六种统计报表。二是地方档案统计报表,它是由各省、自治区、直辖市档案局和统计局制定、批准的有关档案工作基本情况的统计报表。如《河南省机关团体企业事业单位档案工作基本情况年报》。三是专业主管部门档案统计报表,它是由中央各专业主管部门根据自身实际工作的需要制发的有关本专业、本系统档案工作基本情况的统计报表。四是档案业务统计报表,它是由档案行政管理系统各业务部门根据自身业务工作的特点而制发的统计报表,如《档案保护技术设施、设备统计表》等。

档案统计报表的基本内容一般包括四个方面:一是报表目录,它是指说明应当报送的各种档案统计报表的名称、填报范围、报送日期及有关事项的一览表。二是表式,它是指档案统计报表的具体格式,须具体写明表名、表号、制发机关、报告期别、填报单位、报出日期等。三是填表说明,它用来具体指明该报表由谁来填报,明确基层填报单位的范围;并作出指标解释,亦即对档案统计指标的概念、计算方法、包括范围及有关事项作出具体说明。四是统计目录,它是指应在有关档案统计报表的主栏中填报的档案统计分组及其具体项目的一览表。

统计报表的组织与管理,一般要遵循下述原则:一是从实际出发,贯彻"少而精"的原则,即在适应档案事业管理,主要是制定政策、计划工作和业务指导、监督需要的前提下,力求精简。二是统计报表的制定要贯彻科学的集中统一的原则,即报表的内容、指标体系、指标的解释和计算方法以及上报时间等都有统一的规定,都要讲求科学性。三是要有健全的基层统计作保证,因为统计报表是根据基层单位档案工作的资料进行积累整理填报的,是建立在基层档案统计基础上的。因此,建立健全基层单位的档案统计工作的关键是健全档案工作的原始记录和建立档案工作统计台账。

档案统计报表的报送,目前主要有三种方式:一是逐级汇总上报,即先由县级档案局将档案统计报表报送地(市)级档案局汇总,再报省级档案局汇总,最后由国家档案局汇总后报国家统计局。二是集中汇总报送,即将县级档案局调查的统计资料直接集中到省级档案局汇总后,报送国家档案局。三是越级汇总报送,这是一种将基层档案统计报表超越中间多级或几级综合单位,采用电子计算机进行数据处理的汇总报送的方式。

4. 专门调查。

专门调查是为了完成某种调查任务的需要而专门组织的档案统计调查,主要调查方式有普查、抽样调查、重点调查、典型调查等。这里着重介绍普查的方法。

普查是提供档案事业某一方面比较全面而准确的统计资料,作为档案行政管理部门制定重大决策,安排中长期计划,或进行某些重大档案学术问题研究的依据。普查提供的资料很重要,往往是不能或不适宜用定期统计报表提供的,所提供的某一方面资料的细致程度也是定期报表所不能及的,故普查绝非定期统计报表所能代替。

普查的内容项目较广,涉及单位较多,时效性要求较强,准确性要求较高,并且多在全国范围内进行。由于普查时动员人力较多,财力、物力耗费较大,组织工作繁重复杂,因此,普查工作不宜经常开展。根据普查工作所具有的特点,要做好普查,保证调查结果的高质量,除应遵循专门调查要坚守的共同原则外,还要注意下列特殊要求:

(1)统一规定普查的时点,以避免由于自然环境变动或机构变动所造成的资料重叠和遗漏现象。普查时点一经确定,所有单位都要以此作为标准时刻登记调查的资料。例如:工业企业档案工作普查的时点定为 6 月 30 日,就是要求被调查企业所提供的各项数字截止到这一天,多一天、少一天都会影响数字的准确程度。

(2)统一规定普查的期限,统一普查的起止时间。在规定期限内,各调查单位或调查点应同时进行,力求在最短期限内完成,并做到方法和步调一致,以保证调查资料的真实性和时效性。

(3)统一规定调查项目和间隔时间,以达到调查目的和要求,保证资料的汇总和比较。普查最好按周期进行,同一种普查每次调查项目要尽量衔接一致,以便于分析趋势和规律。

(4)做好普查队伍的培训和普查试点工作,以做好充分准备,取得经验,保证普查的顺利进行。

(二)档案统计资料的整理

档案统计资料的整理是对档案统计调查所获取的大量的、个别的单位的档案统计资料加以系统化,使之能够反映档案工作整体现象的一项工作,它既包括对搜集到的原始资料进行整理,又包括对已经过加工的资料进行整理,是统计调查的继续和深化,为统计分析奠定了基础。

1. 档案统计分组。

档案统计分组是将被研究的档案工作现象总体按照一定的标志划分为若干不同类型的组。如上述国家档案局制发的六种调查表,实际上每一种调查表所要统计的档案工作指标就是以一定的特征组成的档案统计资料分组,这是比较大的分组。每一大组还可分为若干小组,如《档案事业管理机构、人员基本情况表》中的内容又可以省级、地级、县级档案事业管理机构、人员基本情况分别组成三个资料组;每一级别还可以年龄结构、文化结构、档案专业技术结构等对人员进行分组。总之,分组是为了研究问题的需要,是根据档案统计资料整理纲要的要求进行的,目的在于从数量方面深入研究档案工作的某一方面。档案统计资料一般有两种,一是简单分组——按一个标准进行的分组;二是复合分组——按两个或两个以上的标准进行的分组。

2. 档案统计表。

档案统计表是根据档案统计资料整理工作的需要而设计的表述档案统计数字的图表。

档案统计表所列数字资料是针对统计研究目的进行统计整理的结果,是研究档案工作现象量的变动与规律的重要依据。统计表所列数字资料是按照一定的次序和格式系统排列的经过汇总的资料。

档案统计表从表的外形看，它是由标题、标目、横行、纵栏、数字资料等部分组成的，标题分为总标题（即表格的名称）、横行标题和纵栏标题（亦称横标目和纵标目）。从表的内容看，它是由主栏和宾栏两部分组成的，主栏用来填写统计表所要阐述的主体，即所要研究的对象，也就是上边所说的横标目和纵标目。宾栏用来说明主栏的各个指标，即所要填写的数字资料。

档案统计表从其总体分组情况来讲可分为三种：一是简单表，即所反映的对象未经任何分组的统计表，它只是单位的排列，具有"一览表"的性质。二是分组表，即其主栏按照某一标志进行分组的统计表。三是复合表，即其主栏按照两个或两个以上的标志分组的统计表，它可以用来对档案工作现象进行比较复杂的分析、研究。

（三）档案统计资料的分析

档案统计资料的分析是在档案统计资料搜集、整理的基础上，对反映档案工作诸方面现象的大量统计数据进行全面观察和综合分析，并从各种现象之间的相互联系中发现问题和提出建议的工作，其成果是一种颇有说服力的档案统计信息，融数据、情况、问题、建议为一体，既有定量信息，又有定性信息，是实现档案统计工作对整个档案工作服务和监督的主要形式。

1. 档案统计资料分析的种类。

档案统计资料分析的种类，从内容上可划分为专题分析和综合分析，从分析的技术方法上可划分为对比分析、分组分析、相互关系分析和综合平衡分析。

2. 档案统计资料分析的步骤。

档案统计资料分析的步骤，大体可分为确定统计分析的题目；根据选题搜集、整理和检查统计资料；选用适当的统计分析方法进行分析，并根据统计分析的结果撰写统计分析报告。

三、档案工作调查研究程序

调查研究不仅要有科学的方法和遵循一定的原则，还必须按一定的程序办事。程序一般可分为准备、实施和完成三个阶段，每个阶段又可分为若干环节。

（一）准备阶段的工作

档案工作调查研究的准备工作是围绕调查的目的而展开的，包括以下几项内容。

1. 确定调查研究的目的和对象。

所谓"调查研究的目的"是指每次调查研究所要解决的问题，如对照片档案管理现状进行调查是为了制定照片档案的管理规范。在这里，解决制定照片档案管理规范的问题就是调查研究的目的。目的明确以后,还须对调查范围和对象作认真的研究和选择,选择对象要求具有代表性和典型性。

2. 学习有关方针、政策,掌握有关资料。

调查之前,固然不应先带"框框",但也不可没有一点准备。这个准备就是要学习与调查目的、调查对象有关的党和国家的方针、政策和档案工作的有关规定。如在对《档案法》执行情况的调查进行之前,必须学习《档案法》,掌握《档案法》对档案事业各有关方面的规定。如果对《档案法》一知半解,甚至理解走了样,就必定要走弯路,难以把握事物的真相。调查者还需掌握与调查内容有关的业务、技术方面的参考资料。如调查档案专业教育情况,对当前我国教育的现状一无所知,对教育学原理一窍不通,对档案工作的人才现状不了解,便很难着手工作。

3. 制定调查提纲。

调查研究前是否有调查提纲和调查表,其效果好坏是大不一样的。当然,不一定所有的调查都要制定调查提纲和调查表,但至少对调查活动应有打算和安排。提纲大致包括如下内容:调查研究的具体目的和要求;调查的对象;调查的方法;调查的步骤、进程;其他。调查提纲应有大纲、细目。特别是细目,应力求详尽。调查表是根据调查内容制定的,应该规范、简明,要尽可能提前发给被调查者填写并及时收回。

4. 做好调查的组织工作。

对于调查活动需要哪些人参加,怎样进行分工与配合以及需要动用多少物力和财力等,应作出详尽的安排和部署。特别是在人选上,要注意挑选那些知情、懂政策、作风正派、工作踏实、有一定科学文化知识和专业水平的人参加。为了锻炼和培养干部,在调查人员的安排上要注意老、中、青相结合,领导与群众相结合,必要时,要对调查人员进行一定的培训。

5. 对调查小可能遇到的困难作出充分的估计。

调查往往不是一帆风顺的,因此,必须对调查中可能遇到的困难和障碍进行分析预测,做到思想上有准备。只有这样,才能及时采取相应的对策,使调查研究工作顺利进行。

(二)实施阶段的工作

实施阶段是整个档案工作调查研究过程的主体,它既是前一阶段工作的目的,又是后一阶段工作的基础。这一阶段有以下几个环节:

1. 选择适当的方法进行调查。

根据不同情况,有选择地或综合选用上面所提到的一些方法进行调查,收集各种原始资料或第一手材料,并且多多益善。

2. 对调查材料进行一般处理。

对调查材料进行一般处理,即初步加工,它是恢复被调查对象的完整形态的过程,其工作又有三个方面。

(1)辨别调查材料的真伪。调查得来的材料并不都是真实可靠的,调查者要详细审查和辨别真伪。审查和辨伪的方法,首先是分析被调查者的思想和态度,被调查者与被调查事件(或人)有无利害关系以及所提供的材料或叙述有无前后矛盾的地方等,处理档案责任事故的调查时尤其应注意这一点;其次是从多方面对材料进行分析比较,看看是否有矛盾或冲突的地方,看看整个材料能否在整体上保持一致性;最后,调查材料原则上应当是第一手资料,对于间接材料或类似传闻,应当追根溯源,考辨真伪、虚实。总之,弄清真实情况往往是不容易的,调查者要树立追求确凿无疑的事实的精神,对调查材料进行反复核实。

(2)调查材料的补充修订。对于调查材料中遗漏或残缺不全的地方,需要加以补充。对于材料中重复、杂乱或含糊不清的地方应当进行修订。补充修订的工作最好在调查的过程中就做,这样既可省去往返的不便,又可避免由于时间长了造成记忆上的模糊。有时候,由于一时的松懈或疏忽,遗漏了某些重要细节,在某些关键地方搞得含糊不清,以致整个调查工作前功尽弃。因此,调查材料的补充修订是一项十分周密细致的工作。

(3)调查材料的分类整编。分类整编就是把调查材料整理成一个系统的、完整的、有条理的东西。调查材料可以按调查大纲的规定进行分类,也可以按调查对象、专门问题或材料类型进行分类。分类的标准只有一个,即客观地、如实地反映被调查对象的实际情况。经过分类整编后的调查材料要明确、简洁、一目了然。

3.对调查材料进行分析和概括。

对调查材料进行分析和概括,即精加工,它是揭露事物的本质,从感性认识向理性认识飞跃的过程。在分析和研究时,一般借助于下述三种方法:

(1)归纳和演绎的方法。归纳法是从大量现象和事实材料中总结概括出一般规律的方法。从许多单位的调查材料中总结出"领导重视是档案工作发展的重要前提"的认识就是运用这种方法得出的。运用归纳法时必须抓住事物的本质,而不能仅仅停留在事物的外表现象上,否则便可能作出肤浅的、错误的,乃至荒谬的结论。如1958年发现有些地方搞"大收大编大用",发动人人"写档案",而忽视对真正意义上的档案的收集整理,人们误以为这是发展档案事业的路子,并加以提倡,造成了工作上的重大失误,这是应该引以为戒的。所谓"演绎法"就是运用一般规律或一般原则来揭示或论证个别事物本质的方法。运用演绎法去探索具体事物的规律时,要避免生搬硬套和照抄照搬,否则会出现偏差和错误。一般规律或一般原则虽然对认识具体事物有指导作用,但是具体的、个别的事物有其自身的特点,在发展中又有各种偶然性的因素。因此,运用演绎法时,应当把一般原理同认识具体事物密切结合起来,实事求是,严格按照具体事物的本来面目去认识和反映。归纳和演绎是人类认识活动一般规律的表现。人的认识总是从个别到一般,又从一般到个别。归纳的方法就是从个别到一般的方法,演绎的方法则是从一般到个别的方法。归纳和演绎的结合,就是个别和一般的结合,具体来说,就是马克思主义的普遍原理以及各门具体科学的理论同对档案工作中具体事务的认识相结合。

(2)分析和综合的方法。分析的方法是在思维活动中,把客观对象的整体分解为各个部分、方面、特性或要素来加以认识。任何事物不经过分析就不能被认识和把握。例如对一个单位的档案工作进行调查,如果不把它分解为人员构成、组织设置、馆(室)藏状况、管理水平等若干方面,并对每一方面详细加以研究,就不能了解这个单位的档案工作到底是个什么样子。综合是指通过人的思维活动,把分解了的各个部分、方面、特性或要素更新结合起来,以揭示它们之间内在的相互联系,形成对客观对象的完整认识的方法。人的认识不经过综合的过程就是孤立、片面、残缺不全的,就不能把握事物的本质。还以对一个单位的档案工作的调查研究为例,把档案工作的调查研究分解为若干方面之后,如果不把它们看成一个整体,并进一步研究各方面的相互联系,就不能说明该单位档案工作落后究竟是机构设置的问题,还是管理的问题,抑或其他问题,因而也就无法对这个单位档案工作的状况作出结论。可见,分析是综合的前提,综合是分析的归宿。没有分析就无从综合;没有综合,分析也就毫无意义。分析与综合对档案工作的调查者来说,都是不可缺少的认识工具。

(3)历史和逻辑的方法。历史的方法就是按照事物发展的实际进程加以描述的方法,它要求把实际发展过程的全部丰富内容(大量的偶然事件,各种迂回曲折的细节详情等)按照时间的顺序展现出来。逻辑的方法就是舍弃了实际发展过程中大量的偶然事件、迂回和曲折,直接揭示事物发展过程的内在逻辑。历史和逻辑的方法在本质上是统一的,因为事物的客观历史发展进程只有一个,这两种方法只不过是主观把握这同一客观进程时所使用的两种手法而已。因此,在研究档案工作的调查材料时,不能单纯使用一种方法,而把另一种方法搁置起来。如果单纯使用历史的方法,就会在一堆堆纷乱庞杂、扑朔迷离的调查材料中迷失方向,看不清哪些现象是偶然的,哪些事件是必然的;哪些联系是本质的,哪些联系是非本质的;哪些是发展的主流,哪些是支流末节甚至表面的泡沫之类。相反,如果单纯使用逻辑的方法,则可能倒向主观主义的虚构,因为所揭示的"逻辑"不是从调查材料所提供的丰富具体的事物现象之中提炼出来的,而是用头脑虚构出来的。总之,在档案工作调查研究中只有坚持历史与逻辑相统一的原则,才能既在客观上把握住调查对象发展的内在必然性,又不为其发展的外表现象所迷惑。

上述三种研究方法,在把握和认识档案工作的调查材料上各有不同的侧重点。分析与综合的方法侧重于把握调查材料的横断面或相对静止状态,历史与逻辑的方法侧重于把握调查材料的纵向发展过程,归纳与演绎的方法则从总体上说明了获得关于调查材料的正确认识的具体途径。在对档案工作的调查材料进行科学研究时,这三种方法均是必不可少的,应该把它们结合起来加以运用。

(三)完成阶段的工作

档案工作调查研究的完成阶段是出成果的重要阶段。

1. 撰写调查报告。

撰写调查报告,即用文字形式把调查研究的成果表述出来,是整个档案工作调查研究过程的最后一道工序。缺少了这一道工序,调查研究的成果就无法完整准确地向别人转达,就不能发挥其应有的社会效果。撰写调查报告也是调查研究活动的继续和深化。写作时必须对调查研究过程中的每一个细节加以仔细的琢磨推敲,这样有助于发现那些遗漏的环节、偏差的地方以及含糊不清或模棱两可的论点和思想,从而使调查研究的成果精确严谨。

调查报告的内容,一般包括以下三个方面:

(1)调查的目的和对象。报告中必须首先说明调查的目的,即为什么要搞这次调查、调查是在什么样的背景和形势下进行的等,以便人们对这次调查的必要性有一个充分的认识,还需要说明调查的范围和对象,即调查是在多大范围内进行的,都向谁(或对什么事情)作了调查。

(2)调查的方法和过程。报告中应说明调查时使用了哪些方法,如典型调查、抽样调查、开调查会、个别访问等。对于调查活动经过了哪些阶段,每个阶段完成了哪些重要的调查项目,整个调查过程遇到了哪些困难和曲折等,也应作出必要说明。记述这一部分内容的目的,一方面是为了让别人(或自己在将来)检验调查的方法是否正确与完善,调查的过程是否有脱节或遗漏,另一方面也是为了论证结论的正确性。

(3)调查的结果和新的建议。这部分内容是整个调查报告的核心,调查的结果是对调查问题的客观的、科学的结论,新的建议则是针对调查结果而提出的解决问题的办法。

撰写调查报告还应遵循一定的格式。调查报告通常按照上述三方面内容的顺序来写,即先写调查的目的和对象,再写方法和过程,最后论述调查的结果和建议。写作时,一般有两种格式,一种是把调查的基本情况按种类、方面或专门问题,分成并列的几个部分来写;另一种是把基本情况按照事物的逻辑发展顺序排列起来,层层深入地来写。究竟采用哪种方式,取决于调查材料的实际内容和调查组织者的意图。

撰写调查报告时还应注意以下事项:调查报告要由主持调查或参加调查的人亲自来写,这样可以全面地反映调查的实际情况;调查报告必须用事实说话,理论分析要严格建立在事实的基础上,切忌不着边际的夸夸其谈;提出的建议要实事求是和力求稳妥,既要能够促进事物的发展,又要使人乐意接受;文风要朴实,语言要简明、准确、生动。

2. 做好调查研究工作的总结。

如果说调查报告主要是针对调查对象的,那么调查研究工作的总结主要是针对调查研究活动自身工作的,其内容主要包括调查的组织过程是否按计划进行,调查人员在其中的表现,组织调查工作的经验、教训等。做好调查研究工作的总结,不仅能使这项工作有始有终,而且能为下一次组织类似的调查研究提供借鉴,还能为关于调查研究的学术研究积累素材。

第十一章 档案机构管理

按照《档案法》等法律的规定,根据统一领导、分级管理的原则,对国家的全部档案和全国档案工作,必须设置全国规模的档案机构进行管理。各级机关的档案,由机关内设立档案室(处、科)集中管理;各机关形成的需要长远保存的档案和历史上形成的档案,则由各级档案馆统一保管;全国的档案工作又由各级行政管理机关统一地、分层负责地进行监督和指导。这些保管档案和管理档案工作的机构在全国范围内构成了一个严密的、完整的组织体系。

第一节 档案机构管理概述

要做好档案工作,必须得到各级人民政府和机关、团体、企业事业单位及其他组织的重视。《档案法》第四条规定:"各级人民政府应当加强对档案工作的领导,把档案事业的建设列入国民经济和社会发展计划。"《档案法实施方法》第三条对以上条文作了具体的规定:"县级以上各级人民政府应当加强对档案工作的领导,把档案事业的建设列入国民经济和社会发展计划,建立健全档案机构,确定必要的人员编制,统筹安排发展档案事业所需的经费。其他机关、团体、企业事业单位和组织也应当加强对档案工作的领导,保障档案工作的开展。"

长期以来,我国各级各类档案机构,尤其是档案行政管理机构,处于一种极不稳定的状态。新中国成立以来,经过党中央、国务院多次发文,各地档案机构才陆续建立起来,但每当遇到精简机构,各地往往把档案机构作为精简对象而被撤销。特别是省以下市、县级更是如此,建了撤,撤了建,反复折腾,导致全国档案工作困难重重,无法顺利开展。党和国家大量珍贵的档案财富,经常处于无法管理而遭毁灭或散失,档案干部队伍难以稳定。为此,《档案法》第二章对档案机构及其职责作了专门而简要的规定,《档案法实施办法》第二章则作了具体的规定。这样一来,档案机构的设置有了法律、法规依据,档案机构行使职责有了法律、法规保障。根据《档案法》及其实施办法的规定,档案机构及其职责可以分为三种。

一、档案行政管理部门及其职责

行政机关是根据法律、法规建立的国家权力机关的执行机关。档案行政管理部门是国家档案事务的行政管理机关。有些国家不设档案行政管理机构,其档案事务的行政管理职责由档案馆履行。我国行政机关设置到县级人民政府为止。《档案法》及其实施办法规定的档案行政管理部门分中央、省(自治区、直辖市)、市(地、自治州、盟)、县(市、旗、县级区)四级。

(一)中央级即国家档案行政管理部门——国家档案局

《档案法》第六条第一款规定:"国家档案行政管理部门主管全国档案事业,对全国的档案事业实行统筹规划,组织协调,统一制度,监督和指导。"《档案法实施办法》第四条具体规定:国家档案局主管全国档案事业,对全国的档案事业实行统筹规划,组织协调;统一制度,监督和指导。其主要职责有以下几点:

1. 依据国家的法律、法规和政策,研究制定档案工作的方针政策,起草档案工作的法规性文件,制定档案工作的规章制度。

2. 组织协调全国档案事业,监督检查档案工作的法律、法规和方针政策的实施。制定发展档案事业的综合规划和专项计划,并组织实施。

3. 对中央和国家机关各部门、全国性社会团体的档案工作,中央级国家档案馆的工作,以及省、自治区、直辖市的档案行政管理部门的工作进行监督和指导。

4. 组织并指导档案理论与科学技术的研究、档案保护、档案教育、档案宣传以及档案干部的培训工作。

5. 组织和开展档案工作的国际交流活动。

(二)县级以上地方各级档案行政管理部门及其职责

《档案法》第六条第二款规定:"县级以上地方各级人民政府的档案行政管理部门主管本行政区域内的档案事业,并对本行政区域内机关、团体、企业事业单位和其他组织的档案工作实行监督和指导。"《档案法实施办法》第五条进一步作了规定,县级以上人民政府的档案行政管理部门主管本行政区域内的档案事业,主要职责有以下几点:

1. 贯彻执行档案工作的法律、法规和方针、政策,研究制定档案工作的方针政策,起草档案工作的法规性文件,制定档案工作的规章制度。

2. 制定本行政区域内的档案事业发展计划和档案工作的规章制度,并组织实施。

3. 对本行政区域内的档案馆以及其他机关、团体、企业事业单位和组织的档案工作,进行监督和指导。

4. 组织并指导本行政区域内的档案理论与科学技术研究、档案保护、档案教育、档案宣传以及档案干部的培训工作。

二、档案馆

《档案法》第八条规定:"中央和县级以上地方各级各类档案馆,是集中管理档案的文化事业机构,负责收集、整理、保管和提供利用各分管范围内的档案。"《档案法实施办法》第八条具体规定,中央和地方各级各类档案馆,是集中保存、管理档案的文化事业机构,由中央和地方各级档案行政管理部门或者有关部门归口管理,主要职责有以下几点:

第一,收集和接收本馆管理范围内具有保存价值的档案资料。

第二,对所保存的档案进行科学的管理和保管。

第三,采取各种形式开发档案信息资源,为社会提供服务。

第九条规定:"全国档案馆的设置原则和布局方案,由国家档案局制定。"目前,国家档案局据此规定,正在抓紧制定《全国档案馆设置和布局方案》。这里所指的"各级各类档案馆"意为各级——从中央级(中央档案馆、中国第一历史档案馆、中国第二历史档案馆)到县级综合性国家档案馆;各类——从中央级(如中国地质资料档案馆、中国照片档案馆等)到市(地)城市建设档案馆。市(地)除设城市建设档案馆外,一般不设其他类型的专业档案馆。部门档案馆即为机关、团体、企业事业单位及其他组织设置的档案馆,不属此规定范围内,而是机关、团体、企业事业和其他组织内档案机构的一种形式。

三、机关、团体、企业事业单位和其他组织内的档案机构及其职责

机关、团体、企业事业单位和其他组织内的档案机构可分为三种:一是档案行政管理机构(处、科);二是档案室;三是档案馆(即部门档案馆)。如果有两种以上机构,那么各司其职。如果只设有档案室或档案馆,则其职责由这种机构履行。

《档案法》第七条规定:"机关、团体、企业事业单位和其他组织的档案机构或者档案工作人员,负责保管本单位的档案,并对所属机构的档案工作实行监督和指导。"《档案法实施办法》第六条具体规定,机关、团体、企业事业单位和其他组织内的档案机构的主要职责有以下几种:

第一,贯彻执行档案工作的法律、法规和方针政策,建立健全各项规定制度。

第二,负责统一管理本单位的档案,并按照规定向有关档案馆移交档案。

第三,对所属单位的档案工作进行监督和指导。

第四,对本单位文书部门和业务部门的文件材料的形成、积累和归档工作进行指导。

第七条规定:"国务院各部门或者省、自治区、直辖市人民政府主管部门的档案机构,除履行本办法第六条所列职责外,经国家档案局或者省、自治区、直辖市的档案行政管理部门审定,可以制定本系统专业档案工作的业务标准和技术规范。"在实际工作中,各级人民政府专业主管部门的档案机构除履行以上规定职责外,还在履行对本系统档案工作实行监督和指导的职责。

按照《档案法》第六条第三款规定,乡、镇人民政府不设档案行政管理机构,但"乡、民

族乡、镇人民政府应当指定人员负责保管本机关的档案,并对所属单位的档案工作实行监督和指导"。在实际工作中,乡、镇人民政府普遍开始设立档案室,指定兼职档案人员,以上职责一般由乡、镇档案室履行。除履行以上规定职责外,还在履行对本行政区域内的档案工作实行监督和指导的职责。

《档案法实施办法》第十条规定:"军队系统的档案机构,根据《档案法》和本办法规定的原则,由中国人民解放军主管机关确定。"

四、档案机构之间的相互关系

档案室、档案馆和档案局是我国档案机构的三种基本类型。上述三类档案机构之间的相互关系是:上级档案行政管理机构对下级档案行政机构具有业务指导和监督的关系;档案行政管理机构对同级档案馆和档案室等档案业务机构具有业务指导和监督的关系;机关档案室和档案馆之间具有档案交接关系;各级各类档案馆(室)之间均无隶属关系,但有一定的协作关系。①

第二节　档案馆管理

一、档案馆的性质

档案馆是永久保存档案的基地,是提供档案信息为社会服务的中心,是科学文化事业机构。

(一)档案馆是永久保存档案的基地

从档案的流程和归宿来看,凡是具有长久保存价值的档案都要集中保存在档案馆。档案馆是保证国家档案财富持续积累和世代相传的组织形式。国家档案财富需要永久保存决定了档案馆机构的永久性。档案馆存在的时间愈久,保存档案的时间愈长,文化价值亦愈大。档案馆应受国家法律保护,不能随意撤销。

(二)档案馆是提供档案信息为社会服务的中心

现代档案馆与封闭型的古代档案库不同。在古代许多王朝都建立了档案库,诸如,殷朝的甲骨档案库,周朝的天府,汉朝的石渠阁、兰台、东观,唐朝的甲库,宋朝的架阁库、金耀门文书库,明朝的后湖黄册库,明清两朝的皇史宬,清明的内阁大库等。这些皇家档案馆对保存古代档案和利用档案进行编史修志起过重要作用,是我国古代文化发达的

---

① 冯惠玲,张辑哲.档案学概论[M].北京:中国人民大学出版社.2001.

标志之一。古代档案库是皇家的御用机构,所藏档案为皇家官府所占有,主要为皇权政治服务,它不面向社会、不为社会服务,与近现代意义的档案馆性质不同。现代意义上的档案馆不同于主要为本单位服务的机关档案室,档案馆是面向社会的开放型系统,与社会各个方面发生联系。档案馆不是单纯收藏档案的场所,而是组织档案信息交流的中心,是社会各个方面获取知识信息的宝库。20 世纪 20 年代建立的故宫博物院文献馆是我国具有近代意义的第一所档案馆,它不仅收藏了明清两朝的中央机关的档案,而且开展了档案的整理、编目和提供利用工作。当时编辑出版的各种档案史料汇编、档案史料汇编、图集、档案论文集等共有五十多种,近四百余册。

(三)档案馆是科学文化事业性质的机构

1. 档案馆的管理对象决定了档案馆的文化事业性质。档案馆管理的是政治、经济、军事、文化和科学技术等活动的记录,档案作为一种观念形态的文化财富是一定社会的政治和经济的反映,反过来又作用和影响一定社会的政治和经济。

2. 档案馆的工作方式和工作成果决定了档案馆的文化事业性质。档案馆的工作是一项研究性工作。档案馆不仅仅是收藏历史档案的"库房",它要对浩繁的档案进行科学管理,开展一系列的研究,参与编史修志,汇编各种研究成果,并通过多种方式提供档案利用。在国外,不少国家将档案馆列为科学研究机关,对其工作人员的素质提出了很高的要求。

3. 档案馆的职能决定了档案馆的文化事业性质。档案馆不仅肩负着科学管理档案的重任,而且致力于社会化的服务工作,在繁荣国家文化事业,促进社会进步和建设社会主义精神文明中具有重要的作用。档案馆以其对国家、对社会、对历史的重大意义而成为一项重要的事业,其人员、机构均列入国家的事业编制,所需经费列入国家的事业经费由各级人民政府根据具体情况实行统一安排。

二、档案馆的职能

档案馆的性质决定着档案馆的职能。档案馆有四大社会职能:

(一)积累和管理国家档案财富的职能

档案馆首先要有计划地进行档案的接收和征集工作,不断丰富馆藏,建立馆藏结构合理的档案信息资源宝库,对馆藏档案实行集中管理、有序管理、质量管理和安全管理,不断地积累档案。科学地管理档案,维护档案的完整与安全是档案馆的重要职责。

(二)传播档案信息为社会服务的职能

馆藏档案是国家档案信息资源的重要组成部分。通过各种方式和手段积极开发档案信息资源,有效组织档案信息交流,广泛传播档案信息,为经济、政治、科学、技术、文化艺术等各项活动服务,是档案馆的中心任务。

(三)提供原始凭证维护历史真实面貌的职能

档案是历史的见证,大而言之可以维护党和国家历史的真实面貌,小而言之可以作为澄清某项史实的佐证。提供档案为历史作证是档案馆义不容辞的义务。档案是原始史料,是编史修志的依据材料,为编史修志服务是档案馆经常性的任务。

(四)承担宣传教育的职能

档案是宣传教育的最有说服力的教材。通过陈列展览档案、出版公布档案等形式对公民进行爱国主义教育、革命传统教育、历史知识教育和科学知识教育是档案馆不可忽视的职能。

三、档案馆类型

我国的档案馆类型多样,划分角度也不一样。如按全宗的历史时期属性,建立专门保存不同历史时期档案的档案馆;按照全宗形成机关的级别属性,建立中央级和地方级档案馆;按全宗的地区属性,建立各个行政区档案馆;按全宗的专业部门属性,建立专业部门档案馆等。根据《档案法》《档案馆实施办法》中对我国档案馆类型的分类,我国的档案馆主要可分为各级国家档案馆、专业档案馆(含专门档案馆、部门档案馆)和企事业档案馆三大类。我国已经初步建立了从中央到地方的综合性档案馆、专门性档案馆和企事业档案馆相结合的档案馆网。

(一)国家档案馆

我国国家档案馆一般可分为历史档案馆和综合性档案馆两类。历史档案馆包括中国第一历史档案馆和中国第二历史档案馆。综合性档案馆一般隶属于各级党和政府,收集保管党和国家在各方面管理活动中形成的档案。

1. 综合性档案馆。

综合性档案馆是指馆藏档案来源于许多机关或单位,档案内容涉及政治、经济、军事、科学、文化各个方面的档案馆。根据综合档案馆所处的层次不同,综合性档案馆可分为中央级和地区级综合性档案馆两种类型。综合性档案馆数量众多,是我国国家档案馆和档案事业的主体。

中央档案馆是我国设置的中央级综合性档案馆,是中共中央和国务院直属的文化事业机构。中央档案馆的日常工作内容由中央办公厅直接领导,业务上受国家档案局领导,1959年于北京成立,它集中保管自"五四"运动以来的、具有全国意义的革命历史档案和中华人民共和国成立后党和国家中央机关的具有永久保存价值的档案。馆藏档案八百余万件,资料八十余万册,其中珍藏有毛泽东、周恩来、刘少奇、朱德、邓小平以及党和国家的其他领导人、无产阶级革命家的大量手稿,是我国新民主主义革命和社会主义建设的历史见证。该馆为党和国家各项工作服务,为党史、军史和革命史研究服务,是我国规模最大、馆藏丰富、设备先进的著名档案馆之一。

我国设置的地方综合性档案馆数量有近三千。在省(直辖市、自治区)、地区(市、自治州、盟)、县(市、旗)各级行政区都设有这种档案馆,它们分别集中保管本地区形成的旧政权档案,革命历史档案和建国后党委、政府及其所属部门的需要长远保存的档案。

我国实行党政档案统一管理体制,党的系统不单独建立档案馆,中央档案馆和各地方综合档案馆既保存党的档案,又保存政府的档案。

2. 历史档案馆。

中国第一历史档案馆和中国第二历史档案馆是我国设置的中央级历史档案馆。

(1)中国第一历史档案馆。该馆是以管理明清时期中央机关档案为主的文化事业机构,馆址在北京故宫西华门内。它的前身是1925年成立的故宫博物院文献部。1927年,文献部改称"掌故部",1928年,改称"文献馆",1951年,文献馆改称"档案馆"。1955年,故宫档案馆划归国家档案局领导,改称"中国第一历史档案馆",现在仍归口国家档案局管理,馆藏明清两代中央机关和少数地方机关的档案共七十多个全宗、一千多万件,其中明代洪武、永乐、天启、崇祯年间档案有近四千件。清代档案为大宗,包括清入关前天命九年(1607)至宣统三年(1912)的档案。重要的全宗有内阁、军机处、宫中、内务府、宗人府等档案全宗。文种有百种以上,如制、记、洛、效、题、奏、表、笺、咨、移、函、电等。内容涉及政治、经济、军事、外交、文教、刑名、天文、气象、山川、地层、灾荒以及皇宫生活、皇族事务等各个领域的史料。该馆档案向社会开放,接待各行各业的专家、学者以及其他方面利用者,包括外籍学者。该馆是收藏明清档案数量最多的著名的档案馆之一,是研究明清史和近代史的资料中心。

(2)中国第二历史档案馆。该馆是以管理"中华民国"时期各个政权的中央机关档案为主的文化事业机构,其前身是中国科学院近代史研究所南京史料整理处,1951年成立于南京。1964年4月改属国家档案局,同时改称现名。现在仍归口国家档案局管理。该馆收藏"中华民国"时期各个政权的中央机关及其直属系统的档案,包括"中华民国"南京临时政府、广州大元帅府(大本营)、广州国民政府和武汉国民政府的档案;北洋政府的档案;国民党政府的档案;汪伪政府的档案,著名人物档案等。馆藏九百个全宗,一百多万卷,案卷上架排列总长度为三万多米。该馆是收藏民国时期档案数量最多的著名档案馆之一,向社会开放,是研究国史的资料中心。

(二)专门性档案馆

1. 专业档案馆的基本含义和历史发展。

专业档案馆是指国家专门管理某一方面或某一特殊专业和技术活动中形成的档案而设置的档案馆,包括部门性的或专门性的档案馆,它的具体含义既体现在专业职能上,也体现在馆藏档案载体的特殊内容和形式上。我国专业档案馆的设置包括全国性专业档案馆、地方性专业档案馆和某一专业系统建立的专业档案馆。专业档案馆主要收藏某一方面的、某一专业的、某种载体形式的档案和资料。

我国专业档案馆的建立始于20世纪50年代初期。最早建立的专业档案馆是1952年建立的集中管理全国地质档案资料的地质资料馆。1958年,中国电影资料馆成立;同年,测绘资料馆成立。从20世纪60年代到80年代,我国先后建立了机械工业部档案馆、铁道部档案馆、外交部档案馆、测绘档案馆、气象档案馆、交通部档案馆、邮电部档案馆、中国人民解放军档案馆、中国照片档案馆、中国现代文学馆、中国地名档案资料馆、核工业部档案馆、航空工业部档案馆、电子工业部档案馆、兵器工业部档案馆、中国船舶工业总公司档案馆、航天工业部档案馆、黄河档案馆等一系列的专业档案馆,分别集中统一管理本系统或本部门的档案。有些专业档案馆同时负责对本系统的基层档案工作进行指导、监督和检查。

2. 专业档案馆的类型。

(1)特殊载体档案馆。

目前我国已经建立了照片档案馆、电影资料馆等特殊载体档案馆,由于音像档案等特殊载体档案是以化学材料和磁性材料为载体的,其理化性质与纸质档案有明显不同,因而对其保管也有特殊要求,设立专业档案管理部门确有必要。但从发展来看,随着我国一些档案管理机构保管条件的改善,在现有的档案馆中设置专门档案库房也不失为一种可行办法。

(2)城市建设档案馆。

城市建设档案馆是指在城市规划、建设及其管理工作中形成的应当归档保存的文字、图表、声像等各种载体的文件材料。目前,在全国大中城市中,已有一百一十多个城市建立了城市建设档案馆,收藏城市规划、管理、公共设施、基建工程等有关档案和资料。城建档案是城市规划、建设及其管理工作的真实记录,是城市建设和发展的重要依据。根据国家的要求,我国二十万以上人口的大、中城市须建立城市建设档案馆。城市档案馆是近几年发展较快的一种专业档案馆类型,是集地域特征与专业特征于一身的专业档案馆。根据《全国档案馆设置原则和布局方案》的有关规定,城市建设档案馆被列入各级国家档案馆下的专业档案馆序列,是为社会提供城建档案的利用和咨询服务的科技文化事业单位。

(3)部门档案馆。

部门档案馆是指在某一专业系统内、为保管某类专门档案而设置的档案馆类型。这种类型档案馆是专业档案馆种情况最为复杂的一种。外交部档案馆、公安部档案馆、地道部档案馆、交通部档案馆等多可归入此类。这类档案馆中的一部分在设置时既考虑到了专业特色,又考虑到了地域特色。从其主体来看,一般可以将其看作公共性质的档案机构。有的部门档案馆不仅开展保管档案的业务,还负责对本系统基层单位的档案工作进行指导、监督和检查。

我国综合性档案馆和专门档案馆的设置正在全面规划之中。专业档案馆不宜设置过多,否则会影响综合档案馆馆藏的补充,不利综合性档案馆的发展。

(三)企业档案馆

企业档案馆是 20 世纪 80 年代中后期以后出现的一种档案馆类型。目前,我国已建立了近三百个企业档案馆,《全国档案馆设置原则与布局方案》也将大型企业档案馆纳入档案馆馆网规划。

1. 企业档案馆的含义、特点和职能。

企业档案馆是收藏和管理本企业档案的档案馆,这主要是从功用上对企业档案馆的涵义进行的概括。这一定义包含的基本思想主要有三个方面:

(1)企业档案馆具有档案馆的一般属性。企业档案馆作为档案馆的一种类型,应是保存企业档案的基地,是企业利用档案史料的中心。

(2)企业档案馆收藏和管理本企业档案。企业档案馆与综合档案馆、专业档案馆在收藏和保管档案的范围上存在一定的差别。

(3)企业档案馆主要服务于本企业。由于企业档案馆是企业的有机组成部分,作为企业的内部组织机构,它必须服从和服务于企业的中心工作,必须为企业的决策和管理服务。企业档案馆的服务方向和服务范围主要是面向企业,同时要面向社会。

2. 企业档案馆的特点。

(1)综合性。企业档案馆是保存本企业档案的基地。在企业管理过程中形成的档案种类繁多,既有党政工团文书档案、科技档案、会计档案,又有经营管理档案、生产技术管理档案等,其馆藏内容具有综合性。

(2)专业性。在企业档案的构成中,科技档案所占比重极大。企业档案馆主要围绕专业性突出的科技档案开展工作。同时,根据企业类型的不同,企业档案的专业性特色也互相区别。

企业档案馆的综合性和专业性并存的特点,决定了企业档案馆既不同于国家综合档案馆,又不同于专业档案馆,它在档案收集范围、服务方向和工作方法等方面都有一定的独到之处。

3. 企业档案馆的功能。

企业档案馆作为企业的内部机构,它的主要职能包括以下几个方面:

(1)企业档案馆作为全国档案馆网络体系中的一员,要存储保存好企业档案,向本企业和社会各方面提供服务,并根据有关规定定期或不定期向国家档案馆移交具有国家和地方重要意义的档案。

(2)负责本企业档案的收集、整理、鉴定、保管和统计工作。企业档案馆为了实现档案信息服务于企业管理的目的,应对档案信息进行管理,并建立完善的档案检索体系,努力实现档案管理的现代化。

（3）编研档案信息，开发档案信息资源。企业档案馆的服务对象主要是对内，同时兼顾对外。为此，企业档案馆应该针对企业管理活动的变化，有选择地编研档案信息，为企业管理活动的顺利展开提供服务；企业档案馆还应该编辑公布企业档案史料，以满足社会各方面的需要。

（4）宣传教育职能。如举办档案展览，宣传企业生产、经营和科学技术发展等方面的情况，增强企业管理者和社会的档案意识。

（四）企业档案馆的设立

国家档案局在1996年发布的《企业档案馆申报登记办法》中规定了建立企业档案馆的条件及相应标准，这对于规范我国国有企业档案馆的建立具有十分重要的作用。一般看来，企业档案馆的设置应具备以下几个条件：

第一，设置档案馆的企业必须是大型以上企业或企业集团，特别是那些资本密集、技术密集、生产过程联系紧密，对专业化分工协作和规模经济要求较高的企业以及特殊行业、国家垄断性行业的大型以上企业。随着以公有制为主体，多种所有制经济共同发展的基本经济制度在我国的确立，除国有企业以外，集体企业、个体企业、私营企业、联营企业、股份制企业、中外合资合作经营企业、外商投资企业、港澳台投资企业等各种类型的企业将同时并存，除国有企业以外的企业是否设立企业档案馆，应由各企业视具体情况而定。

第二，企业档案馆的设置必须考虑到企业档案工作的基础状况。只有档案综合管理水平较高、企业档案工作制度与网络较为健全和有一定档案信息开发能力的企业，才具备建立企业档案馆的条件。

第三，企业档案馆在机构设置上应是企业的内部机构，经费由企业自行解决。

第四，企业档案馆在设置时可以考虑实现档案、图书、情报资料的一体化管理，从而实现信息资源的综合开发利用，提高企业信息管理的效率。

此外，与企业档案馆在设置方法上十分相近的还有事业单位档案馆。目前在我国出现的事业单位档案馆主要是高等学校档案馆。事业单位档案馆与企业档案馆的建设一样，都是我国政治经济体制改革和档案馆网络建设发展的结果。虽然事业单位档案馆与企业档案馆在设置上存在一些不同特点，但从其基本性质与基本职能上看，两者多有相似之处。因此，对事业单位档案馆不再作单独介绍。

档案馆是国家的一项科学文化事业，全面的建设则是从中华人民共和国成立以后开始的。当代中国档案馆事业的发展有下列特征：

1.多门类的、多层次的档案馆群体结构已经形成。档案馆网是指纵横交织、布局合理、既有分工又有协作的档案馆群体结构。一个国家比较完备的档案馆组织系统应包括各级、各地区、各种类型的档案馆。各档案馆之间不是孤立的，而应建立纵向和横向联系,互相通报信息,开展业务合作,交流档案目录,交流业务经验,条件成熟还要建立跨馆际的计算机检索档案网络等。档案馆网络化是实现档案馆存贮合理化,档案管理科学化,档案工作现代化,有效开发档案信息资源,满足利用者需要,促进档案馆事业发展的基础和条件。据统计,到"九五"末期,全国已建成各级各类档案馆近四千个,其中各级综合性档案馆有近三千个。正在建立和发展各种专门性档案馆。

2. 馆藏结构正在向多样化、全面性发展,馆藏数量不断增加。据统计,到"九五"末期,全国档案馆馆藏总量已近两万卷(件),上架排列总长度近百万米,绝大多数档案馆已经改变了原有的馆藏结构单一、数量偏少的局面。

3. 档案馆正在向开放型转变,成为面向社会、为社会服务的文化事业系统。由于积极贯彻党中央和国务院提出的开放历史档案方针,档案开放范围正在不断扩大,档案馆的利用工作空前活跃。仅1985年,全国各级档案馆接待利用者达三百六十万人次,提供档案资料达一千万卷(册)。从档案馆的服务对象来看,已由过去主要为党政领导机关服务发展到为学术界服务、为社会公民服务;从档案馆服务内容来看,已由过去主要为政治斗争服务,发展到为社会政治、经济、军事、外交、科学文化事业服务;从档案馆的服务方式来看,已由过去"你查我调"的被动服务方式,发展到出版档案馆指南、编辑出版公布档案、举办档案展览等多种形式的主动服务方式。我国档案馆的社会地位正在提高,社会影响正在扩大。

4. 档案馆库房建设正在迅速发展,设备不断改善。到1985年底,全国档案库房总面积已达一百五十万平万米。有些省新建的档案馆库房已达70%以上。档案馆,正在不断更新设备,并不断引进一些现代设备。

总之,我国档案馆事业正在建设和发展之中。一个布局合理、馆藏丰富、管理科学、具有初步现代化管理手段的、为社会主义各项事业全面提供档案情息的国家档案馆网已经基本形成。

第三节 档案室管理

档案室是各机关(包括团体、学校、工厂、企业、事业单位等)统一保存和管理本机关档案的内部机构,是整个机关的组成部分,属于机关管理和研究咨询性质的专业机构。党、政、军等机关单位的档案室是机关的机要部门之一。从全国档案工作来说,档案室是国家档案工作组织体系中最普遍、最大量、最基层的业务机构。

一、档案室的性质

档案室作为全国档案工作体系中最基层的档案业务机构,主要表现为三个方面的性质:

（一）档案室是机关的内部组织机构

机关档案室工作是机关工作的组成部分，是机关为适应档案管理的自身需要建立的一种专业组织，从事本单位内档案工作的组织管理及档案的保管与提供利用工作。从这一点上看，档案室具有对本机关的依附性，是机关、团体、企业、农业单位统一管理本单位档案的内部组织机构，主要为本单位工作、生产和科研服务。

（二）档案室是保存档案的过渡性机构

档案源于形成者，它是机关管理活动的记录。为了满足档案形成者自身的需要，由本机关在一定时期内对档案进行管理、利用是必需的，也是合理的。因此，在我国，机关档案管理最为普遍的方式是由其档案室集中统一管理本单位的全部档案。但是，从国家和社会的整体利益出发，为了使档案成为社会共享的财富并获得良好的保管，档案室有向国家档案馆移交档案的义务。档案室一般不可能成为永久保管档案的基地，它是国家档案事业组织系统的基层组织，是档案馆工作的基础。档案室保存的档案不仅对本单位的工作、生产和科研有现实查考价值，而且其中具有长久保存价值的部分是国家的档案财富，具有历史文化价值。因此，档案室肩负有为国家档案馆积累和输送档案文化财富的职责，档案室工作是国家档案工作的基础，在档案保管上只能是一种过渡性、中间性的档案机构。

（三）档案室的主要任务是服务于本机关

档案室档案的来源局限于本机关，馆藏档案构成具有单一性。从档案室所藏档案的价值形态来看，一般仍是处于第一价值阶段，其对机关日常管理工作仍具有很强的现实作用。因此，档案室的服务方向、服务对象、服务范围必然基本局限于机关内部。企业、事业单位档案室工作是生产管理、技术管理、科研管理不可缺少的环节，是机关工作的组成部分，是提高行政工作效率的必要条件。统一管理本单位档案和主要为本单位服务是档案室区别于档案馆的本质特征。

二、档案室的作用

档案室的作用主要表现在两个方面：一方面，档案室是机关内具有参谋和咨询作用的部门，它是机关工作的助手，为机关管理和机关职能活动提供必要的档案信息支持。因此，档案室工作是机关工作的组成部分，是提高机关工作效率和工作质量的必要条件，是机关管理工作和业务职能得以延续的重要手段。

另一方面，档案室是全国档案工作的基础。机关档案室是国家档案不断补充的源泉，国家档案的完整程度和连续积累首先决定于档案室。在全国档案工作组织体系中，档案室是档案形成后首先提供利用，并且大量发挥现实作用的阵地；档案室是先期保管具有长远价值档案的过渡性机构,它为档案馆工作创造了条件。

三、档案室的任务

档案室的基本任务是集中统一地管理本机关各部门形成的各种门类和载体的全部档案,为本机关各项工作服务,并为党和国家积累档案史料。

档案室的具体任务,在《机关档案工作条例》《机关档案工作业务建设规范》等法规中有明确规定,概括起来主要有以下三点:

第一,对本机关文书部门或业务部门文件材料的归档工作进行指导和监督。

各级机关应建立、健全文件材料的归档制度,凡是机关工作活动中形成的具有保存价值的文件材料,均应由文书部门或业务部门进行整理、立卷,并定期向机关档案室归档。机关档案室对本机关文件材料归档工作负有指导和监督的职责。

为了保证归档文件的完整、便于保管和利用,档案室工作人员不仅要通过归档工作把已经形成的文件收集完整,而且要关心文件的形成、办理和整理过程中的有关情况。这具体表现在就文书处理工作制度、文件的格式和书写材料等方面存在的问题,向有关领导和业务部门提出意见与建议;指导和协助文书部门或业务部门坚持执行文件材料归档制度;协助和督促有关部门做好立卷和归档前的准备工作;协助和指导文书部门或业务部门,制定必要的规章制度,发挥档案室在电子文件前端控制中的积极作用等。

第二,负责管理本单位的全部档案和相关资料,并积极组织提供利用。

档案室是本机关存储、加工和传递档案信息的部门,它负责档案的收集、整理、鉴定、保管、统计工作,并编制必要的档案检索工具和参考资料,为本机关各项管理活动服务。科学管理档案是档案室的基础工作,为本机关提供档案信息服务是档案室工作的基本出发点。

第三,定期把具有长远保存价值的档案向档案馆移交。

档案室工作是档案馆工作的基础。档案室移交的档案,其完整程度、价值高低、整理质量、保管状况等都直接影响到档案馆的馆藏建设,影响到国家文化遗产积累和保护的状况。因此,做好档案室工作,对国家档案信息资源的积累和维护历史的真实面貌,具有十分重要的作用。

由于我国档案室(或档案处、档案科)在职能划分上的复杂性,有一些档案室除要完成上述基本任务与具体任务以外,还负有一定的档案业务监督、指导和检查的职能。据此,可以将档案室划分为两种类型:一是单纯的档案保管机构,其基本任务和具体任务正如上文所述;二是具有双重职能的档案室(或称为档案处、档案科等),如中央和地方一些专业主管机关的档案部门,除要完成上述任务外,还负责对本系统和直属单位的档案工作进行监督、指导和检查,这部分工作实际上属于档案行政管理机构的职能。

档案室的职责和功能,包括下列几项:

指导、监督本单位文件材料归档工作,保证应归档的文件材料完整、系统,并按时向档案室移交。各级机关应建立、健全文件材料的归档制度,凡是机关工作活动中形成的具有保存价值的文件材料,包括党、政、工、团以及人事、保卫、财会等文件材料,均由文书部门或业务部门进行整理、立卷,并定期向机关档案部门归档。机关档案室对本机关文件材料归档工作担负有指导和监督的职责。各级单位要建立、健全文件材料的形成、积累、整理、归档制度,做到每一项科研、生产、基建等活动都有完整、准确、系统的文件材料。档案室有责任检查和协助工作人员做好科技文件材料的形成、积累和归档工作。

负责管理本单位的全部档案和资料,积极提供利用,为本单位的工作、生产和科研服务。档案室是本单位存贮、加工和传递消息的部门,它负责档案的收集、整理、鉴定、保管、统计工作,并编制必要的检索工具、文件汇编和参考资料,为本单位的领导决策、处理工作、组织生产、进行科研等活动及时提供针对性信息。科学管理本单位档案是档案室的基础工作,为本单位提供档案信息服务是档案室工作的基本出发点。

为国家积累档案财富,按规定的时间和要求把具有长远保存价值的档案向档案馆移交。档案室的档案是档案馆馆藏档案不断得到补充的源泉。档案室工作是档案馆工作的基础和前提。档案室移交的档案,其完整程度、价值高低、整理质量、保管状况,直接影响到档案馆的馆藏建设。每个单位的档案,反映本单位活动的历史;全国各单位的档案总和,则反映国家活动的历史。因此,做好档案室工作,对国家档案信息资源的延续积累和维护党和国家历史真实面貌,起着重要作用。

有些中央和地方专业主管机关,大型企事业档案室,除管理本单位档案外,还对本系统所属单位的档案工作进行指导、监督和检查。

四、档案室的类型

各行各业无不形成档案,无不需要考查档案,在各单位建立档案室是比较普遍的现象。因此档案室数量大、分布广、类型多。我国目前档案室的类型,归纳起来一般有下列数种:

(一)普通档案室

普通档案室通常也称"机关档案室""文书档案室",它主要负责管理机关的党、政、工、团文书档案以及全面管理本机关形成的各种门类和各种载体形式的档案,这种档案室在我国数量最多、设置最为普遍。党政机关、团体、学校等单位的档案室都属于这一类。机关档案室保存的档案,在未移交国家档案馆以前的阶段,它的现实性、机密性较强,不属于开放档案范围,主要是供本机关使用。机关档案室受本机关办公厅(室)领导。在业务上受同级或上级档案事业管理机关的指导、检查和监督。

(二)科技档案室

科技档案室是指保管科技档案(一般也管理科技资料)的专门档案机构。在工厂、设计院、科学技术研究院等单位一般都设有科技档案室。科技档案室主要是为本单位生产和科研服务,同时,在确保国家技术信息秘密的前提下,及时组织科技档案情报的交流,对外实行有偿服务,为技术转让、开放技术市场,提供档案资料。各单位科技档案工作,由该单位领导生产、科研的负责人或者总工程师分工领导。根据科技档案工作实行按专业统一管理的体制,中央和地方专业主管机关对所属企业、事业科技档案等工作进行领导。科技档案工作是国家档案工作的组成部分,因此受国家档案局和各级档案事业管理机关的指导、监督和检查。

（三）综合档案室

综合档案室是企事业单位建立的综合性档案保管机构,统一管理本机关形成的各种普通档案、专门档案和特殊载体档案。高等院校的档案室也属于综合性档案室类型,统一管理本单位党政工团档案、教学和科研档案（包括社会科学和自然科学）、财会档案等。综合档案室是企事业单位档案机构设置的一个发展趋势。随着机关档案综合管理的发展和综合档案室本身在人财物投入与信息开发利用上所具有的优势,近年来综合档案室迅速增加,它比分设科技档案室和机关档案室具有更多的优点,有利于加强对本单位档案工作的统一领导和管理,便于综合开发和利用档案信息资源,也符合机构精简原则。

（四）档案信息中心

档案信息中心,有的单位称"信息中心",它是在原有图书机构、档案机构或情报机构的基础上设立的统一的信息管理实体机构。一些大型企业单位正在试行进行档案、图书、情报的一体化管理。这种组织形式便于建立计算机管理系统,实行现代化管理,同时也有利于实现对信息资源的联合开发利用。

（五）音像档案室

音像档案室,即保存和专门管理电影片、电视片、录音带、录像带、唱片、照片等特殊载体的档案室。电影公司或制片厂、电视制作中心、新闻摄影部门、图片社、唱片公司、广播事业部门等单位一般都设有这种管理音像档案的档案室。其他各类机关也会在日常工作中形成一些照片、录音带等特殊载体的档案,但由于数量十分有限,一般不专设这种档案室,而是由普通档案室统一管理。

（六）人事档案室

人事档案室是机关人事部门设立的专门管理有关干部和工人的履历、自传、鉴定、考核、入党、入团、奖励、处分、任免、职称、学位、工资、级别、离休、退休、退职等个人材料的档案室。由于人事档案自身的特殊性,它一般需要与其他各类档案分开管理。这就有必要专门设立人事档案管理的部门,通常依附于机关内人事管理部门或组织部门,有的也称为"干部档案室"或"职工档案室"。至于人事部门在工作活动中形成的一般人事文件,归机关档案室管理。

（七）联合档案室

联合档案室是指同一地区,特别是在同一市镇内的一些机关联合起来设立一个档案机构,负责保存和管理这些机关形成的档案,这种机构通常就是联合档案室,或称为"档案服务中心"。例如,一个系统下的若干机关或单位,或者工作性质相近的机关或单位,驻地比较集中,可成立联合档案室。联合档案室的优点是有利统一管理,节省人力、物力,符合精简原则。

第四节　新型档案机构管理

随着我国改革开放的顺利进行和档案学基础理论研究的不断深入,我国档案机构的设置也出现了一些新情况。近几年来,我国出现了一批新型档案机构,其中较为突出的是文件中心、档案寄存中心和档案事务所(也有的称为"档案咨询中心")。应该说,除个别文件中心以外,这些新型档案机构一般都属于商业化的档案中介机构。新型档案机构的建立对推动我国档案工作的开展和探索我国档案管理的新形式正发挥着积极作用。

一、文件中心

（一）文件中心的含义及其产生背景

1. 文件中心的含义。

文件中心是一种社会化、集约化和专业化的档案管理机构,它的设置一般不像档案室一样隶属于一个文件形成单位,而是按地区按系统建立的介于文件形成单位和地方综合性档案馆之间的一种过渡性档案管理机构。

2. 文件中心产生的背景。

文件中心最早诞生于第二次世界大战时期的美国。第二次世界大战期间,美国政府机关的文件量迅速膨胀,大大加重了文件管理的负担,加之办公空间日益紧张,各部门对自己的文件不是束手无策就是漠不关心,致使大量文件没有受到有组织、有制度的妥善保管,国家宝贵的档案遗产处于严重的危险之中。这种情况引起了美国档案界的焦虑。于是在档案界的倡导和协助下,美国军事部门创建了一种新型的文件管理机构——文件中心,把使用次数不多、但又必须保管一段时期的文件集中存放在造价较低的专门库房里。1950

年,美国《联邦文件法》以法令形式肯定了文件中心这种新型管理机构。

和美国一样,第二次世界大战后,许多国家都堆积有大量未到移交档案馆年限和未到销毁年限的半现行或处于休眠阶段的文件,并面临着由于没有任何存储和处置这些文件的策略而带来的各种危机,于是开始探索如何将这部分档案文件尽可能更经济有效地保管起来。许多国家档案界认为文件中心不失为一种好的形式,于是,纷纷效仿美国建立文件中心或类似的档案管理机构,如加拿大的文件中心、德国的中间档案馆、英国的过渡性档案馆等。

在我国,甘肃省永靖县于1988年成立了我国第一文件中心。经过十多年的发展,永靖县文件中心的参联机关有了很大发展,并摸索出一整套文件中心运作与管理的方法。在国家档案事业"十五"发展规划中,国家有关部门已经明确提出在"十五"期间要加强建立文件中心的试点。

(二)文件中心的特征和类型

1. 文件中心的特征。

(1)文件中心主要是一种实体性管理机构。从已有的实践来看,文件中心的主要目标就是为那些大量的休眠文件提供一个效率高、耗费低的安全庇护所。这就决定了文件中心的主要职能是把文件从形成机关接收、存储进文件中心;提供快速、准确的文件借阅服务,满足用户的需要;确保文件安全、管理科学;根据由机关制定、档案馆批准的文件处置表对文件进行处置,包括销毁不需继续保存的文件和向档案馆移交具有永久保存价值的文件。文件中心一般不从事与文件内容有关研究活动,这是它与档案馆在职能上的根本区别。

(2)文件中心是一种社会化、集约化和专业化程度很高的档案管理机构。文件中心一般要为若干参联机关提供文件管理服务,与档案室相比,它有较大的规模,服务对象也较多。由于其文件集中,专门性强,人员素质高,因此,文件中心的管理能力和技术手段一般都要超过一个独立单位的档案管理机构。

(3)文件中心对其保管的处于休眠阶段的文件只有保管权,而无所有权,文件的所有权仍属于其形成机关。

(4)文件中心是介于文件形成要对双方负责。作为一个过渡性的、中间性的档案管理机构,文件中心首先要尊重文件形成者的利益和要求,同时又要担负起为档案馆积累档案的重任。

(5)文件中心可以同时承担文件管理咨询与培训的职能,如可为参联与非参联机关提供有关文件管理的建议与指导。

2. 文件中心的类型。

文件中心一般可分为两大类:

(1)政府性文件中心。这是由政府拨款建立的,为政府机关服务的非营利性文件管理机构。这类文件中心在具体操作上有多种不同形式。我国甘肃省永靖县文件中心是以吸收参联机关作为基本形式,并已经取得了较好的效果。

(2)商业性文件中心。这是由有关机构或个人创办的一种营利性档案管理机构,它为工商企业或个人提供现代化的文件存储设施、科学的文件管理和高效的文件服务,不属于国家档案管理系统之列,但执行国家档案行政管理部门的相关管理标准。商业性文件中心不靠政府拨款生存与发展,而是通过提供科学高效的文件管理服务收取一定的服务费用。这种商业性文件中心在国内外均有成功实践。

二、档案寄存中心

(一)档案寄存中心的含义

档案寄存中心是指由国家综合档案馆设立的,为各类企业、社会团体以及个人提供档案寄存有偿服务的机构。档案寄存中心主要是接受不具备充分保管条件及配备档案保管条件成本过高的国有与非国有企业及破产企业、社会团体、个人在工作、生产、经营、生活等各项活动中形成的档案的寄存。档案寄存中心与为具有社会和历史价值的各种档案提供无偿服务的综合性档案馆不同,也与具有会员制性质、共筹资金按所筹资金划分库房等的联合档案室不同。在机构设置上,档案寄存中心一般隶属某一档案局(馆)领导,并内设于档案馆内。这既与综合档案馆是由国家各级政府设立并且领导不同,又与文件中心作为独立性的、为机关非现行性文件提供保存服务的过渡性保管机构不同。

(二)创办档案寄存中心的背景

随着经济体制改革的不断深入,尤其在国有企业改革及社会主义市场经济规律对各行各业逐步发生作用的新情况下,档案管理工作中也出现了如下新问题:

第一,在国有企业改革中,国有企业档案存在管理不善乃至无处可归的情况。国有企业在破产、拍卖、改组、兼并、股份制合作等资产和产权变动过程中所形成的档案材料有不少是处于失控状态,整理不及时、管理不完善、流向与归属不合理等现象十分普遍。

第二,非国有企业的档案管理大多比较混乱。在非国有企业中,由于其内部机构往往比较简单,企业员工流动性大,一般没有档案管理部门和专职档案人员,档案管理条件也较差,档案失控以至损毁现象十分严重。

第三,一些社会团体和个人不具备档案保管的充分条件。由于营造"小而全"的档案保管条件所需费用过高,一些社会团体和个人无法具备档案保管条件,从而导致这些单位和个人所有的珍贵档案与资料得不到妥善管理。

正是上述新问题的出现,客观上推动了档案寄存中心的创建。可以认为,档案寄存中心是根据市场经济体制下企业、社会团体与个人的需要而建立的一种新型档案管理模式,它可以为社会提供社会化、专业化的档案服务。

作为一种新型档案管理机构,档案寄存中心在我国还处于起步阶段,因此,在今后,对档案寄存中心的设置方法、人员编制、经费安排、工作规范、业务环节、收费标准等问题要充分研究总结,以促进档案寄存中心的健康发展。

三、档案事务所

（一）档案事务所的含义及其产生背景

档案事务所是以《中华人民共和国档案法》为规范,受国家档案行政管理部门领导的,对立档单位进行档案业务咨询、辅导、档案代管及利用等档案事务工作的一种中介机构,它是提供档案事务服务的一种商业性档案服务机构。

档案事务所是适应近年来我国档案工作中出现的一些新情况而建立的一种新型档案机构。首先,近年来由于档案业务量迅速增加,特别是档案的监督、指导工作量大量增加,本行政区域内的所有机关、团体、企事业单位,甚至乡（镇）、村的档案业务指导、监督任务概由档案行政部门来承担,档案行政部门不堪重负。其次,由于有关部门在考虑人员编制时,往往忽视档案行政管理部门的工作量和工作面,所给编制极少。这就造成了一方面档案局即使占用了档案馆的事业编制,也不能完全履行自身职责的局面,另一方面档案馆的编制被档案局占用后,其正常业务工作受到了影响;此外,档案部门人员参与档案劳务性工作,一定程度上会削弱档案行政管理部门的业务指导与监督职能。正是在这样的背景下,我国部分地区建立了档案事务所。档案事务所可以承担大量的档案劳务性工作,减轻档案部门指导、监督工作量过大的压力,也可以使档案部门可以集中力量抓好档案局馆的本职工作。

（二）档案事务所与档案管理体制的关系

《中华人民共和国档案法》对我国的档案机构设置及职能作出了明确的规定:国家档案行政管理部门主管全国档案事业并进行统筹规划,组织协调,统一制度、监督和指导;地方各级人民政府的档案行政管理部门主管本行政区域内的档案事业,并对本区域内的机关、团体、企业事业单位和其他组织的档案工作实行监督和指导。档案事务所是受《档案法》制约的受国家各级档案行政管理部门领导的中介组织,它的职能是对立档单位进行业务咨询、辅导、代管立档单位档案并提供利用以及进行其他的档案事务工作。由此可见,档案事务所与现行的我国档案管理体制并不相悖,相反,正是由于档案事务所具有中介的、灵活的性质,才能够对目前的档案工作起有力的推动促进作用,因而两者是相容的。

（三）档案事务所的服务对象和服务范围

档案事务所的服务对象非常广泛,一般包括该行政区域内各级国家综合性档案馆,各机关、团体、企业(包括国有、集体、合资、独资、私营企业)、事业单位,乡(镇)、村以及公民个人等。

档案事务所的业务范围主要是开展档案业务的指导、咨询。一方面,各级地方档案行政管理机构限于人、财、物,对下辖立档单位的档案管理工作监督指导不力;另一方面,私有制形式的立档单位与地方档案行政管理机构并不存在直接的行政或业务关系,而档案事务所可以补其不足,采取积极主动的手段开展咨询、辅导以及各种档案的劳务性服务工作,如档案的整理、装订,各种档案目标的抄写、著录、打印,档案的裱糊,破损档案抢救。档案事务所开展的档案业务项目均为有偿服务,应根据经济核算的原则制定合理的收费标准。此外,档案事务还可以开展档案用品的销售等业务。

应该说明的是,档案事务所与档案部门创办的各种服务部、经营部等有着重大差别。前者主要强调开展档案的业务技术和档案整理的劳务性有偿服务。①

(四)档案事务所的性质及其管理

行政型档案事务所在各级地方档案行政机构有明确的编制、经费、人员,负责本地区的各立档单位的档案业务指导及其他档案事务。它的优点是能够较紧密地结合各级地方档案行政管理,开展档案工作有基础,关系较顺;缺点是由于编制经费和人员的限制,工作的展开力度有所欠缺。

经营性档案事务所实行独立核算、自负盈亏,接受市场调节。它受地方各级档案行政管理部门的领导,与各立档单位之间没有领导与被领导的关系,在开展工作上采取的手段灵活多变,工作能力较前者为强。

档案事务所在用人制度上一般采用聘任制,开展档案业务的指导和咨询。事务所的其他工作人员一般实行临时工制,主要开展各种劳务性工作。

为了加强对档案事务所的管理,各地档案行政管理部门应会同有关部门制定档案事务所的有关管理规定,并对档案事务所的业务工作进行指导、监督。②

---

① 徐和习.档案事务所浅议[J].浙江档案,1999(5).
② 冯惠玲,张辑哲.档案学概论[M].北京:中国人民大学出版社,2001.

第十二章
国际档案事业

国际档案理事会是非政府间的国际档案专业组织。国际档案大会是国际档案理事会定期举行的国际性会议,国际档案理事会为促进国际档案事业的进步与发展,为保存人类档案遗产不受伤害,促进档案得到更加合理的利用做出了重要贡献。了解外国档案事业发展历史及管理体制对于我们完善中国的档案事业管理体制有重要的借鉴意义。目前世界上的档案事业管理体制大致分为两种主要类型:集中式和分散式。美国是分散式的档案管理体制的典型代表;俄罗斯则是集中式的档案管理体制的典型代表。

第一节 档案事业国际合作的基本形式

一、国际档案大会

国际档案大会是国际档案理事会定期举行的国际性会议,它是国际档案理事会的最高权力机构,于1950年建立,从1956年起,每四年举办一次。目前,国际档案大会已经成功地举办了十五届,是国际档案界最高层次、最大规模和最高水平的专业学术会议。

根据国际档案理事会会章的规定,每届国际档案大会包括的基本事项如下:举行国际档案理事会会员会议;即将卸任的执行委员会的一次会议和会员大会和代表大会新选出的执行委员会的一次会议;提名委员会会议和决议委员会会议;为参加大会的全体档案专业人员、执行委员和大会组织委员会邀请的来宾安排专业演讲、文件宣读、讨论会和展览会等活动。

截至1992年,前十二届国际档案大会均在欧美国家召开。从业已举行的前十二届国际档案大会来看,主要议题可分为以下七类:

第一类,有关档案学基础理论方面的问题,比如:档案术语的统一;档案与文件;文件与档案的变革;私人档案问题;私人档案和经济档案问题;教会档案;档案与现代的社会和经济研究;从职业到专业:档案工作者的职业特性;信息时代的档案工作者的职业;档案体制——共同为社会服务;发展中国家的档案工作;档案史的研究。

第二类,有关档案管理方面的问题,比如:对形成中的档案如何实行监督;收回散失在别国的本国历史档案的途径；现行档案的管理；档案管理的新方法；现代档案的分类方法；档案文件价值的鉴定；科学查考工具的编制；档案的利用；开放档案问题；扩大对档案文件的开放；档案文件公布方法；档案资料的出版问题；缩微胶卷的政策；档案工作标准化；信息时代的一种手段。

第三类，有关档案馆方面的问题，比如：关于国家档案馆问题；国家档案馆及其组织；档案馆如何实行监督；打开档案馆的方便之门；档案馆设置历史陈列室问题；对档案馆的挑战——日益繁重的任务及有限的资源；国家档案馆和机关档案室的相互关系和继承性。

第四类，有关档案管理现代化方面的问题，比如：关于档案工作机械化；新技术在档案馆的应用；档案馆的新设备；档案工作中的技术进步；档案与缩微制片的关系；缩微复制、修复文件和印鉴及保护地图、平面图、照片的新技术；新型档案材料；新型档案材料原则：形成和收集；新型档案材料的保护；新型档案材料的开发和利用；档案库房建筑中的新成就。

第五类，有关档案人员教育与培训方面的问题，比如：档案教育必须适应21世纪的社会需要；档案人员的训练；青年档案工作者的培训。

第六类，有关国际交流方面的问题，比如：关于档案文件的国际交流；档案工作者的国际合作和对发展中国家档案馆提供技术援助。

第七类，有关其他方面的问题，比如：文件在进馆前的变化；档案与美术史；印章问题；国际档案理事会三十年来所取得的新成绩；国际档案理事会的今天和明天。

第十三届国际档案大会是档案学术界的一次盛会，因为这是国际档案大会第一次在亚洲国家和地区召开。该会已于1996年9月2日至7日在我国首都北京隆重召开，出席这次会议的有一百三十个国家和地区的代表两千六百多人。其规模之巨大、气氛之热烈、内容之丰富是国际档案大会成立以来的第一次。这次大会总结了20世纪档案事业发展的成就，展望了21世纪档案事业发展的宏伟前景，是一次承前启后、继往开来的国际盛会。这届大会这是本世纪最后一届国际档案大会，它的主题是"本世纪末的档案工作—回顾与展望"，共有一百四十多个国家和地区的两千六面多名代表与会，共同总结、探讨本世纪以来各国档案工作的历史经验和发展规律，科学预测即将来临的21世纪国际档案界活动发展的前景和趋势，制定国际档案界跨世纪的发展战略。为了做好第十三届国际档案大会的组织筹备工作，中国政府成立了第十三届国际档案大会组织委员会。国务委员、国务院秘书长罗干出任组委会主席。我国主办第十三届国际档案大会的意义重大，主要体现在以下几个方面：

第一，新中国成立以来，中国的档案事业有很大发展。一些切合实际、经济可行的保管、保护和利用档案等方面的经验，很值得在世界范围内得到借鉴和推广。在我国举办国际档案大会是向世界各国及其档案工作者宣传、介绍我国档案事业以及整个国家改革、开放大好形势的好机会，是我国档案工作对外开放，走向世界的重大举措。

第二，1996年在北京召开的第十三届国际档案大会是国际档案大会第一次在发展中国家举行。按照惯例，哪一个国家主办大会，哪一个国家档案机构负责人就将被推选为国际档案理事会主席。在第十三届国际档案大会上，我国档案机构负责人将被推选为新一届的国际档案理事会主席，任期四年（1996年至2000年）。这标志着国际档案事务的主导权第一次由欧美发达国家转移到发展中国家。它对于发展世界档案事业，对广大发展中国家参与国际档案事务都将产生积极、重大的影响。

第三，这次大会是一次空前规模的中外档案学术交流，是中国档案界千载难逢的学习机会。

第四，这次大会不仅对我国的档案工作、档案干部队伍，而且对我国社会主义现代化建设的各个方面，对我国改革开放的整体面貌、社会服务和精神文明总体水平都是一次检阅。

总之，这次大会对我国档案事业以及其他有关的各个方面产生了积极而深远的影响，将在世界档案事业和中国档案事业的历史上留下辉煌的一页。

引起各国档案工作者广泛关注的第十四届国际档案大会已于2000年9月21日至26日在西班牙的塞维利亚召开。这是国际档案界的同行继1996年9月相会于北京之后的又一次聚会。此次大会的主题是"新千年与信息社会中的档案"。三次全体会议主报告分别如下：

第一次全体会议主报告的题目为"全球范围内电子文件的管理和利用"。该报告的主要内容是电子文件在档案工作中的作用、电子文件的重要性、管理电子文件所使用的系统及管理模式；电子文件管理领域的成功经验和失败教训的总结及一些目前无法回答的问题。

第二次全体会议主报告的题目是"档案学科的发展"。该报告从书目文献学、专论、报刊内容的变化以及信息交流的频率和速度等方面对档案学的发展进行了阐述。

第三次全体会议的主报告为"档案在休闲社会中的作用"。在发达国家，档案走向大众已成为一种趋势，因此，该报告认为要采取行动，注意培养和满足公众个人的兴趣。这些行动反过来要产生在国民经济中占有越来越重要地位的休闲产业。

这次大会增加了一项以往历届国际档案大会没有的内容，即对第十三届国际档案大会效果进行评估的"评估会议"，主要是通过中国的档案工作实践对国际档案大会给予一个客观的评价。大会安排的发言人有两个，一个是杨继波，发言的题目是《从北京到塞维利亚——中国档案的实践与第十三届国际档案大会》，该发言阐述了我国近年来对国际档案界的贡献，并从思想观念、电子文件、档案文献遗产保护、档案学研究等方面评估了第十三届国际档案大会，并希望国际档案大会更多地关注发展中国家的档案工作，让国际档案大会的工作要更务实一些。另一个是罗运鹤，发言的题目是《北京与国际档案大会——第十三届国际档案大会评估》，该发言主要从主办城市的角度来评估第十三届国际档案大会对北京市档案工作的影响。

2004年8月23日至29日第十五届国际档案大会在奥地利首都维也纳召开,会议由国际档案理事会主办,奥地利国家档案馆承办。来自一百四十个国家和地区的两千余名代表出席了大会。大会的主题是"档案、记忆与知识"。2004年8月23日开幕式上,大学教授和生物医学科学家Hans Tuppy博士作了别开生面的主题报告,他讲述了人类三种记忆即文化记忆、个人记忆和基因记忆三者的关系及有关知识,阐明了档案工作者在社会记忆和文化记忆的选择与构建中、在个人支离破碎的记忆的客观整合中、在基因记忆语意的解释与揭示中的重要作用。8月23日至26日进行了三场主报告,分别从政治民主、经济发展、文学创作、历史再现、新闻真实等多学科视角分析了档案利用对国际地区政治冲突的解决;经济一体化的文化沟通;国家的历史、政治和社会记忆的完整建构;个人及家庭记忆的真实性确认等方面的学术贡献及其重要社会功能。

二、国际档案理事会

国际档案理事会(International Council on Arhives,英文简称ICA)是一个与联合国教科文组织有甲类咨询关系的、非政府间的国际组织,它关心档案以及档案在执行公务和私人活动、保护个人权力、丰富人类知识和文化等方面的作用,并与其他国际组织合作实施共同感兴趣的计划。

国际档案理事会是在1948年联合国教科文组织的一次会议上诞生的,1950年第一届国际档案理事会在巴黎召开,总部设于巴黎。其主要机构有代表大会、秘书处、执行委员会、国际档案圆桌会议、国际档案大会组织委员会、项目管理委员会、档案发展委员会、项目支持委员会、出版物、特别委员会、地区分会、欧洲项目、专业处等机构组成。其最高权力机构是国际档案大会。这些机构包括以下三种类型:

第一类:领导机构,具体包括两种:

一是代表大会,它是国际档案理事会的全权机构,其组成人员包括执委会成员、国际档案理事会地区分会主席、"A""B""C"类会员的一名代表、"D""E"类会员的成员。按规定,代表大会每四年召开一次,其主要议程是审议有关国际档案理事会的管理和活动、制定会费标准、选举执委会成员。

二是执委会,国际档案理事会在代表大会闭会期间的管理活动,除根据会章由每年召开一次的代表会议所处理的事务外,均由执委会承担。现任执委会主席是琼·P·瓦洛(加拿大国家档案馆馆长),副主席是E·彼得斯女士(特立尼达和多巴哥国家档案馆馆长)、玛格丽塔·帕格女士(西班牙国家档案局局长)、弗里克·诺伯格(瑞典)、帕特里克·卡伦尔(英国)、王刚(中国国家档案局局长)。其成员是:康福特·A·乌克吴女士(代表非洲和阿拉伯国家)、诺埃哈迪·麦格萨特(代表亚洲和太平洋地区)、克里斯托弗·格拉夫(代表欧洲和北美洲)、乔振·弗拉克约斯·帕西爱多(代表拉丁美洲和加勒比地区)、弗里茨·伦丹受(代表C类会员)、克兰斯·奥登哈克(司库)和查尔斯·凯恩凯姆蒂(秘书长)。

第二类：专业委员会，包括档案发展委员会、项目管理委员会、项目支持委员会、会员委员会、建筑档案委员会、音像档案委员会、档案建筑与设备委员会、防止自然灾害委员会、电子档案委员会、档案自动化委员会、文学与艺术档案委员会、档案法律事务委员会、口述历史委员会、档案保护委员会、现行档案、档案管理体制和档案鉴定委员会、印章学委员会和影像技术委员会。

第三类：业务机构，包括国际档案圆桌会议、档案教育与培训处、工商企业档案处、国际组织档案工作者处、城市档案馆处、档案专业协会处、议会档案处、大学和研究机构档案馆处、教会与宗教团体档案馆处、《档案》(Archivum)杂志编辑部、《通报》(Bulletin)编辑部、《护门神》(Janus)杂志编辑部。

国际档案理事会下设十个地区分会：拉丁美洲档案协会、阿拉伯地区分会、加勒比地区分会、中非地区分会、东亚地区分会、东南非地区分会、太平洋地区分会、东南亚地区分会、西南亚地区分会和西非地区分会。

国际档案理事会现拥有一百五十余个国家和地区的会员约一千三百多个，分为五类，即全国性的档案机构、专业协会、地区、地方的公共和私人档案机构、个人会员、名誉会员，任何从事档案或文件管理业务的公共或私人组织，任何从事档案和文件管理培训的机构均可成为国际档案理事会的机构会员，任何正在或曾在档案部门工作的人均可成为个人会员。

国际档案理事会的宗旨是促进世界档案遗产的保护、发展和利用，它把世界各地的档案工作者联系在一起，交流信息，加强档案专业的发展，提高对档案重要性的认识。

国际档案理事会会章规定，其任务是与其他政府和非政府间的组织及国际机构合作、鼓励和支持各国发展档案事业、保存人类的档案遗产；在国际范围内组织促进和协调有关文件和档案管理方面的活动；建立、维持和加强各国档案工作之间及所有与档案和文件的管理和保存，以及档案工作者专业培训有关的机构，包括专业团体和其他组织（不论是公共的或是私人的，也不论是任何地方的）之间的联系；通过广泛介绍档案目录和简化利用手续，促进对档案文件的利用和解释。

国际档案理事会与有关国际组织之间的关系如下：第一，有咨询关系的国际组织是联合国经济和社会理事会、联合国教科文组织、国际图书协会和机构联合会；第二，以观察员身份进行联系的国际组织是世界知识产权组织；第三，有紧密合作关系的国际组织一类是政府间的组织，即欧洲理事会、世界气象组织；另一类是非政府间组织，即国际信息与文献联合会、国际声像档案协会、国际建筑博物馆同盟、国际文学博物馆委员会、国际电视档案委员会、国际科学联合会理事会和国际档案科学研究所、国际历史信息中心、国际影片档案联合会。

国际档案理事会出版两种专业杂志，即《档案》(Archivum)和《护门神》(Janus)。

第二节 外国档案事业管理

一、美国档案事业管理

（一）美国档案事业发展历史

美国只有二百多年的建国历史，这就决定了美国联邦政府的档案工作大大晚于地方的档案工作。早在建国前的殖民时代，处于英国殖民统治下的十三个州早已有了保存文件、档案的机构。1783年独立战争结束后，这十三个原英国殖民地组成邦联政府，1776年7月4日美利坚合众国成立，实行中央与地方分权治理的联邦制。联邦制的国家管理体制决定了美国的档案事业从一开始就是按中央与地方分权治理的原则进行建设的。这就是说，美国的档案事业首先划分为中央和地方两个独立部分，中央部分是由美国联邦政府的各类档案机构组成的专业系统，地方部分则是各州各自为政的档案管理实体——档案馆，而这些档案馆的隶属关系、地位、职责也各不相同。由于这种特点，美国的档案事业实际上仅指联邦档案事业，而在1949年以前则仅以1934年成立的国家档案馆为主体。1949年改组国家档案馆，成立国家档案与文件局。1950年美国颁布了《联邦档案法》，决定由国家档案与文件局对联邦政府的档案实行集中统一管理。与此同时，美国的文件中心、总统图书馆也陆续建立。这样，美国联邦政府的档案事业从1950年起便形成了这样一个格局：以国家档案与文件局为联邦政府的档案事业行政管理中心——业务指导中心；以国家档案馆及其分馆、文件中心、总统图书馆为主体，包括档案学术团体在内的联邦档案专业系统。这体现了分散式的档案事业管理体制。

所谓"分散式的档案事业管理体制"是指国家不设立档案事业行政管理机关，对档案和档案工作实行中央和地方分权管理各负其责的原则。中央级的国家（或公共）档案馆只负责管理中央或联邦政府机关的档案及历史档案，而无权过问地方档案机构的任何领导和监督。各类档案馆仅负责管理本馆职权范围内的档案，彼此既无上下从属关系，又无法定的横向联系。分散式档案事业管理体制可划分为四种类型：美国型、英国型、南斯拉夫型和瑞士型。

美国型的特点是联邦政府的档案实行集中统一管理，包括各州市在内的其他拥有者的档案由拥有者自行管理。从全国范围来说，美国的档案管理属于分权治理的自由式，即联邦的、州市的、集团的、私人的等各种不同归属的档案馆各为其主，互不统辖，互不制约。美国的这种档案管理体制是由美国的国情和社会政治制度决定的，美国的立国基础是英国在美洲大西洋沿岸建立的十三块殖民地。这些殖民地以其宗主权形式分为四种类型：殖民公司特许殖民地、英王直辖殖民地、贵族敕封殖民地、自治殖民地。

这些殖民地是同一宗主国的不同统治集团的财产。美国的联邦制就是在这种社会历史背景下确立的。各州都有自己的立法,联邦政府无权干涉各州本身的事务。美国的这种国家体制决定了它的档案管理体制必然受私有制及中央与地方分权治理原则的制约。按美国宪法的精神,档案也有所有权的归属问题,属私有财产之列,因此必须归一定的占有者所有。凡归属于各种集团和个人的档案,拥有者有权自行处理,甚至拍卖。

可见,美国以私有制为基础的档案管理体制,从全国范围内来说是分散式的,各种类型的档案馆有不同的隶属关系和归属关系,即便是对五十个州的档案馆和档案工作,联邦政府也无权过问。

美国知识界,尤其是历史学界看到了档案管理上的这种严重弊端,呼吁对档案实行有意识有组织的管理。终于,在1934年促成了美国国家档案馆的成立,开始了联邦政府档案集中管理的历史。1949年又成立了美国国家档案与文件局(1985年改为署),把联邦政府的文件管理和档案管理体制都集中在该局的控制之下。这样就形成了今天的格局:联邦政府各部门、各机关的文件和档案由联邦档案机构负责集中管理,各州、市、企业、公司、财团、科研、文教等非联邦机关的档案由归属者自行管理。

(二)美国的档案机构

1. 档案事业行政管理中心——国家档案与文件局。

国家档案与文件局简称"国家档案局",于1949年由国家档案馆改组而成。国家档案馆在改组之后成为国家档案与文件局的一个组成部分。

国家档案与文件局设有局长室和五个管理处:人事处、国家档案馆管理处、联邦登录处、联邦文件中心管理处、总统图书馆管理处。另处,还有国家历史出版物与文件委员会。

局长室负责全面领导国家档案与文件局的活动,制定长期的和年度的工作计划,拟定预算等。

国家历史出版物与文件委员会的任务是鼓励人们保护和出版对美国历史有重大意义的文件材料。它的一部分人员属于国家档案与文件局的编制,另一部分人员则是由总统、国会、最高法院、政府机关、历史协会和档案工作者协会指派的。

联邦登录处负责出版联邦的法律、政府的规章和总统的文件。

国家档案馆管理处、联邦文件中心管理处和总统图书馆管理处,是美国国家档案与文件局的三个主要业务部门。三个部门的简单情况如下:

(1)国家档案馆管理处。

国家档案馆管理处除了设在华盛顿的档案馆本部外,还有分布在全国的十一个分馆。分馆与地区性联邦文件中心设在一起。

国家档案馆管理处的任务是对于那些由于有重要历史价值或其他价值而需要保存的档案材料进行鉴定、接收、保管、编目和提供利用。

国家档案馆管理处设有五个科：中心情报科、文件解密科、军事档案科、民事档案科、特种档案科。另外，还有一个计划协调室。

美国国家档案馆目前藏有约三万七千立方米的档案，其中有二千七百万米的影片，五百万张照片，一百六十万张地图，十一万多份录音，九百七十万张空中照片，一千卷自动数据处理磁带。据国家档案馆报道，档案有百分之四十八以上向公众开放，而为研究者提供的服务有百分之六十四以上同家族史的研究有关系。

早在1964年，国家档案馆大厦的库房已经放满了档案。以后，不得不把一部分档案放在马里兰州苏特兰市的联邦文件中心。目前，这个联邦文件中心存放了大约一万二千立方米的档案文件，其中既有来自军事机关的，也有来自民事机关的。

从1974年开始，国家档案馆就打算横跨宾夕法尼亚大街修建一个地下室，以解决库房不足的问题。拟议中的这个地下室造价一亿美元，分四层，大约可以容纳四万多立方米的文件，还有一万八千多平方米的办公用房，估计可以满足目前和今后三十年的需要。先后有四任总务署署长原则上批准了这项计划。1977年，总务署着手钻探，并分析研究了几种可供选择的方案。但是，由于资金等问题未能解决，计划的实施无限期地推迟了。

近年来，国家档案与文件局在弗吉尼亚州的亚历山德里亚市获得了一万一千多平方米的库房面积。这部分库房将用来保管图表档案、尼克松总统的档案和一些音像档案，还准备安装一个小型的保护实验室。

(2)联邦文件中心管理处。

联邦文件中心介于美国联邦政府机关和美国国家档案馆之间的一种中间性机构。它负责保管联邦政府机关已经不大使用的非现行文件，为这些文件提供廉价的库房，为移交机关提供利用，并按商定的时间处理文件(加以销毁或者移交给国家档案馆)。

联邦文件中心既受到联邦政府机关的欢迎，也受到美国国家档案馆的欢迎。

目前，美国联邦政府机关每年约产生十七万立方米的文件，其中需要处理的约十六万立方米。如果没有文件中心，就不可能有一个有效的文件处理计划。另外，文件中心只收文件柜的费用和运输费用，免费为联邦政府机关服务。联邦政府机关既减少了文件保管费用，又可随时查找利用送交文件中心的文件。

国家档案馆在成立后，曾组织力量调查过联邦政府设在各地的机关的档案状况。调查结果表明，这些档案材料中有一部分是十分珍贵的，但是，各机关保管这些档案材料的库房十分糟糕。例如，有一个机关的档案库，人们在进去的时候必须用棍子驱赶老鼠和蜘蛛；另一个机关的档案库，仅仅为了清除库内的鸟粪就雇几个人干了好几天。文件中心成立后，彻底改变了这种不能容忍的状况，它受档案部门领导，从而保证了有重要意义的文件都能够最终移交给国家档案馆。

联邦文件中心管理处设有四个科：一个是华盛顿全国文件中心(在马里兰州的苏特兰市)，另一个是全国人事文件中心(在密苏里州的圣路易斯，有两处库房)。

地区性联邦文件中心有十二个,所保管的文件共计三十多万立方米,主要属于以下几个机关:国防部、财政部、社会安全部、退伍军人管理局。近几年来,各个文件中心每年接收的文件约为三万七千立方米,其中要在以后移交给国家档案馆的约百分之五至百分之十。

设在圣路易斯的全国人事文件中心,保管着前联邦文职人员的人事文件七千多万卷,前海陆空军职人员的人事文件五千五百多万卷,它每年发出的个人证明材料多达二百多万份。这个文件中心的检索工作已经自动化。有关人员的姓名和出生日期,有关案卷的编号和库内位置等都已输入电子计算机,便于检索。

在美国,人事文件对于联邦政府的每一个雇员来说都有切身的利害关系。每个雇员能有多长时间的休假、在裁员时能否保留位置以及退休后年金的多少等,都与该雇员在政府任职时间的长短有关。因此,人们十分重视这个文件中心的工作,要求档案部门管理好这部分文件。

(3)总统图书馆管理处。

美国的总统是联邦政府的首脑,他的档案对于美国的政治史、经济史、军事史和文化史等都有十分重要的意义。可是,美国在一个相当长的时期内没有妥善处理好总统档案的问题。

美国的第一任总统华盛顿在离开总统职位时,把他担任总统时的来往书信和文件全都作为私人财产,装船运回他的故乡。后来,他又留下遗嘱,把他的全部的文件留给他的侄儿巴什罗德·华盛顿。于是,以后的每一位总统都仿照华盛顿的例子,在离开总统职位时带走自己的全部文件材料。这种错误做法经过了一百多年才有所纠正,直到最近才得到彻底纠正。美国总统图书馆就是纠正这一错误过程中的产物。

自华盛顿总统以后,离任总统对待所带走文件的态度是很不相同的。有的十分珍爱,有的则认为没有什么价值;有的捐赠给国家,有的则作为财产卖掉或传给自己的继承人;有的出于疏忽大意让火灾烧掉了,有的则有意识地加以销毁。例如,第十四届总统威廉·哈里森和第十五届总统约翰·泰勒的文件,分别于1859年和1865年在他们的住宅中被火灾烧掉了。第十六届总统米勒德·菲尔莫尔把文件留给了他的儿子,他的儿子则在遗嘱中指示遗嘱执行人烧掉。第十七届总统富兰克林·皮尔斯和第二十一届、第二十二届总统格兰特,都是本人亲手销毁了自己的文件。

莫里逊教授曾经生动地描述过总统档案的悲惨命运。他写道:"总统的文件往往由于爱清洁的寡妇或漫不经心的仆人而被毁掉,或者由于管理人麻痹大意而被烧掉。官方传记作者往往销毁有价值的文件,以保护其所写人物的名誉,或防止一些国务活动家有不好的感觉。前总统的继承人大方地把有价值的信件作为礼品送给朋友、英雄崇拜者和传记迷。孩子们雨天到顶楼上玩,就在无价的手稿上画画,用那些记载了被人遗忘的抱负或政治试验的文件剪洋娃娃。"

为了拯救这些对美国历史十分重要的档案,先是国务院,后是美国国会图书馆,不断地拨款收购。大约在六十年当中,美国国会图书馆收集了从华盛顿到柯立芝共计二十三位总统的大约两百万件手稿。除了卖给或赠给国会图书馆者之外,也有寄存的。例如,克里夫兰总统于1918年曾把三万件手稿寄存在国会图书馆里。这种情况一直到罗斯福总统时才有所改变。

罗斯福总统于1934年批准成立国家档案馆的法令后,决心使自己的文件最终能够归属于国家档案馆,而不落入国会图书馆手中。他的文件也比以往的总统多得多。例如,其前任总统胡佛每天收到信函平均四百件,罗斯福则每天收到信函平均四千件。1938年,罗斯福利用两万八千多名捐献者的捐献,在纽约海德公园自己的一块地产上建造了一个图书馆,存放他的文件。1943年,他把这个图书馆连同地产一起捐赠给了美国人民。此后,每个总统都仿照罗斯福的例子,卸任后在自己的家乡设法建造一个图书馆,存放自己的文件。

约翰逊总统图书馆在得克萨斯州的奥斯汀,于1971年开放。它是得克萨斯州地方当局出资兴建的。它收藏有三千多万件手稿文件,五百五十万个镜头的缩微胶片,五十万张照片。据说,它是美国最大的总统图书馆。

2. 国家档案馆。

国家档案馆是根据罗斯福总统签署的《关于建立国家档案馆的法令》成立的。这个法令于1934年6月19日由美国国会批准,共计十一条。

根据法令的规定,国家档案馆的任务是管理联邦政府各机关的档案。国家档案馆设馆长一人,由总统任命。馆长负责制定馆内的档案管理条例,如档案的编目、利用、销毁条例等。馆长下面设有两个委员会:档案委员会和历史出版委员会。

法令规定,国家档案馆保管的档案,除就加保密和保留版权者外,可供研究者使用。政府各部可以免费复制档案,个人研究者则必须交复制费。

这个法令的颁布和国家档案馆的建立,标志着美国档案工作的一次重大改革。它使美国对联邦政府各机关的档案实行了集中统一管理。法令明确规定:"把已失去现行用途但由于实际价值或历史价值而需要长期或永久保存的一切政府档案集中起来加以保存;对这些档案材料进行整理,以便使之用于实际目的和科学目的。"

国家档案馆从成立时起直到1949年为止,一直是联邦政府系统中的一个独立机构。它向国会负责,每年向国会提出年度报告,说明档案的接收和管理情况,馆内的财务收支情况,以及下个年度的预算。国家档案馆的经费由国会拨付。

美国联邦政府的档案,从1774年大陆会议(现存四百九十册)直到近期各机关移交的,全都集中在国家档案馆内。其中,既有立法机关的档案,如国会参众两院档案;也有行政机关的档案,如国务院、内政部、农业部、教育部、卫生部、陆军部档案。

国家档案馆的一个永久性的展览厅展出了美国最珍贵的三份文件。《美利坚合众国十三州共同宣言》,它谴责了英国对北美十三州殖民地的反动统治,宣布与英国王室断绝臣属关系,建立独立的美利坚合众国。《美国宪法》是1787年在费城会议上通过的,不过直到各州批准后,才由美国国会于 1789 年 9 月宣布正式生效,它规定了美国联邦政府的组织原则和机构。《人权法案》是对宪法前十条的修正案,这是因为最初的宪法没有提到人民的自由权利,引起广大人民的强烈不满,后来不得不作一些修正,把《独立宣言》中已经宣布的人民自由权利补充到宪法中去。

《独立宣言》和《美国宪法》都是写在羊皮纸上的文件,它们从 1922 年起存放在美国国会图书馆内。由于美国国家档案馆的一再要求,国会图书馆于 1952 年 12 月把这两份极珍贵的原本档案文件移交给了国家档案馆。移交时,美国出动了仪仗队、军乐队、护旗队、摩托车队、坦克和大批军警护送。移交后,在国家档案馆举行了隆重的入柜仪式。所谓"入柜仪式",就是在一次庄严的仪式上把装有档案文件的玻璃青铜盒子放进展览柜内。入柜仪式由当时的美国最高法院院长文森主持,并请当时的总统杜鲁门讲了话。这个展览柜白天升上地面,在展览柜只需几秒钟就会进入地下安全库房。到目前为止,这一套保护和展出档案的设备仍然是十分吸引人的。

3. 其他档案机构。

除了国家档案与文件局及其所属的机构外,美国还有许多其他档案机构,如各州的档案机构,大学与教会的档案机构,私人企业的档案机构。此外,还有美国档案工作者协会等组织。

(1)州档案馆。

美国现在共有五十个州,其中有些州的档案有巨大的历史意义,可以说明英国、西班牙和法国等对北美殖民统治的历史,可以说明印第安人受迫害受摧残的惨状以及印第安人对殖民主义者的英勇反抗。

美国各州的档案工作由各州自行决定,没有全国统一的规定,因此,各州的情况是形形色色各不相同的。有些州设有独立的州档案馆,有些州设有档案与历史部,有些州在图书馆内设有档案部,有些州在州长办公室下面设有档案管理处,有些州的档案工作由该州的财政部或总务部兼管,还有些州的档案工作由该州的历史委员会、公共档案委员会或历史协会负责。据统计,各州档案机构的档案总收藏量还比不上国家档案与文件局的收藏量,并且各州之间悬殊很大。

(2)大学档案馆。

哈佛大学是美国的第一所大学,成立于英殖民时代的 1636 年,比美国建国早 140 年。到了一百多年后的 1772 年,美国也只有十二所大学。可是据 1978 年世界年鉴的统计,美国高等学校已增加到一千三百八十五所。据美国档案工作者协会 1980 年统计,美国已有约一千一百个高等学校设立了档案机构,从事档案工作的人员(包括兼职人员)约为一千六百人。

在大学档案馆当中,哈佛大学档案馆的历史最悠久。这个大学早在 1800 年就公布了一个共计二十页的档案目录。可是从成立至 1938 年建立专门档案馆的 302 年内,尽管哈佛大学培养了众多学者、科技专家、社会政治活动家,位居美国高校首席,而积累的重要档案却保存在学校图书馆手稿部。直到1938年,哈佛大学董事会才作出决定,成立大学档案馆,并规定档案馆的任务是在校长的领导下收集保管学校成立以来的与学校成长有关的全部档案、史料,为学校行政、教学、学术研究和编纂校史服务,也为校外查阅和利用档案服务。1939年,哈佛大学档案馆正式成立。1941年,哈佛大学档案馆指南正式出版。哈佛大学档案馆馆藏的档案如果按档案架长度计算,可达八英里之多,包括大学成立350余年的全部行政、教学和艺术档案。其中建校的立法文件——1650年英王最终承认哈佛大学的批准书以及使用到1864年的校门锁和约重一公斤的铜钥匙,被视为哈佛大学权力的象征,从1846年起,历任校长卸任时,都要从档案馆去处,交给新任校长,以示权力交接,仪式完毕送回档案馆继续保存。

大学档案馆一般都有两种职能:一种职能是保存大学的官方文件,另一种职能是系统地收集历史手稿。从内容看,大学档案包括行政管理活动、学术成就、会议记录、课程设置、按合同和拨款进行科学研究、学术事件、住房、艺术、体育等方面的材料。

除哈佛大学档案馆外,威斯康星大学档案馆和康奈尔大学档案馆等也都有了很大的发展。

(3)私人企业档案馆。

美国私人企业所产生的文件是资本家的私有财产,国家无权过问。

有些企业是由于决定编写该企业的历史才想起来重视档案工作的。如波音飞机公司成立四十周年时写出一部公司史,这才开始有意识地收集公司的文件,并指定四名专职人员负责研究公司自1916年以来留存下来的文件。20世纪40年代起,企业档案馆开始在美国出现,到1980年美国档案工作行会出版的企业档案馆名录中收录了200多个。私人企业档案馆既保存行政管理文件,也保存技术文件。

(4)美国档案工作者协会。

美国档案工作者协会是一个群众性的专业团体。在分散管理档案工作的美国,这个协会对于档案人员交流验、协调研究活动和改进工作来说,起了十分重要的作用。

美国档案工作者协会成立于1936年,从1938年开始出版机关刊物《美国档案工作者》。这个刊物每年出版四期,有专题论文、新闻报道和书刊评介等。据1979年统计,每期平均发行量为四千三百一十六册,全年订阅费为三十美元。美国档案工作者协会还出版一种消息报道性的刊物《美档案工作者协会通讯》(双月刊)。

协会设有各种专门委员会,会员均可参加各专门委员会的活动。有些专门委员会是针对专门机构的,如科学档案、劳动档案、企业档案、城市档案、大学档案等委员会;有些专门委员会是探讨专门档案材料的,如录音档案、数据档案、纸张档案等委员会;还有口述史委员会、国际档案事务委员会等。

协会每年召开一次年会,每次年会上都要改选协会的主席和理事会。年会分组会上讨论的题目是十分广泛的,如对查阅档案的限制、著作权、保密、音象档案检索、防盗、检索工具、档案展览、缩微照相、文件管理、自动化问题,等等。

在一些州,如佐治亚州、密西西比州、加利福尼亚州、印第安纳州、俄亥俄州等也建立了档案工作者协会。还有跨州的地区档案组织,如西南档案工作者协会、山区档案工作者联合会等。

二、俄罗斯档案事业管理

(一)俄罗斯档案事业发展历史

俄罗斯联邦共和国,在十月革命前称"沙皇俄国",那时只有互不统辖的机关档案馆和部属历史档案馆,没有国家规模的档案事业或档案馆事业。1917年11月7日十月革命胜利,宣布了俄罗斯苏维埃联邦社会主义共和国诞生,它拥有十六个自治共和国,五个自治州,十个自治区,六个边疆区和四十九个州,是苏联面积最大、人口最多、经济实力最雄厚的共和国。1918年6月1日,列宁亲自签发了关于改革与集中统一管理俄罗斯苏维埃联邦社会主义共和国档案工作的法令,对原沙皇俄国的机关档案馆实行了彻底改组,并建立了新政权的档案事业行政管理机关——俄罗斯苏维埃联邦社会主义共和国教育人民委员部档案管理总局,统筹规划各级国家档案馆的建设。

1922年12月30日,俄罗斯苏维埃联邦社会主义共和国、克兰苏维埃社会主义共和国(1917年12月25日宣告成立)和白俄罗斯苏维埃社会主义共和国(1919年1月1日宣告成立)在莫斯科大剧院开会,宣布组成苏维埃社会主义共和国联盟,宣告了苏联的诞生,上述三国从此不再是独立的主权国家。但是在全苏档案首脑机关——苏联档案管理总局1929年4月10日成立之前,俄罗斯档案管理总局实际上行使全苏档案首脑机关的职能 1929年至1991年苏联解体,该局一直是苏联档案管理总局的直属机构。20世纪80年代后期起,随着民主化和公开性原则的推行,加入苏联的十五个加盟共和国有了越来越多的自主权,在这种情况下,俄罗斯的档案首脑机关——档案管理总局,根据俄罗斯部长会议1990年11月5日的决定,易名为"俄罗斯部长会议档案事务委员会",1992年12月22日又更名为"国家档案局"。

苏联解体后,俄罗斯接管了苏联以沙皇俄国的历史档案为基础建立起的各个历史档案馆在俄罗斯版图上的所有全苏中央国家档案馆、档案科研机关、教育机构以及原苏共、苏联共青团、工会等的档案和档案馆,并在此基础上进行了改组和易名。

以上说明,俄罗斯联邦的档案事业从1917年起,尽管经历了不同的历史阶段,但都是从建立档案事业行政管理机关开始的,因此可以把俄罗斯联邦的档案事业表述为,以三级档案事业行政管理机关为业务指导中心,以各级各类档案和文件管理中心为主体,包括档案教育和科研机构以及群众性学术团体在内的档案专业系统。当然,这三国的共同点都是以档案事业行政管理机关为指挥中心,所以俄罗斯的档案事业管理体制实际上是一种集中式的档案事业管理体制。

所谓"集中式档案事业管理体制"是指地方档案机构受中央档案机构的领导或监

督。这种体制下的各级档案机构是由国家用行政手段或法律手段设立的。其中,档案事业行政管理机关是全国档案工作的业务指挥中心,它按法定的权力对档案机构的工作进行指导和监督。集中式档案事业管理结构可以达到组织化和有序化。按档案事业行政管理机关的设置和类型,集中式档案事业管理体制在当今,除中国外,俄罗斯也是典型代表国家之一。

所谓"俄罗斯型"是指其档案事业管理由国家用行政和法律手段在中央和地方各级政府下设立等级制档案事业行政管理机关,形成一个有层次结构的档案行政管理系统,分级掌管中央和地方的档案事业建设,领导各级国家档案馆以及档案科研和档案教育机构,把所有档案机构组成一个独立的实行集中统一管理原则的国家档案部门。应当说,俄罗斯的这种档案管理体制是从苏联延续下来的。

(二)俄罗斯档案机构

1. 俄罗斯行政管理机关。

俄罗斯的档案事业管理机关是三级建制的管理体制。它包括以下几种:

(1)一级机关——俄罗斯国家档案局。

俄罗斯国家档案局属于最高档案事业行政管理机构,成立于1992年。其历史可以追溯到1918年成立的俄罗斯苏维埃联邦社会主义共和国教育人民委员部档案管理总局。1992年的俄罗斯国家档案局条例规定,档案局长是俄罗斯联邦的国家总档案员,类似于法国的总档案保管员。这个职位要根据俄罗斯联邦立法任免,副局长由政府任免。

俄罗斯国家档案局是贯彻执行档案事业领域内国家政策的联邦国家管理机关。该国1992年12月22日颁布的《俄罗斯国家档案局条例》规定,国家档案局享有法人资格和刻有俄罗斯联邦国徽和档案局名称的印章。作为法人,在其活动中必须遵守俄罗斯联邦宪法和一切法律及法规文件;要保证全俄罗斯档案事业的协调发展和这一领域的科学技术进步;要注意与新成立的俄罗斯历史工作者和档案工作者协会、职业联盟等社会组织保持合作关系。俄罗斯国家档案局的具体职责包括以下几条:

①直接领导和监督俄罗斯联邦的国家档案机关,包括联邦中央级国家档案馆,文件保管中心和档案科研机关以及加入俄罗斯联邦的各共和国的档案事业行政管理机关,边疆区、州、自治州各区、市的档案事业行政管理机关。

②负责全俄罗斯的档案事业管理和档案业务指导,包括对俄罗斯联邦各部、各主管机关、联合体、企业和组织的档案工作和文件管理工作进行跨部门的业务指导;保证俄罗斯联邦档案全宗的安全保管、不断补充和全面利用;合理解决俄罗斯联邦档案全宗内具有国家意义(联邦意义)和地方意义的档案划分问题,采取措施将具有联邦意义的档案集中到中央级档案馆和文件保管中心保存;合理调整档案的存放地点(必须报经相关国家政权机关批准),按规定原则向有关机关、组织和公民颁发在俄罗斯版图上收集古老文件史料的专门许可证。

③负责掌管俄罗斯联邦档案全宗。俄罗斯联邦档案全宗是指"反映各族人民物质和精神生活的,具有历史、科学、社会、经济、政治、艺术和其他文化意义的全部文件的总和",包括制定和实施档案事业发展的国家计划、批准档案工作的专项计划、长期计划和短期计划;起草有关俄罗斯联邦档案全宗文件的正确补充、安全保管、集中化国家统计、鉴定、利用等方面的法规文件和标准,并监督促这些文件的贯彻执行。

④组织开发利用俄罗斯联邦档案全宗的档案信息资源,包括按规定制度出版档案文件汇编,出版有关回溯性文件信息的成分和内容的资料;组织俄罗斯各档案机构按收费标准向有关机关、组织和公民提供有偿服务或计酬服务。服务项目包括组织文件的安全保管、帮助整理档案、按利用需求提供二次性专题资料以及签订档案利用许可合同等。

⑤加强机构建设,完善档案体制,包括调整和完善国家档案馆网和文件保管中心的体制;编制档案要事业预算,筹划档案馆库建设,向直属机关拨发建筑项目经费;要求直属机关按规定报送会计报表和统计报表,并组织进行审计。这里有必要说明的是,俄罗斯联邦档案事业预算按政府规定是作为国家预算的附件立项列入国家预算的。

⑥负责研究和制定在档案工作中应用现代技术的政策,研究制定自动化信息网络和数据库的建设与改进传统的档案检索体系同步进行的方案;组织推广和应用档案保护、修复、防腐和复制等方面的现代技术和先进经验。

⑦采取措施提高全俄罗斯档案工作人员和文件管理人员的业务水平,改善他们的劳动条件和社会保证条件。

⑧确定必要的制度和程序,协调俄罗斯各类档案机构之间的学术合作和经验交流;与独联体各成员国的档案机关建立协作关系;发展与世界各国档案界的交往和合作,积极参加国际档案活动。

为了行使用权职责,国家档案局下设了三个咨议性和权力性机构:

一是联席会议。国家档案局局长(任会议主席)、副局长以及按职务必须参加的领导人为联席会议当然成员,其他成员须报经政府批准。联席会议的任务是审议俄罗斯档案事业的协调发展问题;研究如何有效地管理俄罗斯国家档案馆和文件保管中心;听取和审议包括国家档案局在内的各档案机关领导人的工作报告;研究干部问题;讨论档案工作重要法规文件草案等。联席会议属于咨议性机构,无权直接作出决定。它所议定的事,必须由国家档案局局长以命令形式下发。

二是档案学术委员会。负责审查档案学术问题,有权就这些问题作出决定。

三是档案鉴定中央评审委员会。负责审查和决定与俄罗斯联邦档案全宗文件成分和档案价值鉴定有关的问题。

档案学术委员会和中央评审委员会的组成人员和工作细则,由国家档案局局长审批。

(2)二级机关——加入联邦的自治共和国档案局。

(3)三级机关——边疆区、州、市、自治州档案处。

俄罗斯的二三级档案事业行政管理机关均接受双重领导。在行政上受当地政府领导,在业务上接受国家档案局的领导和监督。

2.档案馆。

"十月革命"的胜利使社会主义政权在俄国诞生。在建设苏维埃国家机构的同时,也成立了作为国家机构组成部分的国家档案馆。1922年苏联成立,社会主义的国家档案事业在更大范围内获得发展,并形成了一个完整的国家档案馆网。苏联在1991年解体之前,是世界上档案馆类型最多、数量最大的国家。俄罗斯联邦目前有接受的前苏联的中央国家历史档案馆、古代档案馆、军事历史档案馆以及俄罗斯原有的远东国家历史档案馆和一些专门档案馆,包括影片照片档案馆、录音档案馆、科技档案馆和文学艺术档案馆等。其中,影片照片档案馆(1926)藏有1896～1985年的影片档案十二万多个保管单位,其中最早的为1896年沙皇尼古拉二世加冕典礼的纪录片,藏有照片档案六十多个保管单位。在录音档案馆(1932)收藏有藏有1902～1985年各种人物的录音录像十四万多个保管单位。在文学艺术档案馆(1941)收藏有1545～1985年的文学艺术档案2764个全宗,其中包括许多俄罗斯著名文学艺术家的个人档案和手稿。

原苏联中央档案馆有两处:一处设在苏共马列研究院内,负责保管苏共中央1952年以前的党务档案和党的领导人的档案。另一处设在原苏共中央办公大楼内,负责原苏共十个大机关和一百五十多个中小机关1952年至1991年的党务档案四百多万卷,1917～1991年的人事档案和人事登记卡片两千六百万卷(张)。这两处档案馆在苏共被取缔后,叶利钦于1991年8月24日发布了第83号俄罗斯总统令,命令查封并接管这两处档案馆。同时10月12日俄罗斯联邦政府颁布第532号决定,宣布将这两处档案馆分别更名为俄罗斯现代史保管与研究中心和当代文件保管中心。历史就是这样无情,昔日的执政党的财产,随着其拥有者苏联共产党被取缔,党的财产被没收,档案也随之被接管、易主,成了俄罗斯联邦的国家财产。封闭了几十年的档案的大门被打开,俄罗斯的两个文件保管中心于1992年3月正式向国内外研究者开放。

三、加拿大档案事业管理

(一)加拿大档案事业发展历史

加拿大是联邦制国家,其政府为内阁制。联邦政府负责外交、国防、货币等重大问题,各省(地区)也有相当大的自治权。在联邦政府成立时,各省几乎都有保留了原来的机构体制,形成了两面分权的局面。这种情况影响了加拿大档案机构的设置。在中央一级设立联邦公共档案馆,在各省(地区)设立省(地区)档案馆。另外,还设有许多市、镇档案馆以及文件中心。据1978年统计,加拿大全国有各种档案馆一百七十个。到1982年加拿大各种类型的档案馆增加到三百个,但是,较大的档案馆只有三十个左右,保存着全国百分之八十的档案。省、地区、市以下的许多档案馆有半数以上是近二十年建立的,有的是20世纪70年代以后才成立的,这些档案馆的经费、人员都比较少,有些省、市面上档案馆只有三四名工作人员。除此之外,政府部门、商业团体、工业企业、科学文化机构、宗教团体等也都有自己的档案馆。

  加拿大属于分散式管理档案工作的国家,在全国没有档案业务管理机构体系,从而导致各档案馆在工作上不能协调一致,相互间缺乏必要的业务联系的协作。但是,加拿大的档案工作也有自己的特点,大部分档案馆都参与机关的文件管理工作,负责对政府机关形成的不再经常使用的文件作出销毁或移交档案部门的决定,并为此设立相应的管理机构,从而在一定程度上保证了档案馆档案的来源。目前,除联邦公共档案馆外,有六个省(地区)档案馆和三个自治市档案馆参与机关的文件管理工作;有八个省、一个地区和五个市档案馆开始管理机关形成的机读文件,有的档案馆还编出了供机关使用的机读文件目录检索工具,有的正在做这方面的准备工作。除档案馆外,加拿大于1956年在渥太华建立了第一个文件中心,随后在各地又建立了七个,到目前为止全国共有八个文件中心。它们接收和保管政府各部门已处理完毕不再经常使用的非现行文件,保证在有监督的条件下,及时销毁无价值的文件,向档案馆移交有永久保存价值的文件。政府各部门把文件送到文件中心保存,不仅能节省经费和人力,而且使用起来也比较方便。

(二)加拿大档案机构

1. 公共档案馆。

  公共档案馆是一个中央级的联邦国家档案馆,是加拿大最大的档案馆,也是国家最古老的文化机构之一。1867年加拿大成为联邦的一个自治领后,一些有识之士从历史研究的需要出发,联名上书政府,要求成立联邦档案机构,集中管理历史档案。议会于1872年接受了这项要求,颁布了相应的法令,批准成立公共档案保管所(后改称"公共档案馆"),同时拨给经费四千加拿大元,任命道格拉斯·布伦南为第一任馆长,年薪一千二百加拿大元。法令规定馆长用一年半的时间完成集中档案的工作。馆长出色地完成了这项工作,集中了大批历史档案,使档案馆在成立初期就收藏了四十万份(计一千一百卷)关于英国殖民当局在加拿大活动的档案。到布伦南任职末期,公共档案馆收藏的档案和资料达三千一百五十五卷(册),还出版了一大部分档案目录和索引。公共档案馆现今保存的有关加拿大早期历史的重要档案,都是在道格拉斯·布伦南担任第一任公共档案馆馆长时收集的。当时,公共档案馆只能接收保管加拿大政府成立以前的历史档案,而无权接收保管加拿大政府各机关的档案。政府的文件由国务秘书处的"文件管理官"负责保管。1897年议会山西部的一场大火使加拿大政府清醒过来,决定把政府各机关形成的档案也移交给公共档案馆保管。

  在第二任馆长任职三年后,即1906年公共档案馆在渥太华的苏塞克斯大街建筑了第一个永久存放档案的库房,使档案保管条件得到改善。档案馆收集档案的重点是英法七年战争期间形成的官方文件、私人手稿、地图、图表、图片等。这些档案成了该馆保存的反映加拿大独立之前情况的主要史料。除集中保管档案外,档案还扩大了活动范围,广泛开展了档案的利用和公布工作。

1937年,格斯塔夫·兰克特任第三任馆长,由于第二次世界大战和经济大衰退,档案经费减缩、人员裁减,公共档案馆处境极为困难,工作无法开展。

1948~1967年,凯·拉姆任第四任馆长,在此期间,档案馆又获得了很大发展,增加了人员和经费。政府授权档案馆参与联邦政府文件的管理工作,筹建文件的管理机构—文件中心。公共档案馆于1967年迁入新建的、与国家图书馆合用的大楼内。

从1968年至今,威尔费雷德·史密斯博士是第五任馆长。在史密斯的领导,加拿大的档案工作有了更进一步的发展,开始保存随着计算机的应用而产生的机读文件。档案的收集工作从法国和英国扩大到西班牙、葡萄牙、意大利等国,编辑出版了《加拿大各档案馆原稿文件目录》《加拿大照相馆片档案指南》等检索工具用书。加拿大公共档案馆是一个有双重职能的机构。它作为科研机构的职能,负责从各方面收集与加拿大有关的一要重要档案资料,并为公众提供利用服务和利用设备;作为政府行政部门的职能,负责有效地经济地保管好联邦政府文件。

公共档案馆下设三个部:文件管理部、行政管理部和档案部。

(1) 文件管理部。

文件管理部任务主要有两个:一是帮助联邦政府各部门确定文件的管理方针,向各个部门的文件管理人员提出建议,检查他们的工作,并筹划建立文件中心;二是负责渥太华、多伦多、蒙特利尔等大城市的文件中心。

(2) 行政管理部。

行政管理部负责管理公共档案馆的财务、人事、设备以及档案的保护、复制、展览、出版、社会联系等工作。为此,设立有装订室、复制室等相应的职能科室。

(3) 档案部。

档案部是公共档案馆最大的一个部,是档案馆的核心部,负责档案的收集、整理、编目、保管和提供利用。部下再按档案类型分别设立了七个处(联邦档案处、手稿处、图表处、照片处、图片处、音像档案处、机读文件处)和一个图书馆。

2. 省和地区档案馆。

全加拿大共有十个省档案馆和两个地区档案馆。

(1) 新斯科舍省档案馆。

新斯科舍省档案馆是加拿大最早的一个档案馆。新斯科舍省是最老的一个殖民地,也是最先成立档案机构的一个省。省会哈利法克斯是海军基地,又是商业中心。早在1857年,省众议院曾委派一名专员从事公务文件的收集和保管工作,并于1865年成立了省档案保管机构,1869年出版了加拿大第一本介绍省馆藏档案的著作——《新斯科舍的档案》,1929年通过了一项公共档案法,1931年正式命名为省档案馆。该馆不仅收藏公共档案,也收藏私人档案。馆内设有一个历史陈列馆。

(2)新不伦瑞克省档案馆。

新不伦瑞克省档案馆隶属于省博物馆,是加拿大最早的一个博物馆,于1842年对外开放。为了保证档案的安全,该馆建造了有防火设备的专用档案库。

(3)爱德华王子岛省档案馆。

爱德华王子岛省档案馆设在省府大厦里,是一所舒适的绿色花园似的小档案馆,保存着相当数量的公共档案。

(4)魁北克省档案馆。

魁北克省居民多为讲法语的居民(法裔),他们自己的对特殊历史传统具有强烈的民族意识,同只占省人口百分之二十的英裔居民向来存在着民族矛盾。鉴于这种情况,他们非常珍视档案。因此,该省于1920年通过了一项档案法,决定正式成立省档案馆,并委派了一名历史学家担任馆长。档案馆成立后集中大量档案,其中有公共的,也有私人的和教学的档案,并且开始大量出版档案和目录,向历史研究者提供了许多重要历史档案。

(5)安大略省档案馆。

安大略省档案馆成立于1903年,该省一向比较重视地方史的研究,因此授权省档案馆可以通过捐赠和购买的方式收集来自政府各部门和私人的档案。该馆1921年曾改组为省档案部,1928年改称"省公共文件和档案部",以后又恢复了省档案馆的名称。馆藏档案十分丰富。但是由于该省从1934年起经常处于政治动乱之中,给档案工作带来一些不良影响,使档案受到一些损失。

(6)不列颠哥伦比亚省档案馆。

不列颠哥伦比亚省于1863年成立了一个议会图书馆,收集了许多历史档案。1908年在此基础上成立了省档案馆,作为省图书馆的一部分。它不仅收藏本省的档案资料,而且收藏外省的档案、资料,因此可能是加拿大各省档案馆中档案、资料最全的一个省档案馆。

(7)马尼托巴省档案馆。

马尼托巴省档案馆的前身是马尼托巴省立法图书馆的一部分——省公共文件和档案部,是收集省历史档案的中心。

(8)阿尔伯塔省档案馆。

阿尔伯塔省档案馆与马尼托巴省档案馆有些相似,最初也是本省立法图书馆的一个组成部分。该馆的一名工作人员曾作为美国档案工作者协会访华旅游团成员于1982年4~5月访问了我国。

(9)萨斯喀彻温省档案馆。

萨斯喀彻温省于1945年通过了省档案法,并成立了省档案馆。该管设在离省会里贾纳西北二百多公里的省大所在地萨斯卡通。馆藏档案主要来源于省政府各部门,也尽量用缩微复制的方式收藏一些私人档案。

(10) 纽芬兰省档案馆。

1497年英国人发现了纽芬兰岛,宣布为英国的领土。该省是英国在加拿大最早的一个殖民地。纽芬兰省档案馆保存有关于本省历史的档案,但主要是省成立以来省政府机关的档案。

(11) 育空地区档案馆。

育空地区档案馆于1972年成立,收集和整理档案是目前的主要任务。

(12) 西北地区档案馆。

西北地区档案馆成立于1979年,是加拿大十二个省(地区)档案馆中最年轻的一个。档案馆的工作处于刚刚开始阶段。

3. 档案常设委员会。

随着加拿大国家工业化以及科学、文化、历史研究等各方面的发展,联邦政府各部门以及各省、地区、市各政府部门的活动迅速扩大,从而引起档案数量也迅速增多。到本世纪初,档案的存毁、移交等问题被作为"急件"提到联邦政府的议事日程。1912年,议会专门委托一个委员会调查公共机关的档案情况,并将调查结果写出书面报告。1914年,该委员会向议会写出了详细报告,提出了扩大公共档案馆职权范围的四点建议:

(1) 负责保管案卷、簿册、地图、图样等文件。

(2) 编制检索工具,并销毁应当销毁的档案。

(3) 接收各机关移交的任何文件。

(4) 为公共档案馆兴建新的档案楼,待大楼完工后,立即接收所有二十五年前的档案。

第一次世界大战的爆发使这些建议未能实现。直到1933年才又重新考虑执行。但工作刚刚开始,就被第二次世界大战打断了。第二次世界大战的最后一年,各种档案,尤其是与两次世界大战有关的档案堆积如山,档案的销毁程序、重要档案的永久保存等许多问题迫在眉睫,于是在1944年6月设立了一个临时性的档案咨询委员会。委员会的任务首先是负责研究档案的处理程序,包括档案的移交和销毁程序,整理和保管制度等问题,并就这些问题向各部门发一些通知。其次是负责编写机关在战争期间活动的大事记。加拿大虽然在两次世界大战期间均遭受损失,也未直接参加战争,但是在这期间各机关的活动差不多都与战争有直接或间接的关系。因此,政府要求档案常设委员会根据档案写出战争期间的活动大事记。最后,委员会还需对某些特殊事件的档案进行缩微复制,为历史研究提供利用。

4. 档案工作者协会。

档案工作者协会成立于1975年,有三百五十多名会员。机关刊物为半年刊杂志《档案》。

四、澳大利亚档案事业管理

(一)澳大利亚档案事业发展历史

澳大利亚位于南半球东部,1909年英国将原来分散的六个殖民区改称州,组成澳大利亚联邦,属于英联邦内的独立国家,60年代以前没有独立的档案机构,各州和联邦政府的档案都存放在图书馆里。1961年正式成立联邦档案馆和五个分馆,另有六个州档案馆。1975年,澳大利亚档案工作协会成立。由上可见,澳大利亚的档案事业实际上是起步不久的档案馆事业,该国没有单独的档案学校,档案教育由新南威尔士大学等高等学校承担。

(二)澳大利亚档案机构

1.联邦档案机构。

(1)联邦档案馆。

1961年3月23日国家图书馆法开始生效,档案机构从国家图书馆中分离出来,成为联邦档案馆,它是总理府的一个部门,负责保存联邦政府的档案。

联邦档案馆除在首都堪培拉设有总馆外,还在五个州的首府设有分馆。凡有永久保存价值的档案,几乎都保存在堪培拉和墨尔本(这里有中央机关的档案)的档案馆内。这些档案馆基本上是按照美国国家档案馆的方法对档案进行分类和编目的。设在堪培拉的联邦档案馆与国家图书馆共用一座大楼。档案馆采用钢制档案架,其中有许多密排架。

(2)澳大利亚军事纪念馆。

澳大利亚军事纪念馆是一个全国性的档案馆,主要负责保管军事活动方面的文件和地图,馆址设在堪培拉的一座大楼里。它的历史档案部分为五部分:

①印刷档案,约有六万卷,如地图、日志、期刊、报纸和剪报。
②书写档案,包括军事日志和军事通讯。
③照片,计有二十四万张官方军事照片。
④影片,计有一百二十二万米的官方军事影片。
⑤战争回忆录。

澳大利亚军事纪念馆负责保存澳大利亚的官方军事历史文件,它的部分档案也提供给研究工作者使用。

(3)国家图书馆澳大利亚参考分馆手稿部。

该手稿部是澳大利亚和太平洋地区的一个重要的私人档案库,这里保存有关于政治史和探险与发现史的丰富材料。每年平均有几百人向手稿部借阅文件。

(4)澳大利亚国立大学社会学研究所档案部。

该档案部收集的主要是企业和贸易公司的档案,供研究政治史、经济史和社会史的学者使用,主要由一个三人委员会负责领导。

2. 州档案馆。

(1)新南威尔士州档案馆。

新南威尔士州是澳大利亚联邦最早成立的一个州,它的档案具有重大的历史意义。该州在1960年通过了它的第一部档案法,这项法律从1961年6月1日开始生效。按照档案法的规定建立了州的档案机构和档案工作制度。

为了领导州的档案工作,新南威尔士州档案委员会建立了,它由九名成员组成。档案委员会负责保管、整理和修复该州的档案,为该州的档案编制卡片目录和书本式目录,照管和监督该州的档案,并负责管理新南威尔士州档案馆。档案委员会有权复制和公布该州的档案,有权根据档案法的规定购买散出的档案。档案委员会每年向教育部长报告工作,而教育部部长则向议会作报告。

新南威尔士州档案馆是根据档案法设立的,它负责保存该州有价值的公共档案。档案馆设在公共图书馆大楼内,安装有大约一万二千多米的电动密排档案架,整个大楼都有空调装置。档案馆同新南威尔士公共图书馆,特别是密契尔图书馆有密切的合作关系,因为学者们在利用该州的档案时,一般地都要参考图书馆内非常有价值的印刷品和私人手稿。

在州档案馆中,殖民局的档案是重要的一类档案,它们是研究早期澳大利亚历史的依据。总督府、检察总署、测量总局和最高法院等机构的档案也很重要。档案馆已出版了一些目录。根据档案法的规定,公共机关在向档案馆移交档案时,可以向档案提出限制借阅的要求。诸如犯罪案件的档案,法院的某些档案以及有关个人健康状况的档案等,都有特殊的限制。凡是未满五十年的档案,在未征得原机关和档案委员会同意以前,无论如何都不能借阅。

州档案只向经过批准的研究人员开放。

(2)维多利亚州公共档案馆。

维多利亚州公共档案馆是根据1973年制定的《维多利亚州公共档案法》建立的,它是保存、管理和利用州的公共档案的专门机构。公共档案馆除了保存公共档案外,也收藏有保存价值的个人或私人机构的档案。

(3)昆士兰州档案馆。

1943年的图书馆法中包含有设立昆士兰州档案馆的规定,可是直到1957年11月才委派了一位档案员。因此,昆士兰州档案馆比其他各州的档案馆建立得晚。但是,建馆之后发展的较快,在两年之内,它就接收了三千五百五十米(档案架隔板长度)的公共档案。

州档案馆设在州的首府布里斯班的一座最古老的楼房里。这座楼房是用石块建造的,本来是一座兵站仓库,用来保存档案是非常不能令人满意的。档案馆保存了一些历史文件和原机关还需要查阅的文件。

(4)南澳大利亚州档案馆。

南澳大利亚州档案馆是在1920年成立的南澳大利亚公共图书馆档案部的基础上建立的。南澳大利州档案馆是州政府和市政机关的官方档案馆。图书馆和档案馆都受教育部的监督。档案馆设在一个巨大的建筑物里,设有展览室和阅览室。

在第二次世界大战时期,档案馆曾把档案分散到乡下去,战后又运了回来,很快恢复了正常工作。档案馆开展了档案的利用和查询工作。在查询者中,有许多阿德雷德大学的研究人员和学生。档案馆除举办展览之外,还为报纸、电台和电视台提供档案材料。

档案馆有五名工作人员,他们都是历史系的毕业生,并且受过短期档案训练,并通过了澳大利亚图书馆协会为档案馆举行的专门考试。

(5)塔斯马尼亚州档案馆。

塔斯马尼亚州于1943年制定了公共档案法。这项法令是监督公共档案管理工作的手段,它涉及的范围很广,包括政府部门、地方政府机关、半官方机构以及有或过去同公共财产有关的任何个人的档案。

起初塔斯马尼亚州图书馆负责执行公共档案法。从1949年起,由新成立的州档案馆负责执行公共档案法。档案馆几乎同该州的所有机关都建立了联系,其中许多机关向档案馆移交了较早的档案。档案馆还作了很大努力保存私人家族、企业和卓越人物的档案。

档案馆对公共档案进行了分类编目工作,出版了一部分公共档案指南,编有卡片目录。档案馆设有阅览室,除有特殊规定者外,五年以上的档案即可无限制地借阅。在许多情况下,五年以上的档案即可无限地借阅;馆内有缩微复制设备,每年大约进行几百缩微复制。

(6)西澳大利亚州档案馆。

西澳大利亚政府档案馆就是一个州档案馆,它设在珀斯西澳大利亚历史图书馆内。

州政府部门的非现行文件都要根据总理的指示送到这里保管,在未征得档案馆馆长同意之前,不得销毁任何文件。

州档案馆除接收了几十个政府部门和机关的文件以外,还收集了企业、研究部门档案室的文件以及同西澳大利亚有关的私人手稿。档案馆所接收的文件,有几类包括很长的年代,如殖民秘书局、金库、土地测量部和总督办公厅(1829年随着西澳大利亚殖民制度的建立成为独立部门)的文件。在许多情况下,文件是在五年之后移交的,但是法院的文件要在五十年之后移交。①

---

① 韩玉梅.外国现代档案管理教程[M].北京:中国人民大学出版社,1995.

参考文献

[1] 陈兆祦.三十国档案工作概况[M].北京:档案出版社,1985.
[2] 吴宝康.档案学概论[M].北京:中国人民大学出版社,1988.
[3] 陈智为.档案行政概论[M].北京:中国人民大学出版社,1990.
[4] 延艺云.世界档案 历史·现状·理论[M].北京:光明日报出版社.1993.
[5] 韩玉梅主编,黄宵羽等编著.外国现代档案管理教程[M].北京:中国人民大学出版社,1995.
[6] 陈智为等.档案行政概论(修订本)[M].北京:中国人民大学出版社,1995.
[7] 陈兆祦.中国档案管理精览[M].北京:中国档案出版社,1997.
[8] 冯惠玲,张辑哲.档案学概论[M].北京:中国人民大学出版社,2001.
[9] 刘国能.体系论——中国档案事业体系[M].北京:中国档案出版社,2001.
[10] 陈幼其.战略管理教程[M].上海:立信会计出版社,2003.
[11] 蒋景楠等.现代企业管理(2版)[M].上海:华东理工大学出版社,2003.
[12] 王毅.战略管理精要[M].北京:电子工业出版社,2004.
[13] 段万春.组织行为学[M].重庆:重庆大学出版社,2004.
[14] 冯子直.我国档案学研究的现状与发展趋势[J].档案学研究,1991(1).
[15] 潘玉民,李运波.我国档案事业管理体制的三次改革[J].山西档案,1996(6).
[16] 张启安.第13届国际档案大会综述[J].档案,1996(6).
[17] 王德俊.第1—12届国际档案大会学术讨论概述[J].档案学研究,1996(1).
[18] 中美档案事业管理体制之比较[J].山西档案,1998(3).
[19] 冯子直.论档案事业的基本矛盾、基本性质、基本规律和档案工作者的思维方式[J].档案学通讯,1999(4).
[20] 徐和习.档案事务所浅议[J].浙江档案,1999(5).
[21] 崔成江.建立档案及村中心的几点思考[J].档案与建设,2000(9).
[22] 吴品才."文件中心"在我国未能普及的缘由评析[J].档案学通讯,2000(1).
[23] 王颖.在西班牙召开的第十四届国际档案大会[J].档案天地,2000(5).
[24] 黄品鑫.档案事业的含义及其管理原则[J].上海档案,2000(3).

[25] 邹吉辉.新中国档案事业管理体制改革历史回顾与启示[J].攀枝花大学学报,2002(6).

[26] 杨晓薇.中法档案事业管理体制概况[J].档案学通讯,2002(2).

[27] 李国庆.论现代档案事业的三大特征[J].档案学通讯,2003(4).

[28] 张秀芹.略论高校档案工作目标管理方案的制定和实施[J].辽宁师专学报(社会科学版),2003(4).

[29] 刘国能.中国档案事业体系的形成阶段[J].中国档案,2004(8).

[30] 中国城建档案代表团.第十五届国际档案大会及其学术动向[J].城建档案,2004(5).